ENFOQUES DE GESTÃO

Educação, Saúde, Administração Pública

Organizadoras
Nadia Kassouf Pizzinatto
Andrea Kassouf Pizzinatto

Nadia Kassouf Pizzinatto
Andrea Kassouf Pizzinatto
(Organizadoras)

ENFOQUES DE GESTÃO:
Educação, Saúde, Administração Pública

Editora CRV
Curitiba – Brasil
2021

Copyright © da Editora CRV Ltda.
Editor-chefe: Railson Moura
Diagramação e Capa: Designers da Editora CRV
Imagem de Capa: Here/Shutterstock
Revisão: Analista de Escrita e Artes

DADOS INTERNACIONAIS DE CATALOGAÇÃO NA PUBLICAÇÃO (CIP)
CATALOGAÇÃO NA FONTE
Bibliotecária Responsável: Luzenira Alves dos Santos CRB9/1506

EN56

Enfoques de gestão: Educação, Saúde, Administração Pública / Nadia Kassouf Pizzinatto, Andrea Kassouf Pizzinatto (organizadoras) – Curitiba : CRV, 2021.
216 p.

Bibliografia
ISBN DIGITAL 978-65-251-1027-1
ISBN FÍSICO 978-65-251-1030-1
DOI 10.24824/978652511030.1

1. Administração 2. Gestão organizacional 3. Administração em saúde 4. Administração – ensino superior I. Pizzinatto, Nadia Kassouf. org. II. Pizzinatto, Andrea Kassouf. org. III. Título IV. Série.

CDU 3   CDD 658

Índice para catálogo sistemático
1. Administração – 658
2. Administração pública - 350

ESTA OBRA TAMBÉM SE ENCONTRA DISPONÍVEL
EM FORMATO DIGITAL.
CONHEÇA E BAIXE NOSSO APLICATIVO!

2021
Foi feito o depósito legal conf. Lei 10.994 de 14/12/2004
Proibida a reprodução parcial ou total desta obra sem autorização da Editora CRV
Todos os direitos desta edição reservados pela: Editora CRV
Tel.: (41) 3039-6418 - E-mail: sac@editoracrv.com.br
Conheça os nossos lançamentos: www.editoracrv.com.br

Conselho Editorial:

Aldira Guimarães Duarte Domínguez (UNB)
Andréia da Silva Quintanilha Sousa (UNIR/UFRN)
Anselmo Alencar Colares (UFOPA)
Antônio Pereira Gaio Júnior (UFRRJ)
Carlos Alberto Vilar Estêvão (UMINHO – PT)
Carlos Federico Dominguez Avila (Unieuro)
Carmen Tereza Velanga (UNIR)
Celso Conti (UFSCar)
Cesar Gerónimo Tello (Univer .Nacional Três de Febrero – Argentina)
Eduardo Fernandes Barbosa (UFMG)
Elione Maria Nogueira Diogenes (UFAL)
Elizeu Clementino de Souza (UNEB)
Élsio José Corá (UFFS)
Fernando Antônio Gonçalves Alcoforado (IPB)
Francisco Carlos Duarte (PUC-PR)
Gloria Fariñas León (Universidade de La Havana – Cuba)
Guillermo Arias Beatón (Universidade de La Havana – Cuba)
Helmuth Krüger (UCP)
Jailson Alves dos Santos (UFRJ)
João Adalberto Campato Junior (UNESP)
Josania Portela (UFPI)
Leonel Severo Rocha (UNISINOS)
Lídia de Oliveira Xavier (UNIEURO)
Lourdes Helena da Silva (UFV)
Marcelo Paixão (UFRJ e UTexas – US)
Maria Cristina dos Santos Bezerra (UFSCar)
Maria de Lourdes Pinto de Almeida (UNOESC)
Maria Lília Imbiriba Sousa Colares (UFOPA)
Paulo Romualdo Hernandes (UNIFAL-MG)
Renato Francisco dos Santos Paula (UFG)
Rodrigo Pratte-Santos (UFES)
Sérgio Nunes de Jesus (IFRO)
Simone Rodrigues Pinto (UNB)
Solange Helena Ximenes-Rocha (UFOPA)
Sydione Santos (UEPG)
Tadeu Oliver Gonçalves (UFPA)
Tania Suely Azevedo Brasileiro (UFOPA)

Comitê Científico:

Ana Maria Ferreira Menezes (UNEB)
Ana Monteiro Costa (UPE)
Anderson Catapan (UTFPR)
André Nunes (UnB)
Antonio Isidro da Silva Filho (UNB)
Armando João Dalla Costa (UFPR)
Breno de Paula Andrade Cruz (UFRJ)
Carlos Alberto Ramos (UNB)
Clailton Ataídes de Freitas (UFSM)
Claudio Gontijo (UFSJ)
Daniel Arruda Coronel (UFSM)
Eduardo Armando (FIA)
Jose Carlos de Souza Santos (USP)
Luis Cláudio de Jesus Silva (UFRR)
Maria de Lourdes Rollemberg Mollo (UnB)
Marlete Beatriz Maçaneiro (UNICENTRO)
Mauricio Sardá de Faria (UFRPE)
Renata gomes de Jesus (IFES)
Vanessa de Oliveira Menezes (UNICENTRO)
Walter Bataglia (MACKENZIE)

Este livro passou por avaliação e aprovação às cegas de dois ou mais pareceristas *ad hoc*.

SUMÁRIO

APRESENTAÇÃO 11
Nadia Kassouf Pizzinatto
Andrea Kassouf Pizzinatto

PREFÁCIO 13
Hiran Costa Rabelo

BLOCO A
QUALIDADE COMO ENFOQUE DE GESTÃO

CAPÍTULO 1
GESTÃO DA QUALIDADE:
de seu início até a gestão
da qualidade total 17
Tamara de Oliveira Gonçalves
João Batista de Camargo Junior
Nadia Kassouf Pizzinatto

BLOCO B
ADMINISTRAÇÃO NO ENSINO SUPERIOR

CAPÍTULO 2
MARKETING DE RELACIONAMENTO
E CONSTRUÇÃO DA LEALDADE
NO ENSINO SUPERIOR:
um estudo de caso em instituição
no município de Paracatu,
região noroeste de Minas Gerais. 43
Benedito de Souza Gonçalves Junior
Carlos Eduardo Ribeiro Chula
Thel Augusto Monteiro
Rosana Borges Zaccaria

CAPÍTULO 3
O CURRÍCULO POR COMPETÊNCIAS
NO CONTEXTO DA ÉTICA PROFISSIONAL 65
Dayane Quintino Vasconcelos
Wesley Lobo Costa Júnior
Thel Augusto Monteiro
Rosana Borges Zaccaria

CAPÍTULO 4
CARACTERÍSTICAS DA CAPTAÇÃO E RETENÇÃO DE ALUNOS EM INSTITUIÇÕES DE ENSINO SUPERIOR 83
Jardel Rodrigues Marques de Lima
João Batista de Camargo Junior
Andrea Kassouf Pizzinatto

CAPÍTULO 5
CONTRIBUIÇÃO DAS METODOLOGIAS ATIVAS PARA O DESENVOLVIMENTO DAS COMPETÊNCIAS DO ACADÊMICO DE MEDICINA 107
Mariana Batista de Andrade Oliveira
Yeda Cirera Oswaldo

CAPÍTULO 6
RISCOS OPERACIONAIS E LEGAIS NO CONTEXTO DA EDUCAÇÃO 131
Tiago Martins da Silva
João Batista de Camargo Junior

BLOCO C
ADMINISTRAÇÃO NA SAÚDE

CAPÍTULO 7
MARKETING EM SAÚDE E MOTIVAÇÃO NO AMBIENTE HOSPITALAR 153
Luzimar Bruno Ferreira
Pollyanna Ferreira Martins Garcia Pimenta
Thel Augusto Monteiro
Rosana Borges Zaccaria

CAPÍTULO 8
GESTÃO ESTRATÉGICA NO SISTEMA ÚNICO DE SAÚDE/SUS:
estudo de caso em hospital de médio porte, na Região Noroeste de Minas Gerais 163
Priscilla Itatianny de Oliveira Silva
Ana Paula Gimenez da Cunha Buzinaro
Maria Imaculada de Lima Montebello

BLOCO D
ADMINISTRAÇÃO NA GESTÃO PÚBLICA

CAPÍTULO 9
LOGÍSTICA DE DISTRIBUIÇÃO DE
ÁGUA POTÁVEL DA CIDADE DE PARACATU/MG:
caracterização do sistema de gestão 191
Matheus Dias Ruas
Yeda Cicera Oswaldo

ÍNDICE REMISSIVO 209

SOBRE OS AUTORES 213

APRESENTAÇÃO

A formação acadêmica de um Mestre em Administração pelo Programa de Pós-Graduação em Administração (PPGA) da Unimep – Universidade Metodista de Piracicaba- extrapola a exigência do cumprimento de disciplinas, mas visa a entrega, à sociedade, de pesquisadores que contribuam para a produção do conhecimento.

É nesse objetivo que esta obra, gerada a partir de Termo Aditivo assinado pelas Faculdades Uniatenas – de Paracatu, Minas Gerais, com o PPGA da Unimep, apresenta os artigos produzidos a partir das disciplinas cursadas pelos mestrandos da turma de 2018, na forma de capítulos que representam o tema título da obra: *Enfoques de gestão: Educação, Saúde, Administração Pública*.

Os enfoques de gestão são apresentados em quatro blocos: Qualidade como Enfoque de Gestão; Administração no Ensino Superior; Administração na Saúde; Administração na Gestão Pública

No primeiro bloco, Tamara de Oliveira Gonçalves, e os profs. Drs. João Batista de Camargo Junior e Nadia Kassouf Pizzinatto dissertam sobre a *Gestão da Qualidade: de seu início até a Gestão da Qualidade Total*.

No segundo bloco, Benedito \de Souza Gonçalves Junior, Carlos Eduardo Ribeiro Chula e os Profs. Drs. Thel Augusto Monteiro e Rosana Borges Zaccaria assinam estudo sobre *Lealdade dos estudantes baseada na qualidade do relacionamento: uma análise no curso de Engenharia Civil*.

Ainda nesse bloco, Dayane Quintino Vasconcelos e Wesley Lobo Costa Júnior, orientados pelos Profs. Dr. Thel Augusto Monteiro e Rosana Borges Zaccaria apresentam *O currículo por competências no contexto da ética profissional"*.

Como próximo capítulo deste bloco, Jardel Rodrigues Marques de Lima, juntamente com os Profs. Drs. João Batista de Camargo Junior e Andrea Kassouf Pizzinatto enfocam a *Captação e retenção de alunos em instituições de ensino superior*.

Ainda no enfoque da Educação, as *Metodologias Ativas para o desenvolvimento das Competências* compuseram a escolha temática de Mariana Batista de Andrade Oliveira e da prof.ª Dr.ª Yeda Cirera Oswaldo.

Por fim, os *Riscos operacionais e legais no contexto da educação* são abordados em capítulo produzido por Tiago Martins da Silva e seu orientador, prof. Dr. João Batista de Camargo Junior.

No terceiro bloco, dois capítulos retratam a Administração na Saúde: no primeiro, o *Marketing em saúde e a motivação no ambiente hospitalar* são abordados por Luzimar Bruno Ferreira, Pollyanna Ferreira Martins

Garcia Pimenta e pelos profs. Dr. Thel Augusto Monteiro e Dr.ª Rosana Borges Zaccaria.

Como segundo enfoque deste bloco, a *Gestão Estratégica no Sistema Único de Saúde/SUS* foi a temática abordada por Priscilla Itatianny de Oliveira Silva, Ana Paula Gimenez da Cunha Buzinaro e a Prof.ª Dr.ª Maria Imaculada de Lima Montebelo

No quarto bloco, a *Logística de distribuição de água potável da cidade de Paracatu, MG* representa a Administração na Gestão Pública, em capítulo produzido por Matheus Dias Ruas e pela prof.ª Dr.ª Yeda Cirera Oswaldo

Os autores desejam boa leitura a todos!

Nadia Kassouf Pizzinatto
Andrea Kassouf Pizzinatto

PREFÁCIO

Prefaciar um livro sempre é um grande desafio e um grande prazer, principalmente, por se tratar de uma obra fruto da qualificação dos profissionais que atuam no Centro Universitário Atenas – UniAtenas.

O livro enfoca a gestão em uma época de grandes desafios e que exige uma postura proativa. Época que apresenta um cuidado especial com a gestão dos riscos causados por um momento repleto de ameaças, mas, ao mesmo tempo, muitas oportunidades criadas em meio às diversidades econômicas, sociais e ambientais.

A obra, além de tratar da gestão de maneira reflexiva, propicia um olhar para a educação, para a qualidade, para a saúde e para a gestão pública, esta última com desafios políticos e estratégicos carentes de uma evolução no modo de administrar.

Os múltiplos assuntos tratados na obra permitem que o leitor reflita sobre os aspectos práticos da gestão em âmbitos variados. Todavia, os autores não deixam de lado a subjetividade trazida pelas discussões dos capítulos que permeiam os debates da qualidade, da logística e do marketing, assim como ressaltam a estratégia e o conhecimento que tanto o setor privado pode proporcionar ao setor público quanto o setor público pode acrescentar ao setor privado.

É imperativo reconhecer o esforço dos docentes do UniAtenas em entregar à sociedade e à comunidade acadêmica o fruto de sua capacitação e o comprometimento da UniAtenas, que, por meio do Convênio estabelecido com a UNIMEP, propicia a formação de seus docentes, trazendo para os cursos de graduação e de pós-graduação profissionais capacitados para o ensino, a pesquisa e a extensão.

O intercâmbio não se esgota no processo de capacitação e na qualificação desses profissionais, mas estimula a interação entre dois estabelecimentos de ensino, além da dinâmica de conhecimentos locais capazes de articular os aspectos sociais, culturais, tecnológicos, políticos e econômicos entre duas comunidades de estados diferentes. A Universidade pode representar um *locus* privilegiado de troca de experiências, o que se nota presente na obra.

Convido toda a comunidade, os administradores, os estudantes e os leitores a conhecerem o livro, na expectativa de que encontrem pistas dos caminhos a serem trilhados pela gestão.

Aproveito para agradecer ao Professor Delander da Silva Neiva – Pró-Reitor Acadêmico da UniAtenas, aos novos mestres, aos seus docentes e orientadores por mais um trabalho finalizado.

Boa leitura!

Prof. Hiran Costa Rabelo
Reitor do Centro Universitário Atenas-UniAtenas

BLOCO A
QUALIDADE COMO ENFOQUE DE GESTÃO

CAPÍTULO 1

GESTÃO DA QUALIDADE:
de seu início até a gestão da qualidade total

Tamara de Oliveira Gonçalves
João Batista de Camargo Junior
Nadia Kassouf Pizzinatto

1. Introdução

A qualidade nem sempre foi um objeto de preocupação das organizações. No período anterior a Revolução Industrial (século XVIII e XIX), quando os processos de produção eram feitos manualmente, de forma praticamente artesanal, não existia um padrão de qualidade para os produtos (REALI, 2004). Segundo Lobo (2002), nessa época a qualidade era associada ao conhecimento individual de cada artesão e facilitada por sua relação com o cliente e com a produção. A gestão da qualidade começou a ser efetivamente adotada e ganhar importância após a 2º Guerra Mundial, mas ainda era vista mais como uma função defensiva e não como uma estratégia competitiva no desenvolvimento de novos mercados e aumento de participação em mercados já desenvolvidos (ROTH, 2011).

A ênfase na qualidade dentro das organizações teve início no século XX, e foi caracterizada pelo período anterior e posterior a 2º Guerra Mundial. Cronologicamente a qualidade iniciou-se com a era da inspeção feita pelos artesãos. Porém a atribuição de evolução aconteceu no cenário pós--guerra, quando se iniciou a reconstrução do Japão por meio do planejamento estratégico enfatizando a qualidade. A evolução da qualidade foi motivada pela divergência encontrada entre os produtos ofertados e a necessidade dos clientes. Nesse contexto, a qualidade é descrita por intermédio de momentos marcantes definidos em eras: Era da Inspeção, Era do Controle Estatístico da qualidade, Era da Garantia da qualidade e Era da Gestão Estratégica da qualidade (MACHADO, 2012).

Dentre a contribuição das Eras da Qualidade, ressalta-se que na Era da Inspeção o foco era na qualidade do produto, enquanto a Era do Controle Estatístico do Processo estabelecia foco no controle por meio da estatística dos processos. Já na Era da Garantia da Qualidade estabelecia-se foco no sistema para garantir conformidade no produto, e na Era da Gestão Estratégica da Qualidade estabelecia-se o foco no negócio, tornando-se estratégico para atender as necessidades do cliente, bem como as expectativas em relação ao produto (PALADINI *et al.*, 2005).

As eras da qualidade constituem marcos históricos no processo de adequação das organizações. De acordo com a ordem cronológica, o conceito vai evoluindo conforme o critério principal de uma organização. De todo modo a busca é sempre pela satisfação das necessidades dos clientes, bem como pela entrega de um produto ou serviço que seja de qualidade para satisfazer o consumidor (SILVA, 2016). Nesse sentido, a gestão da qualidade colabora como um importante recurso para eliminar as anomalias dos produtos e gerar vantagem competitiva por meio de ferramentas de qualidade que buscam atender esses requisitos dos clientes (BERGAMO, 2000). As ferramentas da qualidade atuam como suporte perante as decisões a serem tomadas, possibilitando a viabilidade dos recursos e criação de ações de melhoria e controle dos processos organizacionais (NADAE et al., 2009).

Sobreviver em um mercado cada vez mais competitivo é um grande desafio para qualquer organização na atualidade. As grandes mudanças da economia mundial têm definido um novo cenário e uma nova ordem: a competição. Uma vez que o consumidor está cada vez mais exigente em relação à qualidade dos produtos e serviços que lhe são oferecidos, isso gera um aumento da competitividade no mercado. Assim, a gestão da qualidade se torna um diferencial competitivo, já que permite a melhoria contínua das organizações nos processos, produtos e serviços (ARROTEIA et al., 2015).

2. História e evolução da Gestão de Qualidade

É notório que as corporações estão em busca de eficiência e eficácia em suas atividades e processos, investindo em ações desde o chão de fábrica até a alta gestão. O investimento em ações especificamente voltadas para a qualidade acontece devido ao crescimento contínuo da globalização, que provocou a alteração da estrutura da prestação de serviços e produtos produzidos pela corporação. A busca pela implementação da qualidade ocorre, portanto, devido à concorrência, refletindo-se em um diferencial competitivo (DANIEL; MURBACK, 2014).

A aplicação da qualidade e suas práticas relacionadas a produtos e serviços existem desde tempos remotos. Códigos de leis antigas relatam que a busca da qualidade ocorria por meio da durabilidade e funcionalidade das construções manufaturadas. Assim, era estabelecido que a responsabilidade da qualidade da manufatura era do construtor, e que ele receberia penalidades caso não atendesse a finalidade proposta do produto que era ligada à necessidade do cliente (OLIVEIRA, 2003). Neste contexto, Longo (1996) afirma que ao longo da história nota-se a procura da qualidade na produção de produtos e serviços, alegando que os clientes desde antigamente mantém a precaução e fazem a inspeção dos produtos e serviços no recebimento, mesmo na relação de troca denominada escambo que era o tipo de comércio comum da época.

A ênfase na qualidade dentro das organizações teve início no século XX, e foi caracterizada pelo período anterior e posterior à revolução industrial. Antes dessa revolução, os artesãos acompanhavam desde o início o processo de produção do produto, que era feito de acordo com as necessidades do cliente. Isso significa que cada mercadoria era feita sobre medida, customizada, o que caracterizou nesta época o foco da gestão da qualidade no produto e não no processo. Cada produto era inspecionado pelo artesão e o cliente a fim de verificar a conformidade e possíveis defeitos. Após a revolução industrial, o processo personificado e customizado foi substituído pela larga escala da produção. Desse modo, neste período a busca pela qualidade na produção de bens e serviços sofreu modificações, principalmente com o início do desenvolvimento global (PALADINI *et al.*, 2012).

A evolução dos conceitos de qualidade a partir de então ocorreu por meio das teorias concebidas e aplicadas principalmente por pesquisadores (CARPINETTI, 2010). Conforme a divisão de períodos estabelecidos mediante a evolução da qualidade, se destacam:

a) Período que antecede a revolução industrial: atividade de autocontrole realizada pelos próprios artesãos

Neste período as mercadorias eram adquiridas por meio do escambo. De acordo com critério e necessidades individuais, as pessoas buscavam escolher o melhor produto (LIMA; SANTIAGO, 2011). Assim, a produção era manufaturada pelos artesãos, que realizavam o desenvolvimento e produção e buscavam atender aos critérios de necessidade e exigência dos clientes. Esses profissionais assumiam o controle do início ao fim do processo de fabricação, incluindo a venda. Assim a característica de produção nesta época era permitir customização nas atividades (MARSHAL JUNIOR *et al.*, 2012);

b) Período aproximado de 1922: inspeção focada no produto

Neste período, por conta dos reflexos da Revolução Industrial, iniciou-se o aumento da produção em massa caracterizada por grande volume. Neste sentido houve o surgimento da Administração Científica, emergindo a necessidade de inspeção mediante as características dos produtos (CARPINETTI, 2010). Carpinetti (2010) ainda afirma que o controle das características de qualidade dos produtos e serviços teve uma abordagem externa à área de produção, sendo realizada por um profissional de inspeção de qualidade. Isso formalizava o método de controle e elevava o nível de responsabilidade gerencial. A inspeção do produto, de acordo com Marshal Junior *et al.* (2012), era uma prática limitada a identificação de descrição dos produtos conformes e produtos com alguma anomalia. Porém a retirada de produtos com anomalia de determinados lotes era feita sem a realização da análise da causa do problema, pois esse era considerado um ponto a ser solucionado fora do departamento da qualidade ou inspeção. Neste contexto, a inspeção era realizada em todo lote de produção, porém sem critério adequado. O propósito era somente separar os produtos considerados bons dos produtos com anomalias;

c) Período final da década de 1920 e início da década de 1930: controle estatístico do processo

De acordo com Barçante (1998), o surgimento de problemas detectados na qualidade originou a busca de soluções relacionadas a estes problemas. Então o Laboratório *Bell Telephone* conduziu pesquisas nesse âmbito, o que possibilitou o desenvolvimento do método denominado CEP (Controle Estatístico de Processo) ou ainda Carta Controle. Segundo Marshal Junior *et al.* (2012) este controle de qualidade dos processos teve grande importância e sentido perante a publicação da obra *Economic control of quality of manufactured product* por Shewhart (1931);

d) Período final da década de 1930: inspeção por amostragem

Com a evolução dos processos de produção e surgimento de necessidades específicas no mercado relacionadas a prazo de entrega e outras características, como a segunda guerra mundial, as inspeções de todos os lotes começou a ser percebida como pouco eficaz. Assim surgiu à inspeção por amostragem, que é baseada na análise de probabilidade de maneira amostral do lote de produção. Este método tornou-se confiável e estruturado com a evolução de técnicas estatísticas adaptadas aos processos de manufatura dos lotes de produtos (BARÇANTE, 1998);

e) Período a partir de 1950: qualidade com foco no sistema de gestão e desdobramento mundial

Silva (2013) afirma que todas as metodologias, pesquisas e trabalhos de cunho científicos relacionados à qualidade tiveram contribuição para sua notoriedade e prática. Nesse contexto, Carpinetti (2010) aponta que após o ano de 1950, propriamente na segunda metade do século, iniciou-se um período que proporcionou a disseminação da qualidade em programas de rádio e rede de televisão no Japão. Além disso, outro marco é a criação do prêmio Deming decorrente do sucesso da organização JUSE (*Japonese Union of Scientists and Engineers*) que enfatizava palestras com a finalidade de promover os produtos japoneses. Após este período foi introduzida à visão do conceito de qualidade de forma holística, de maneira que contribui para adaptação na gestão das organizações. O movimento foi estruturado em quatro formas de garantia da qualidade: 1) quantificação dos custos; 2) controle total da qualidade; 3) técnicas de confiabilidade; 4) programa zero defeito. Carpinetti (2010) ainda menciona que a evolução e desempenho da qualidade dos japoneses deu início a cultura do TQC (*Total Quality Management*) nas corporações do ocidente, sendo propagada desta maneira como Gestão da Qualidade Total. As práticas de TQM progrediram com o início das normas de qualidade denominadas grupo ISO 9000 aproximadamente na década de 1980.

f) Período a partir do século XXI: evolução das operações, desdobramento da qualidade

Carpinetti (2010) afirma que na década de 1990 são apresentados programas de qualidade total escolhidos pelas corporações, iniciando requisitos para certificações de qualidade como a ISO 9001. Nessa época foram introduzidos muitos avanços, e dentre eles enfatiza-se os computadores, que logo influenciaram nos sistemas integrados de gestão. Neste mesmo período aconteceu uma rápida evolução nas telecomunicações, que propiciou fluência em informação. No final da década, a tecnologia da informação passou a ser utilizada para tornar os processos de compras e seleção de fornecedores melhores e eficientes (CORRÊA, 2017).

Após a década de 1990, na fase mais contemporânea da era de gestão estratégica da qualidade, destacam-se programas de qualidade como o Seis Sigma, evidenciando a crescente preocupação das empresas com a área de qualidade. Atualmente a qualidade evoluiu o seu conceito e também seus requisitos para acompanhar as especificações dos clientes comparadas a evolução do tempo o que pode fazer parte da estrutura das organizações em todos os segmentos. Os aspectos específicos da evolução histórica da qualidade são designados em eras abordadas no próximo tópico.

3. Evolução das eras de qualidade

A evolução da qualidade é reflexo do aumento da produtividade nas corporações motivando o estudo de suas etapas e sua evolução cronológica designada em eras (BRAVO, 2010). Neste contexto, Garvin (1992) classificou a evolução da qualidade por meio de eras denominadas: Era da Inspeção, Era do Controle Estatístico do Processo, Era da Garantia da Qualidade e Era da Gestão Estratégica da Qualidade. O Quadro 1 apresenta essa classificação das Eras da Qualidade.

Quadro 1 – Eras da qualidade

Características Básicas	Interesse Principal	Ênfase	Métodos	Papel dos profissionais da qualidade	Responsável pela Qualidade
INSPEÇÃO: Foco no produto	Verificação	Uniformidade do produto	Instrumentos de medição	Inspeção, classificação, contagem, avaliação e reparo	O departamento de inspeção
CONTROLE ESTATÍSTICO DO PROCESSO: foco no processo	Controle	Uniformidade do produto com menos inspeção	Ferramentas e técnicas Estatísticas	Solução de problemas e a aplicação de métodos estatísticos	Os departamentos de fabricação e engenharia (o controle de qualidade)
GARANTIA DA QUALIDADE: foco no sistema	Coordenação	Toda cadeia de fabricação, desde o projeto até o mercado, e a distribuição de todos os grupos funcionais para impedir falhas de qualidade	Programas e sistemas	Planejamento, medição da qualidade e desenvolvimento de programas	Todos os departamentos, com alta administração se envolvendo superficialmente no planejamento e na execução das diretrizes da qualidade
GESTÃO ESTRATÉGICA DA QUALIDADE: foco no negócio	Impacto estratégico	As necessidades de mercado e do cliente	Planejamento estratégico, estabelecimento de objetivos e a mobilização da organização	Estabelecimento de metas, educação e treinamento, consultoria a outros departamentos e desenvolvimentos de programas	Todos na empresa, com a alta administração exercendo forte liderança

Fonte: adaptado de Paladini *et al.* (2005).

O primeiro período importante da qualidade é denominado Era da Inspeção, e durou aproximadamente de 1900 a 1930. Como abordado anteriormente, até meados do século XIX os procedimentos de fabricação e inspeção eram feitos pelo artesão, de maneira natural ao estabelecer seu próprio critério de conformidade com sua pequena equipe de trabalhadores (MARSHAL JUNIOR *et al.*, 2008). A inspeção formal surgiu no início do século XX mediante a produção em massa, que demandava a necessidade de peças idênticas (GARVIN, 2002).

Segundo Bravo (2010), a Era da Inspeção buscava qualidade com foco no produto. O surgimento da inspeção teve como objetivo a verificação dos materiais, ferramentas e todos os componentes utilizados, com a finalidade do estabelecimento de um padrão. A ênfase na inspeção da qualidade era a compatibilidade com o critério de especificações estabelecidas do produto, objetivando detectar irregularidades no processo de fabricação no setor de produção nas organizações. A maior contribuição à atividade de inspeção ocorreu no começo do século XX por intermédio de Frederico W. Taylor, criador da administração científica que separou o processo de fabricação, atribuindo profissionais específicos para cada atividade (MARSHAL JUNIOR et al., 2008).

Marshal Junior et al. (2008) afirmam que a inspeção da produção em todo o lote permaneceu inalterada por anos. Porém a inspeção era feita imparcialmente e por meio de amostras indicando uma metodologia sem estrutura e sem confiabilidade. A qualidade era medida pela inspeção de maneira limitada, apenas por atividades de contagem, classificação e reparos. Assim os problemas encontrados não eram visualizados como responsabilidade do setor de inspeção, e por conta disso houve mudança no enfoque surgindo a Era do Controle Estatístico do Processo, que se iniciou no final da década de 1920 e início da década de 1930.

A Era do Controle Estatístico do Processo foi fundamentada devido ao aumento da produção em escala, que tornava inviável a inspeção de cada produto. Nesta era foram introduzidas técnicas e procedimentos baseados na estatística com o objetivo de prevenir problemas (MARSHAL JUNIOR et al., 2008). Entre essas técnicas e procedimentos estão o fluxograma, folha de coleta de dados, diagrama de Pareto, histograma, diagrama de dispersão e cartas de controle. Por meio dessas ferramentas o controle estatístico pode prevenir problemas uma vez que possibilita a observação dos produtos dentro de seu processo de fabricação (BRAVO, 2010).

O controle do processo deu embasamento ao controle estatístico da qualidade devido a estruturação de etapas organizadas para realização de uma atividade, incluindo seu fluxo, materiais, atividades realizadas e produtos produzidos. Isso possibilitou a sistematização de informações para levantamento de pontos críticos, as não conformidades e as variações das causas normais e anormais do processo. A busca do monitoramento dos resultados e estabilidades do processo pode ser embasada pelo instrumento de carta controle ou gráfico controle, que é utilizado para documentar e levantar pontos de observação das ocorrências dos processos possibilitando assim mudanças e adaptações de padrões desejados (MARSHAL JUNIOR et al., 2008). Marshal Junior et al. (2008) ainda afirmam que o uso da amostragem sistemática associada ao amadurecimento do processo gerou resultados positivos com maior confiabilidade.

O terceiro período importante da qualidade é denominado Era da Garantia da Qualidade, e durou aproximadamente de 1950 a 1980. Seu foco está no sistema, pelo motivo de que qualidade tomou uma dimensão maior e existia a necessidade de ampliação para uma visão gerencial. Nesse período, que corresponde ao final da segunda guerra mundial, a aceitação da qualidade no ambiente das corporações trouxe profissionais especializados. A visita de Joseph Juran em 1954 ao Japão instigou essa era liderada por uma nova percepção na qual a qualidade, que era baseada em aspectos inovadores das fabricas, passou para uma visão holística e globalizada que incluía o gerenciamento da organização como um todo (MARSHAL JUNIOR et al., 2008).

Conforme apontam Monaco e Melo (2007), esta era abrangeu quatro novos movimentos: os custos da qualidade, o controle da qualidade total, a engenharia de confiabilidade e o zero defeito. Em relação aos custos da qualidade, no início da década de 1950 houve indagação sobre o nível de satisfação e a real importância da qualidade, uma vez que não havia quantificação estruturada e levantamento dos custos somatórios nos processos. Isso levou à prática de verificação dos custos de não qualidade relacionados ao produto englobando perdas, retrabalho e devoluções ocasionadas pela falta de qualidade nos processos (MARSHAL JUNIOR et al., 2008). Já o controle da qualidade total foi pensado por Armand Feigenbaum (1961) na busca por maior aderência, em que ressalta se o departamento de produção e o de controle de qualidade trabalhassem isolados os processos poderiam não funcionar a contento. Feigenbaum (1961) alega que para atingir a eficácia na qualidade é necessário o controle do produto desde o projeto até a entrega ao cliente e, portanto, a qualidade precisa ser holística em toda a corporação.

Conforme mencionam Marshal Junior et al. (2008), a engenharia da confiabilidade surgiu motivada pelo problema não resolvido da expectativa quanto a qualidade dos componentes e máquinas no processo de produção. Assim, embora o controle estatístico funcionasse dentro das corporações, o pós-venda não era monitorado. O que se alterou com a engenharia da confiabilidade foi o enfoque no sistema para criação de procedimentos de acordo com análises estatísticas para alcançar a confiabilidade, ampliando para a gestão da expectativa do cliente. Por fim, o zero defeito, somado aos demais movimentos, contribuiu para ampliar as fronteiras da qualidade, agregando importância ao planejamento, projeto e engenharia. Essas atividades assumiram o mesmo grau de importância da estatística e controle de produção. Crosby (1967) desenvolveu a metodologia por meio de um planejamento que buscava eliminar todas as anomalias de fabricação, atingindo assim a denominação zero defeito na fabricação de um míssil *Pershing* em 1961. Crosby (1967) trabalhava na *Martin Corporation,* empresa que estava construindo mísseis para o Exército dos EUA. Lá foi onde começou a implementação da estrutura do zero defeito que tinha como princípio fazer certo pela primeira vez.

O quarto período importante da qualidade, que começou em 1980 e dura até os dias atuais, é denominado Era da Gestão Estratégica Qualidade. Seu surgimento se deu a partir das últimas décadas do século XX, quando o conceito da qualidade passou a ser percebido além de conceito técnico e passou a ter uma visão estratégica. A disseminação da gestão da qualidade total foi assimilada então pelas corporações e passou a ser parte da estratégia das empresas. Assim, o escopo da qualidade começou a ser valorizado e a ser baseado na ISO 9000. Isso fez com que a qualidade tenha se tornado uma preocupação em todos os ramos de atuação das corporações, assim como a busca pela melhoria contínua que passou a ser central na estrutura dos processos organizacionais (MARSHAL JUNIOR et al., 2008).

4. Definições de qualidade

Como visto no tópico anterior, nos primórdios da história da qualidade seu conceito era associado à conformidade do produto ou serviço de acordo com suas particularidades, evoluindo então para a busca da satisfação do cliente. Essa evolução aumentou a importância do conceito de qualidade como posicionamento estratégico das corporações, o que atinge uma visão holística das atividades. O conceito de qualidade está ligado a algo subjetivo, e pode ser influenciado por diversos fatores e motivado por diversas expectativas, ou seja, está ligado à percepção do cliente. Portanto, o termo qualidade atualmente é ligado a excelência do produto ou serviço (ROTH, 2011). Nesse sentido o conceito de qualidade não se limita a produção do produto e serviço ou aumento na produtividade das corporações, mas sim abrange uma necessidade de posicionamento estratégico em um mercado altamente competitivo e com clientes cada vez mais exigentes (DANIEL; MURBACK 2014).

Segundo Garvin (2002), existem várias definições sobre o conceito de qualidade relacionadas as suas abordagens. O Quadro 2 sintetiza as principais definições das abordagens da qualidade.

Quadro 2 – As cinco abordagens da qualidade

1	Abordagem transcendental, que significa o melhor possível em termos da especificação do produto ao serviço.
2	Abordagem baseada em manufatura, que significa fazer produtos ou proporcionar serviços que estão livres de erros e que correspondam precisamente às especificações de projeto.
3	Abordagem baseada no usuário, que significa adequação das especificações ao consumidor.
4	Abordagem baseada em produto, que significa a qualidade como um conjunto mensurável e preciso de características que são requeridas para satisfazer o consumidor.
5	Abordagem baseada em valor, que defende que a qualidade seja percebida em relação ao preço.

Fonte: adaptado de Garvin (2002).

Conforme as cinco abordagens descritas no Quadro 2, Slack (1999) ainda afirma que a qualidade deve ser baseada na conformidade de acordo com as expectativas dos clientes. Nesse mesmo contexto, Campos (2014) afirma que o conceito de qualidade pode ser resumido na entrega de produto ou serviço confiável, que consiga atender com eficácia o projeto, que proporcione que o cliente tenha acessibilidade e segurança para sua utilização e que atenda as expectativas do acordo entre empresa e cliente em relação a quantidade, local e todas as suas características específicas, conforme destacado no Quadro 3.

Quadro 3 – Características e expectativas relacionadas aos produtos

CARACTERÍSTICAS	EXPECTATIVA
Que atende perfeitamente	Projeto perfeito
De forma confiável	Sem defeitos
De forma acessível	Baixo custo
De forma segura	Segurança do cliente
No tempo certo	Entrega no prazo certo, no local certo e na quantidade certa

Fonte: adaptado de Campos (2014).

Conforme as características e expectativas relacionadas ao produto, confirma-se que a qualidade pode ser entendida mesmo como a busca de atender as necessidades específicas do cliente. Assim, a produção deve ser feita conforme a expectativa do cliente e o produto ou serviço deve ser confiável, acessível, seguro e entregue no prazo correto (DANIEL; MURBACK, 2014). Dessa forma, Paladini (2002) afirma que a avaliação do conceito de qualidade sempre fez parte da gestão das corporações com a finalidade de se compreender como obter vantagem competitiva e estratégica. Essa é a razão para o conceito ter sido aliado à definição de conformidade junto aos requisitos especificados, induzindo a adaptação e padronização (FONSECA, 2006).

Carpinetti *et al.* (2009) apontam que as diferentes visões da qualidade acabam por resultar em requisitos, ou seja, dimensões da qualidade que são percebidas pelo cliente. Esses requisitos podem ser resumidos por:

a) desempenho técnico ou funcional: é considerado o grau com que o produto cumpre a sua missão ou função básica;
b) facilidade ou conveniência de uso: inclui o grau com que o produto cumpre funções secundárias que completam a função básica;
c) disponibilidade: é o grau que o produto se encontra disponível para uso quando requisitado;

d) confiabilidade: probabilidade que se tem de que o produto, quando esteja disponível, consiga realizar sua função básica sem falhar durante um tempo pré-determinado e sob determinadas condições de uso;
e) manutenibilidade: está relacionado à facilidade de conduzir as atividades de manutenção no produto, sendo atributo do projeto do produto;
f) durabilidade: é uma medida que estabelece a vida útil média do produto, por meio dos pontos de vista técnicos e econômicos;
g) conformidade: relaciona-se ao grau com que o produto se encontra em conformidade com as especificações de projeto e a padronização das características de operacionais preestabelecidas;
h) instalação e orientação de uso: consiste na orientação e facilidades disponíveis para conduzir as atividades de instalações e uso de produto;
i) assistência técnica: são os fatores relativos à qualidade (competência, cortesia) dos serviços de assistência técnica e atendimento ao cliente;
j) interface com usuário: é a qualidade do ponto de vista ergonômico, de riscos de vida e de comunicação do usuário com o produto;
k) interface como meio ambiente: está relacionado ao impacto no meio ambiente, durante a produção, uso e descarte do produto;
l) estética: é a abordagem do fator qualidade mediante a percepção do usuário sobre o produto a partir de seus órgãos sensoriais, dependente do julgamento e preferência do indivíduo;
m) qualidade percebida na imagem da marca: está relacionado a percepção do usuário sobre qualidade do produto a partir da imagem e reputação da marca, bem como sua origem de fabricação.

Nota-se que os requisitos estabelecidos podem contribuir com as corporações no planejamento estratégico de produção e refletir na melhoria da qualidade no produto e serviço (KATO; CHAGAS, 2014). Neste contexto Garvin (1992) afirma que o conjunto de dimensões de qualidade se assemelha a medição física associada às bases teóricas. Assim, a qualidade pode ser vista como um diferencial competitivo quando consegue priorizar os parâmetros adequados à organização, refletindo exatamente na sua posição estratégica.

5. Principais características da qualidade

Durante o tempo, diversos teóricos auxiliaram na construção do conceito de qualidade, especialmente ao estudarem metodologias e sua aplicação mediante a evolução da estrutura para a busca da eficácia no resultado final dos produtos e serviços, culminando assim na evolução das corporações (SILVA, 2013). A evolução da qualidade teve contribuição dos "Mestres da Qualidade" ou "Gurus da Qualidade", cujos principais nomes são Shewhart,

Deming, Juran, Feigenbaum, Crosby e Ishikawa (PALADINI *et al.*, 2012). O Quadro 4 sumariza as principais contribuições desses teóricos na evolução do conceito de qualidade (CARPINETTI, 2010).

Quadro 4 – Os principais teóricos e suas contribuições

TEÓRICO	CONTRIBUIÇÃO PARA EVOLUÇÃO DA QUALIDADE
J. M. Juran	Publicou a obra Manual de Controle da qualidade em 1950, o que possibilitou a mudança no controle da qualidade, que passou a incluir todas as atividades do ciclo, desde o desenvolvimento até o pós-venda
	Desenvolveu metodologia para o desenvolvimento e gerenciamento dos produtos, a chamada Trilogia de Controle da Qualidade: planejamento, controle e melhoria
	Foi o primeiro a associar os conceitos de qualidade às atividades estratégicas
Armand Vallin Feigenbaum	Responsável pelo conceito do Controle da Qualidade Total (TQC), que definiu as principais atividades para controle da qualidade e sua interação junto as demais áreas da empresa orientadas pelo cliente, busca excelência por meio de: controle de projeto, controle de material recebido, controle de produto e estudo de processos especiais
W. Edwards Deming	Principal responsável pelo desdobramento do conceito, especialmente no Japão
	Especializou-se em técnicas estatísticas
	Responsável pelo Prêmio Deming, que surgiu no Japão em sua homenagem
	Desenvolvedor dos 14 pontos de Deming para gerir a qualidade
	Após o desenvolvimento e aplicação dos 14 pontos de Deming é que surgiu o TQC no Japão
	Criador do ciclo PDCA
Philip B. Crosby	Criador do conceito "Zero Defeito" e "fazer certo na primeira vez"
	Considera que as iniciativas devem vir de cima para baixo
	Formação de grupos estratégicos especializados em qualidade
	Criou 14 passos para a melhoria da qualidade
Kaoru Ishikawa	Enfatizou a implantação dos círculos de controle da qualidade
	Desenvolvedor do diagrama de causa e efeito
	Classificou as técnicas de controle estatístico em três grupos. O primeiro grupo é formado por sete ferramentas para serem utilizadas na resolução de 90% dos problemas de qualidade. O segundo grupo é formado por métodos estatísticos intermediários para utilização dos especialistas da qualidade e por alguns gerentes, e o terceiro grupo é formado por métodos estatísticos avançados.
Walter A. Shewhart	Considerado o pai do Controle Estatístico (criou o gráfico de controle)
	Propôs o ciclo PDCA (método de solução dos problemas)
	Definiu a qualidade como subjetiva e objetiva

Fonte: adaptado de Carpinetti (2010).

Assim pode-se perceber especificamente algumas das contribuições dos teóricos demonstradas no Quadro 4, e que se caracterizam como as principais características da qualidade até os dias atuais. Inicialmente é relevante tratar da Trilogia de Controle da Qualidade. Juran (1984) afirma que a qualidade é resultado do empenho empregado ao produto que se reflete na satisfação do cliente, relacionando-a assim ao planejamento da qualidade. O autor ainda afirma que as principais abordagens da qualidade são o planejamento, controle e melhoria, induzindo que ela pode ser alcançada conforme são utilizados esses três processos gerenciais, conhecidos como Trilogia de Controle da Qualidade. Lucinda (2010) afirma que o planejamento é o ponto fundamental para fortalecimento da qualidade. Já Marshal Junior *et al.* (2012) entendem esses três processos como:

a) Planejamento: se caracteriza pelo estabelecimento de etapas para alcançar determinado objetivo, ou conjunto de etapas que visam estabelecer o desenvolvimento de produtos ou processos necessários para satisfazer as necessidades dos clientes. Assim envolve as etapas de identificar os clientes; determinar as necessidades dos clientes; definir as caraterísticas dos produtos que respondem as necessidades dos clientes; elaborar processos capazes de reproduzir essas características e; capacitar os colaboradores para implementação do plano. Juran (1992) sintetiza que o planejamento da qualidade condiz com a atividade de desenvolvimento de produtos e processos visa atender as necessidades dos clientes;

b) Controle: é o procedimento que visa assegurar a realização dos objetivos que foram estabelecidos no planejamento, envolvendo as etapas de avaliar o desempenho; comparar o desempenho obtido com as metas e; atuar a partir das diferenças;

c) Melhoria: almeja níveis superiores e inovadores na execução, visando aumentar os resultados para o melhor nível de desempenho. A ideia é estabelecer a melhoria contínua ou identificar uma melhoria disruptiva por meio de etapas como estabelecer a infraestrutura necessária para assegurar uma constante melhoria; identificar as necessidades específicas para criação de projetos de melhoria; criação de equipe a cada projeto de melhoria com a finalidade de resulta-lo bem sucedido; fornecer recursos materiais e treinamentos à equipe para diagnosticar as causas; buscar solução e implementação de controles para manter os resultados obtidos.

Pentiado *et al.* (2015) apresentam que o conceito da Trilogia não se resume apenas em uma metodologia de gerência de qualidade relacionada a alta gerência pois ele abrange toda a organização. Neste sentido, Juran (1992) afirma que cada função distingue características exclusivas de acordo com cada produto ou processo de produção. Para cada um é necessário gerenciar a qualidade utilizando os três processos da Trilogia, pois seu uso simultâneo pode tornar explícita a anomalia do produto.

Conforme as contribuições dos teóricos abordadas, outra característica relevante da qualidade é o *Total Quality Control* (TQC), ou Controle Total da Qualidade que corresponde a um sistema de gestão de qualidade do produto. Feigenbaum (1961) foi pioneiro na utilização do termo TQC a partir do pressuposto que a qualidade é uma ferramenta estratégica pela qual os colaboradores necessitam ser responsáveis. Neste sentido o conceito prevê mais do que uma técnica de eliminação de anomalias, mas sim uma filosofia que gerencia a responsabilidade de excelência. A proposição do TQC relaciona a qualidade a todas as atividades e processos da organização. Block (2015) afirma que TQC significa o gerenciamento e coordenação das atividades por meio da mão se obra, máquinas e informações visando atender as exigências do consumidor.

Outra característica importante da qualidade advinda das contribuições dos teóricos é o Diagrama de Ishikawa, ou diagrama de causa efeito, que foi desenvolvido pelo engenheiro japonês Kaoru Ishikawa (1986). O diagrama de Ishikawa é utilizado para relacionar as causas (fatores) e os efeitos (resultados) de determinado processo que afeta o produto. Para Paranhos Filho (2008), o Diagrama de Ishikawa possibilita resumir as causas possíveis e nortear a identificação da causa chave que afeta o problema, o que possibilita a adoção de medidas para correção. O diagrama é estruturado por grupos em que estabelece as possíveis causas, como máquina, material, método, medida, meio ambiente e mão de obra.

Por fim, uma característica da qualidade importante que advém da contribuição dos teóricos é o Ciclo PDCA (*Plan-* planejar, *Do-* executar, *Check-* controlar ou verificar e *Action-* ação) proposto por Shewhart (1931). Paranhos Filho (2008) menciona que o ciclo PDCA é um método gerencial que auxilia na tomada de decisão e no alcance das metas estabelecidas pela organização, e que ele é amplamente utilizado na busca pela melhoria contínua. Araújo *et al.* (2017), explicando o ciclo PDCA, afirmam que na fase inicial (*PLAN*) define-se o planejamento, o escopo e o método a ser utilizado em determinado processo. A segunda fase (*DO*) significa a execução do processo para efetivar o planejamento, e nesse ponto também são aplicados treinamentos às pessoas envolvidas. A terceira fase (*CHECK*) significa verificação, ou seja, a busca pela medição do que foi planejado e executado de acordo com os resultados obtidos. A última etapa do ciclo (ACTION) significa a ação. Aqui se define o que pode ser feito, as ações a serem tomadas para corrigir anomalias. Caso ocorra tudo perfeitamente sem anomalias o processo pode ser padronizado.

6. Gestão da Qualidade Total (TQM)

De acordo com Gharakhani *et al.* (2013), a gestão da qualidade total, ou *Total Quality Management* (TQM), é importante em várias organizações públicas e privadas, e por isso nota-se o aumento do interesse em relação ao tema. A qualidade total relacionada à melhoria contínua posicionou-se nas organizações como função estratégica e não apenas como vantagem competitiva, pois a TQM presume o fortalecimento da qualidade internamente perante os colaboradores e processos para alcançar a qualidade desejada. A ideia é auxiliar a cumprir o objetivo proposto pela corporação de atender as necessidades do cliente. Gharakhani *et al.* (2013) apresentam oito características da TQM para as organizações que concorrem em qualidade e buscam a melhoria contínua de produtos e serviços, conforme abordados no Quadro 5.

Quadro 5 – Características da TQM

1. A qualidade leva a custos mais baixos à medida que os defeitos são reduzidos
2. Qualidade é feita na sala de reuniões e não pode ser instalada no chão de fábrica sem a iniciativa e compromisso da alta gerência
3. A maioria dos defeitos é causada pelo sistema e não pelo trabalhador
4. A inspeção visa reduzir defeitos durante a produção e eliminar a inspeção em massa
5. Eliminar cotas numéricas, *slogans*, exortações e metas para a força de trabalho e promover a sustentação e melhoria contínua do processo e qualidade da produção
6. Expulsar o medo da mudança dos trabalhadores, especialmente ao instituir um vigoroso programa de educação, treinamento e reciclagem que possa ajudar a força de trabalho a melhorar continuamente e aumentar sua segurança no trabalho
7. Derrubar barreiras entre áreas de pessoal e abandonar os sistemas de revisão que destruirão o trabalho em equipe e criarão rivalidade
8. Acabar com a prática de conceder negócios apenas pelo preço. Procurar fornecedores comprometidos com a qualidade e desenvolver relações de longo prazo com eles

Fonte: adaptado de Gharakhani *et al.* (2013)

Segundo Silva e Mendes (2018), TQM significa o empenho que a empresa realiza ao programar e permanecer com a melhoria contínua da qualidade. Isso irá se refletir nos produtos produzidos e serviços prestados que geram satisfação do cliente. Para tanto, é importante fazer a gestão de todos os aspectos organizacionais que irão resultar o sucesso da implementação da TQM.

Desse modo, o conceito TQM é definido por uma abordagem holística que se propõe a capacitar toda a organização para alcançar a melhoria contínua estruturada e de longevidade. A proposta é alinhar a qualidade à produtividade sem provocar o medo da mudança, estabelecendo a filosofia de que é melhor prevenir do que corrigir sobre o critério de custo relacionado a produção (GHARAKHANI *et al.*, 2013).

Em outra definição, Silva e Barbosa (2017) apontam que a TQM é uma metodologia de gestão da qualidade que visa a satisfação do cliente utilizando cinco pilares denominados com a sigla QCAMS (Qualidade, Custo, Atendimento, Moral e Segurança). A ideia é a utilização da melhoria contínua por intermédio de ferramentas da qualidade, busca fazer hoje melhor do que ontem e fazer amanhã melhor que hoje.

Já Becker (1993) entende que a TQM é um sistema administrativo que objetiva a melhoria contínua visando à satisfação dos clientes ao decrescer os custos de produção. Nesse sentido, a TQM precisa partir do nível estratégico e dos líderes para ter sua funcionalidade de maneira vertical, deve envolver todas as funções, cargos e departamentos ao estabelecer sua importância a todos os colaboradores, fornecedores e clientes da organização. O foco prevalece então na importância de aprender e se adaptar a mudanças em prol da qualidade como um fator primordial para alcançar o sucesso da organização. De acordo com Mears (1993), a TQM estabelece um sistema que perdura em longo prazo pois alcança o contentamento do cliente, viabilizado por meio da melhoria contínua dos produtos e serviços da organização.

Na busca pela qualidade, as organizações se empenham em consolidar, por meio de sua cultura, a melhoria contínua de produtos e serviços. A consolidação da cultura de qualidade busca constantemente a satisfação dos clientes com apoio da TQM, que favorece a excelência na busca da melhoria contínua (HEIZER; RENDER, 2011). Já para alcançar o sucesso na gestão da qualidade total, é necessário que as empresas sigam os princípios fundamentais da TQM, conforme abordados no Quadro 6 (TOLEDO et al., 2014).

Quadro 6 – Princípios da TQM

Princípio	Descrição
Foco no cliente	As organizações dependem de seus clientes e, portanto, precisam identificar suas necessidades atuais e futuras.
Apoio da liderança	Os líderes estabelecem unidade de propósito e o rumo da organização. Convém que eles criem e mantenham um ambiente interno no qual as pessoas possam estar totalmente envolvidas no propósito de atingir os objetivos da organização.
Envolvimento das pessoas	As pessoas são a essência de uma organização. Deve-se buscar o total envolvimento das pessoas.
Abordagem de processo	Um resultado desejado é alcançado mais eficientemente quando as atividades e os recursos relacionados são gerenciados como um processo.
Melhoria Contínua	Deve-se buscar a melhoria contínua do desempenho global da organização.

continua...

continuação

Princípio	Descrição
Abordagem factual	Decisões eficazes são balanceadas na análise de dados e informações.
Relação com fornecedores	Uma organização e seus fornecedores são interdependentes. Portanto, devem estabelecer uma relação de benefícios mútuos para aumentar a capacidade de ambas para agregar valor.

Fonte: Adaptado de Toleto *et al.* (2014)

Nota-se assim que a TQM busca, por intermédio de seus conceitos e princípios, a unificação de todos os elementos organizacionais visando à obtenção da melhoria contínua por meio de todos envolvidos nos processos da organização (FIGUEIREDO, 2010). A melhoria contínua como parte integral da TQM agrega na busca pela excelência e melhores resultados por meio do aumento do desempenho dos processos, produtos e atividades da empresa (PRAZERES, 1996).

A melhoria contínua nesse contexto objetiva desenvolver toda a organização, visando atribuir o resultado à menção gerencial ou de maneira espontânea pelos colaboradores. A garantia da prática de melhoria contínua envolve quatro condições: entendimento, competências, habilidades e comprometimento (PRAZERES, 1996). Segundo Gonzalez e Martins (2011), esses quatro pilares são necessários para aumentar a eficácia da prática da melhoria contínua. Inicialmente o primeiro pilar se volta ao que melhorar, por meio do entendimento, com o auxílio de todos os colaboradores envolvidos no processo, dos motivos da melhoria contínua e da importância da contribuição individual para a eficácia no processo. O segundo pilar enfatiza o como melhorar por meio da competência e conhecimento dos colaboradores. O terceiro pilar dá atenção aos requisitos para melhorar, e busca as habilidades dos colaboradores para a soluções dos problemas. Por fim, o quarto pilar enfatiza a prontidão para melhorar, e nesse ponto a organização motiva os colaboradores a se comprometerem com o alcance efetivo da melhoria de processos.

6. Considerações finais

Considerando que o mundo está em constante mudança, a qualidade continua a evoluir e a se expandir. A qualidade nas organizações iniciou no século XX, pois antes da revolução industrial havia foco, mas o produto era fabricado de forma artesanal. Após a revolução industrial a customização do produto modificou para larga escala (PALADINI *et al.*, 2012).

Portanto, os planos estratégicos, assim como os objetivos da qualidade, necessitam estar aptos a entregar produtos e serviços que atinjam a satisfação e superem a expectativa do cliente. Neste contexto um produto ou serviço de qualidade deve atender requisitos como a entrega de forma confiável, que atenda perfeitamente, de forma acessível, segura e no tempo certo, conforme as necessidades de cada cliente (LOBO, 2020). Para Brockman (1992) a evolução da qualidade relaciona a evolução do processo produtivo por meio do desenvolvimento de alguns aspectos como habilidade, revolução industrial, produção em massa, inspeção, controle de qualidade, garantia de qualidade e qualidade total. Assim a qualidade foi incorporada à produção objetivando a minimização de produtos defeituosos.

A gestão da qualidade emergiu na conformidade dos requisitos das empresas em buscar atender os clientes desde tempos remotos. A evolução da qualidade ampliou a notoriedade para além do processo produtivo, buscando então o controle da qualidade em todos os departamentos e processos da organização caracterizando a qualidade total. Assim, na busca pela qualidade, as organizações se empenham em consolidar seus processos e sua cultura, incluindo a melhoria contínua de produtos e serviços. A busca constante da satisfação dos clientes com apoio da TQM favorece a excelência na busca da melhoria contínua (HEIZER; RENDER, 2011).

Portanto, o presente capítulo evidência a importância de as organizações buscarem atender as expectativas dos clientes, mantendo uma boa gestão da qualidade alinhada a participação dos colaboradores, resultando na eficiência e melhoria contínua dos produtos e serviços da empresa.

REFERÊNCIAS

ARAÚJO, F. *et al*. Aplicação do método PDCA para solução de problemas: estudo de caso em uma alimentícia no triângulo mineiro. *In*: ENCONTRO NACIONAL DE ENGENHARIA DE PRODUÇÃO, 37., 2017, Joinville, SC. **Anais** [...]. Joinville, SC: Abepro, 2017.

ARROTEIA, Michele Cristina de Sousa; ZUCCARI, Patrícia; TOMAZ, Washington Luiz. Características e decisões de implantação da ISSO 9001:2008: estudo de caso múltiplo no centro-oeste paulista. **Revista de Administração, Contabilidade e Economia da Fundace**. v. 6, 2015.

BARÇANTE, Luiz Cesar. **Qualidade Total**: Uma Visão Brasileira: O impacto estratégico na Universidade e na Empresa. Rio de Janeiro: Campus, 1998.

BECKER, Selwyn W. TOM does work: ten reasons why misguided attempts fail (discussion of O. Harari's Jan. 1993 article). **Management Review**, Saranac Lake, v. 82, n. 5, p. 30, May 1993.

BERGAMO, V. **Gerência econômica de qualidade**. São Paulo: Makron Books, 2000.

BLOCK, C. P. **T. Q. C.**: A Origem, dimensão, metodologia e suas aplicações para a sobrevivência de organizações mundiais. [*S. l.*: *s. n.*], 2015

BRAVO, I. **Gestão da qualidade em tempos de mudanças**. 3. ed. Campinas, SP: Editora Alínea, 2010.

BROCKMAN, John R. Just another management fad: the implication of TQM for library and information services. **ASLIB Proceeding**, London, v. 44, n. 7/8, p. 283-288, Jul./Aug. 1992.

CAMPOS, V. F. **TQC**: controle da qualidade total (no estilo japonês). 8. ed. Nova Lima, MG: INDG Tecnologia e Serviços, 2014. 256 p.

CARPINETTI, L. C. R. **Gestão da Qualidade – Conceitos e Técnicas**. São Paulo: Atlas, 2010.

CARPINETTI, Luiz Cesar *et al*. **Gestão da Qualidade**: ISO 9001:2000. São Paulo: Atlas, 2009.

CORRÊA, P. F.; OLIVEIRA, L. B. Application of quality tools to solve contamination problems in a chocolate factory. **Revista de Engenharia e Pesquisa Aplicada**, v. 2, n. 2, 2017.

CROSBY, Philip B. Cutting the cost of quality. [S. l.]: Industrial Education Institute, 1967.

DANIEL E. A.; MURBACK F. G. R. Levantamento Bibliográfico do uso das ferramentas de qualidade. **Gestão & Conhecimento**, v. 8, p. 1-43, 2014.

FEIGENBAUM, Armand V. **Total quality control**. New York: McGrawHill, 1961.

FIGUEIREDO NETO, Manoel Valente; SOUSA, Ruthelle Maria de Carvalho. Sistemas de Gestão da Qualidade: as perspectivas normativas e os sistemas de auditoria. **Âmbito Jurídico**, Rio Grande, v. 13, n. 81, out. 2010.

FONSECA, J. J. S. Metodologia da pesquisa científica. Fortaleza: UEC, 2006.

GARVIN, D. A. **Gerenciando a Qualidade**: a visão estratégica e competitiva. Tradução de João Ferreira Bezerra de Souza. Rio de Janeiro: Qualitymark, 2002.

GARVIN, D. A. **Gerenciando a Qualidade**: A Visão Estratégica e Competitiva. Rio de Janeiro: Qualitymark Editora, 1992.

GHARAKHANI, D; RAHMATI, H.; FARROKHI, R. M.; FARAHMANDIAN, A. Total quality management and organizational performance. **American Journal of Industrial Engineering**, v. 1, n. 3, p. 46-50, 2013.

GONZALEZ, R. V. D.; MARTINS, M. F. Melhoria contínua e aprendizagem organizacional: múltiplos casos em empresas do setor automobilístico. **Revista Gestão & Produção**, v. 18, n. 3, p. 473-486, 2011.

HEIZER, J.; RENDER, B. **Operations Management**. New Jersey: Prentice-Hall, 2011.

ISHIKAWA, W. A. Kaoru. **TQC, total quality control**: estratégia e administração da qualidade. São Paulo: IMC Internacional Sistemas Educativos, 1986.

MARSHAL JUNIOR, I. M. *et al.* Gestão da qualidade. 9. ed. Rio de Janeiro: Editora FGV, 2008. 204 p.

MARSHAL JUNIOR, I. M. *et al.* Gestão da qualidade. 10. ed. Rio de Janeiro: Editora FGV, 2012. 204 p.

JURAN, J. M. **A qualidade desde o projeto**: novos passos para o planejamento da qualidade de produtos e serviços. São Paulo: Pioneira, 1992.

JURAN, J. M. **Managerial Breakthrough (A New Concept of the Manager's Job)**. New York: Mc Graw-Hill Book Company,1984.

KATO, R. B.; CHAGAS, H. Gestão da qualidade no setor público: um estudo de caso no IPAMB. **Revista Eletrônica de Administração**, v. 13, n. 2, ed. 24, jan./jun. 2014. ISSN: 1679-9127

LIMA, José Aniceto; SANTIAGO, Pietro Otávio. Os primeiros conceitos da gestão da qualidade total. *In*: ENCONTRO REGIONAL DE ESTUDANTES DE BIBLIOTECONOMIA, DOCUMENTAÇÃO, CIÊNCIA DA INFORMAÇÃO E GESTÃO DA INFORMAÇÃO, 14., 16-22 jan. 2011, São Luís, MA. **Anais** [...]. São Luís, MA: Universidade Federal do Maranhão, 2011.

LOBO, R. N. Gestão da Qualidade. 2. ed. São Paulo: Érica, 2020.

LOBO, A. **Diretoria de Qualidade, publicação na imprensa**. [*S. l.*]: INMETRO, 2002. [mimeo.].

LONGO, R. M. J. Gestão da Qualidade: evolução histórica, conceitos básicos e aplicação na educação. Ipea Relatório Interno, Brasília, DF, 1996.

LUCINDA, M. A. **Qualidade**: fundamentos e práticas para curso de graduação. 3. ed. Rio de Janeiro: Brasport, 2010.

MACHADO, Simone Silva. **Gestão da qualidade Inhumas**: Santa Maria: Bookman, IFG, 2012. 432 p.

MEARS, Peter. How to stop talking abouI, and begin progress toward, total quality management. **Business Horizons**, Greenwich, v. 36, p. 11-14, May/June 1993.

MONACO, F. F.; MELLO, A. F. M. A Gestão da Qualidade Total e a reestruturação industrial e produtiva: um breve resgate histórico. **Race**: revista de administração, contabilidade e economia, v. 6, n. 1, p. 7-26, 2007.

NADAE, A. *et al*. Um estudo sobre a adoção dos programas e ferramentas da qualidade em empresas com certificação ISO 9001: estudos de casos múltiplos. *In*: XVI SIMPÓSIO DE ENGENHARIA DE PRODUÇÃO, 16., 2009, Bauru. **Anais** [...]. Bauru: [s. n.], 2009.

OLIVEIRA, Otávio J. (org.). **Gestão da Qualidade**: Tópicos Avançados. São Paulo: Pioneira Thomson Learning, 2003.

PARANHOS FILHO, Moacyr. **Gestão da Produção Industrial**. Curitiba: Ibpex, 2008.

PALADINI, E. P *et al*. **Gestão da qualidade**: Teoria e Casos. 8. ed. Rio de Janeiro: Elsevier, ABEPRO, 2012.

PALADINI, Edson Pacheco. *et al*. **Gestão da qualidade**: teoria e casos. 2. ed. Rio de Janeiro: Elsevier, 2005.

PALADINI, Edson Pacheco. **Gestão de qualidade**: teoria e prática. São Paulo: Atlas, 2002.

GODOY, Leoni Pentiado; CICHOCKI, Dolores Litza; STEFANO, Nara Medianeira. Proposta de um modelo gerencial com ênfase na qualidade para micro e pequenas empresas de confecção. **Ingeniería Industrial**, año 14, n. 1, p. 67-88, 2015. Proposta de um modelo gerencial com ênfase na qualidade. 2015.

PRAZERES, P. M. **Dicionário de Termos da Qualidade**. São Paulo: Atlas, 1996.

REALI, J. L. S. **Os recursos humanos e a gestão pela qualidade total**. Rio de Janeiro: [s. n.] 2004.

ROTH, Claudio Weissheimer. **Curso técnico em automação industrial**: Qualidade e Produtividade. 3. ed. Santa Maria: Colégio Técnico Industrial de Santa Maria, 2011.

SHEWHART, W. A. **The economic control of quality of manufactured products**. London: Macmillan, 1931.

SILVA, F. S. **Diretrizes para implantação da ISO 9001 no IFPB a partir dos requisitos da NBR 15419**. [S. l.: s. n.], 2016.

SILVA, A. A. **A importância dos processos de qualidade em gerenciamento de projetos e seus impactos na satisfação do cliente**. São Paulo: [*s. n.*], 2013.

SILVA, R. F.; BARBOSA, A. F. B. Aplicação das ferramentas da qualidade em uma empresa de serviços de saúde da região metropolitana do Recife-PE. **Revista de Engenharia e Pesquisa Aplicada**, v. 2, n. 4, 2017.

SILVA, R. J. R.; MENDES, L. Mapeamento da aplicação da TQM no ensino superior: uma revisão bibliográfica utilizando uma abordagem Bibliométrica. **Capital Científico**, v. 16, n. 1, 2018.

SLACK, N. *et al*. **Administração da produção**. São Paulo: Atlas, 1999.

TOLEDO, J. C. **Qualidade, Gestão e Métodos**. Rio de Janeiro: LTC, 2014.

TOLEDO, J. C.; BARRÁS, A. A. B.; MERGULHÕES, R. C.; MENDES, G. H. S. **Qualidade**: Gestão e Métodos. Rio de Janeiro: LTC, 2013.

BLOCO B
ADMINISTRAÇÃO NO ENSINO SUPERIOR

CAPÍTULO 2

MARKETING DE RELACIONAMENTO E CONSTRUÇÃO DA LEALDADE NO ENSINO SUPERIOR: um estudo de caso em instituição no município de Paracatu, região noroeste de Minas Gerais

Benedito de Souza Gonçalves Junior
Carlos Eduardo Ribeiro Chula
Thel Augusto Monteiro
Rosana Borges Zaccaria

1. Introdução

Um dos grandes problemas enfrentados pelas instituições de ensino superior públicas e privadas é a evasão do aluno. Especificamente no curso presencial de Engenharia Civil, o índice de evasão dos alunos está extremamente elevado. Nos anos de 2011 a 2013 cerca de 283 mil estudantes ingressaram para cursar Engenharia Civil, mas nos anos de 2015 a 2017 apenas cerca de 108 mil formaram-se, de acordo com os dados oficiais do Instituto Nacional de Estudos e Pesquisas Educacionais Anísio Teixeira (INEP), ligado ao Ministério da Educação (MEC).

Segundo Mazzonetto (2015), se faz necessário conhecer os clientes (no caso, os alunos), sabendo exatamente o que desejam, tanto em termos de produtos (bens físicos) quanto em termos de serviços. É nesse contexto que entra o Marketing de Relacionamento, cujo objetivo é construir e conduzir um relacionamento satisfatório a longo prazo. Portanto, a instituição deve trabalhar considerando os aspectos que tornam os alunos mais propensos à decisão de permanência, como a satisfação, a qualidade, o comprometimento, a confiança e o valor agregado. Estes aspectos antecedem a lealdade.

Este estudo investiga a formação da Lealdade a partir do Marketing de Relacionamento no ensino superior, tomando por estudo de caso uma instituição de ensino superior no município de Paracatu, região noroeste de Minas Gerais

2. Marketing de Relacionamento e a construção da lealdade

Gummesson (1993) definiu o marketing de relacionamento como uma estratégia em que a gestão da interação, relacionamento e rede de contatos é uma questão fundamental. De acordo com Grönroos (1994) o objetivo do marketing de relacionamento é estabelecer, manter e melhorar os relacionamentos com os clientes e outros parceiros, com lucro, para que os objetivos das partes envolvidas sejam atingidos. Para Hennig-Thurau e Hansen (2000), o conceito de marketing de relacionamento está construído em três abordagens teóricas distintas, mas ainda interligadas. A primeira delas refere-se à perspectiva comportamental do relacionamento. A segunda abordagem é a perspectiva de rede, com foco no caráter interativo dos relacionamentos no campo do marketing *business-to-business* e assume uma perspectiva interorganizacional. Finalmente, a terceira abordagem é a perspectiva econômica neoinstitucional, que usa teorias econômicas modernas para explicar os relacionamentos.

2.1. Retenção de clientes

A retenção dos clientes deve ser uma preocupação constante das empresas que querem manter seus negócios (MAZZUCO; DUTRA; CASAGRANDE, 2012), sendo um dos objetivos primordiais do marketing de relacionamento (EBERLE; MILAN; CAMARGO, 2013). Ascarza *et al.* (2018) destacam que a retenção dos clientes gera rentabilidade e valor às empresas. Storbacka (1997) comenta em seu estudo sobre uma organização bancária, que cerca de 20% da base de clientes representam aproximadamente 90% da rentabilidade total. Na visão de Peck *et al.* (1999), uma vez determinada a base de segmentação relevante, pode-se desenvolver estratégias adequadas para reter esses clientes.

Segundo Yunes (2005), para aplicar o marketing de relacionamento é muito importante medir a retenção de clientes. Surge, assim, a necessidade de um uso otimizado de TI – Tecnologia da Informação, mostrando-se adequado o investimento em uma estrutura de CRM – *Customer Relationship Management* (BERGAMO, 2008). Para Chen e Popovich (2003), Wu e Li (2011), uma empresa que implante o CRM em busca de localizar e manter seus melhores clientes e de desenvolver relacionamentos de longo prazo com os seus clientes-chave obterá maiores lucros. Porém, além de todos os critérios técnicos, as organizações ainda precisam compreender os aspectos subjetivos e comportamentais que podem ser impactantes à retenção dos clientes.

2.2. Aspectos subjetivos da retenção dos clientes

Conforme Wu e Li (2011), a análise da retenção de clientes com base nos índices e aspectos mensuráveis vem sendo muito utilizada, porém deve-se ter o cuidado de analisar-se também a retenção pelo ponto de vista do cliente. Logo, é importante conhecer os motivos e desejos do cliente quanto ao relacionamento e quais as razões para ele entrar e manter esse relacionamento (HENNIG-THURAU; HANSEN, 2000). Para Hennig-Thurau, Gremler e Gwinner (2002), os *Benefícios Relacionais* – que têm foco nos benefícios que os consumidores recebem além do serviço principal – e a *Qualidade do Relacionamento* – que se concentra na natureza geral do relacionamento – são as duas abordagens trabalhadas de forma integrada para essa análise inerente ao marketing de relacionamento no ambiente de serviços. Os autores concluíram que esses construtos, no modelo integrado, têm como resultado a lealdade dos clientes e a comunicação boca-a-boca.

2.3. Conceito de Lealdade

Oliver (1999) define lealdade como um comprometimento profundo em comprar ou utilizar regularmente um serviço ou produto, causando, futuramente a repetição desta compra. Já Singh e Sirdeshmukh (2000) a definem como um conjunto de comportamentos diversos que representam motivações para manter um relacionamento com o fornecedor de serviços. Nota-se a partir das definições acima que esse conceito passa duas abordagens distintas: a comportamental (indicadores de compra repetida e porcentagem total de compras) e a atitudinal (intenção de adquirir novamente um produto ou recomendá-lo).

2.4. A relação da lealdade com a retenção de clientes

Quais seriam os aspectos básicos para o completo entendimento da lealdade dos clientes? Cengiz e Akdemir-Cengiz (2016) apontam um consenso entre os pesquisadores de que a lealdade seja um construto multidimensional, definido e medido em termos comportamentais e atitudinais. Gremler e Brown (1996) destacam ainda que a lealdade se manifesta primeiro na mente do consumidor, no momento em que surge a necessidade sobre o que comprar. Logo, observa-se que o primeiro entendimento sobre lealdade do cliente é que ela parte de aspectos atitudinais. Isto será de grande ajuda para a explicação dos estudos que tratam vários dos antecedentes da lealdade propostos na literatura de marketing, como confiança, comprometimento e satisfação (BERGAMO, 2008).

Cabe diferenciar os conceitos de lealdade e de retenção de clientes. Conforme Espartel (2005), a retenção do cliente está associada à percepção do cliente com respeito aos custos associados em deixar o relacionamento. Logo, com foco apenas na repetição de compras, a retenção aborda apenas a perspectiva comportamental da lealdade. Pode-se concluir que, dentro da abordagem relacional do marketing, a retenção de clientes não pode ser colocada como o seu objetivo final, pois o seu foco concentra-se apenas nos aspectos comportamentais.

2.5. Antecedentes da lealdade

Hennig-Thurau, Gwinner e Gremler (2002) salientam que um dos principais desafios enfrentados pelos pesquisadores é a identificação e compreensão sobre como as variáveis antecedentes influenciam os resultados da abordagem relacional do marketing, como a lealdade do cliente e a comunicação boca-a-boca. No modelo destes autores, por meio da relação entre os benefícios relacionais e a qualidade do relacionamento é alcançada a lealdade do cliente. Assim, tendo o setor de serviços como foco e este pensamento como base, são analisadas as variáveis trazendo o resultado da análise do referencial teórico existente.

2.5.1. Satisfação

Os construtos satisfação e lealdade já foram considerados sinônimos, pois imaginava-se que os clientes satisfeitos seriam clientes leais (BERGAMO, 2008), porém mesmo os clientes mais satisfeitos são capazes de trocar de marca ou fornecedor (ESPARTEL, 2005). Assim, a satisfação, na abordagem relacional do marketing, passa a ser um elemento preditivo da intenção de recompra do cliente ao invés de ser um determinante comportamental futuro (ANDREASSEN; LINDESTAD, 1998). Conforme Oliver (1999), satisfação é um conceito-chave da lealdade, porém nem sempre os clientes satisfeitos tornam-se clientes leais. O autor coloca que a lealdade é um processo e que a satisfação é apenas um passo inicial essencial para a sua efetividade, mas que é preciso examinar os outros elementos influenciadores.

2.5.2. Qualidade Percebida

Reidenbach e Sandifer-Smallwood (1990) entendem que a qualidade percebida pelo consumidor pode ser um fator decisivo na escolha de um provedor de serviços. De acordo com Zeithaml (1988), a qualidade percebida é "o julgamento do consumidor sobre a excelência e superioridade global de um produto". Sobre a relação qualidade percebida dos serviços e lealdade, Fullerton (2005) diz que o foco no aumento da qualidade percebida dos serviços em busca de melhorias no nível do relacionamento, provavelmente, conduzirá a um aumento relativamente pequeno na lealdade do cliente. Kandampully (1998) enfatiza que a qualidade dos serviços deve ser transformada de um mero instrumento competitivo para o ponto base do conceito de serviços. Apenas dessa maneira as expectativas dos clientes serão suplantadas, levando à lealdade.

2.5.3. Confiança

Para Santos e Rossi (2002), a confiança em um relacionamento de longo--prazo e contínuo como o que objetiva a lealdade é "associada com qualidades como consistência, competência, honestidade, integridade, responsabilidade e benevolência e tem papel central na promoção da cooperação entre as partes". Outro ponto impactante na confiança do cliente, é a orientação da empresa e dos seus funcionários para a solução de problemas (SIRDESHMUKH; SINGH; SABOL, 2002). Conforme Sichtmann (2007), a "confiança de um cliente é um valioso e significante recurso para uma companhia". E Brei e Rossi (2009), concluem que "o aumento da confiança impacta a similaridade de valores entre o cliente e a empresa e, consequentemente, aumenta o envolvimento daqueles clientes no relacionamento".

2.5.4. Comprometimento

Segundo o modelo "Qualidade do Relacionamento" de Hennig-Thurau e Klee (1997), o comprometimento é o antecedente da retenção de clientes e da lealdade que é positivamente relacionado e influenciado pelos outros antecedentes citados até agora: satisfação, qualidade percebida e confiança, resultado também mostrado pelo modelo de Hennig-Thurau, Gwinner e Gremler (2002). Bolton, Lemon e Verhoef (2004) corroboram a ideia da influência do comprometimento no relacionamento cliente-empresa. White e Schneider (2000) criam uma classificação dos clientes de acordo com seu estágio de comprometimento com a empresa, desde o relacionamento mínimo até ao plenamente estabelecido. Compreender e identificar o nível de comprometimento dos clientes é de suma importância para os gestores de marketing.

Assim, o comprometimento tem um papel fundamental no desenvolvimento da lealdade. Conforme Pritchard, Havitz e Howard (1999), na formação da lealdade, o comprometimento tem importante "efeito mediador" e só se atinge a lealdade por meio do comprometimento do cliente.

3. Panorama do setor educacional superior

Há um expressivo aumento do número de cursos voltados à engenharia, produção e construção no país nos últimos 10 anos, com uma taxa de crescimento próxima a 150% (MEC, 2019). Esse aumento vem acompanhado de dois graves problemas: a *dificuldade no preenchimento de vagas,* impelindo os gestores a uma batalha na busca por clientes-alunos; a *evasão,* que se tornou uma condição que assola muitas IES. Mercadologicamente, impedir a evasão dos clientes-alunos aparenta estar estreitamente ligado com questões inerentes aos elementos retenção de clientes e lealdade de clientes. O enfoque do marketing de relacionamento dentro da educação superior evidencia um panorama interessante no tratamento deste tema. Ao promover o envolvimento dos estudantes e, consequentemente, construir uma boa imagem da instituição, o marketing de relacionamento vem sendo reconhecido como compatível com a natureza do serviço do ensino superior (OPLATKA; HEMSLEY-BROWN, 2004).

3.1. Retenção de Clientes-Alunos na educação superior

Kotler e Fox (1994) são incisivos ao dizer que "reter alunos matriculados é tão importante quanto atrair e matriculá-los". Compreender como funcionam as deserções de estudantes, os aspectos demográficos, em que períodos da graduação elas mais acontecem, o impacto financeiro causado, bem como coletar dados sobre a vida acadêmica, familiar e cotidiana dos estudantes demonstram ser informações imprescindíveis para a identificação dos níveis e fatores que mais influenciam a retenção dos clientes-alunos (HERZOG, 2005). Wetzel, O'Toole e Peterson (1999) destacam que é importante, também, segmentar os estudantes em grupos específicos de estudo. As características mais utilizadas na segmentação de estudantes dentro da educação superior, verificadas a partir da revisão bibliográfica são os *aspectos demográficos*, como raça e etnia, gênero, estado civil, idade e classe social, além dos *aspectos educacionais*, como ajuda financeira, performance acadêmica, forma de matrícula, escola de procedência e o turno/integralidade (TINTO, 1993).

3.2. Gerenciando a retenção de clientes-alunos

Kotler e Fox (1994), salientam que a instituição deve formar o entendimento da necessidade de gerenciar a retenção dos estudantes a partir das informações existentes. Rowley (2003) diz que uma abordagem de administração de relacionamentos para a retenção de estudantes no ensino superior eleva o foco dos pontos-chave de decisão a um relacionamento de longo-prazo. Para o autor, isso ocorrerá a partir de diferentes 'agentes de serviço' nos diferentes estágios do ciclo de vida, sendo necessário medir e monitorar a translação do relacionamento construído nos diferentes estágios do ciclo de vida. Segundo Sheik (2005), as teorias de retenção de alunos e o paradigma do marketing de relacionamento complementam-se. Dessa forma, ao analisar a retenção de clientes-alunos dentro da abordagem relacional, serão apresentados modelos já existentes que corroboram com a ideia de estreito relacionamento entre estudante e instituição.

3.2.1. Integrando o Estudante com a IES: o Modelo de Retenção de Vincent Tinto

Na perspectiva interacionista da retenção de clientes, o principal modelo é o de Vincent Tinto, o "Modelo de Integração do Estudante". Esse modelo consiste em seis conjuntos de variáveis em uma sequência causal. São eles: atributos de pré-entrada; comprometimentos iniciais; integração acadêmica; integração social; comprometimentos subsequentes; e resultados. De acordo com Tinto (1975; 1993), a integração ocorre em duas dimensões, quais sejam: com os sistemas acadêmicos e com os sistemas sociais da IES.

Entretanto, antes mesmo que ocorra a entrada do estudante na instituição, uma primeira influência já será sentida por ele, são os chamados atributos de pré-entrada. Segundo Tinto (1975), esses atributos são: histórico familiar, atributos e habilidades e escolaridade anterior. Na sequência, seu modelo traz as metas traçadas pelo próprio estudante, sendo a sua futura decisão de retenção influenciada pelo seu nível de comprometimento com estas metas, bem como a sua intenção em graduar-se.

A primeira dimensão da integração do estudante é a *Integração Acadêmica*. Segundo Tinto (1993), esta dimensão deve ser analisada a partir da qualidade oferecida e percebida, além da relação com o corpo de profissionais que está ligado diretamente ao estudante, como os professores. O crescimento da integração acadêmica levará ao aumento do comprometimento com as metas, da intenção da graduação e da persistência.

A *Integração Social* é a segunda dimensão da integração do estudante. Essa etapa do modelo se desenvolve a partir de dois elementos: o desenvolvimento e a frequência das interações positivas com grupos de estudantes existentes na instituição e com os professores e profissionais da área administrativa, nesse caso sendo necessária a interação; além da participação em atividades extracurriculares dentro da instituição. A sequência do modelo de evasão de Tinto postula que a integração acadêmica afeta mais diretamente o comprometimento de metas, enquanto a integração social está mais diretamente relacionada ao comprometimento institucional de uma pessoa. E conclui que os níveis de meta e o comprometimento com a instituição que determinam a decisão de permanecer na IES e, consequentemente, de alcançar o objetivo de conclusão de curso.

Casanova (2018) enfatiza a importância do modelo de Tinto ao afirmar que "falar de abandono acadêmico implica necessariamente a referência ao Modelo de Integração do Estudante pelo seu impacto na investigação na área".

3.3. Retenção e Lealdade do Cliente-Aluno

Ao mirar a lealdade do estudante no ensino superior, a instituição busca, a partir da relação bem próxima com o mesmo, objetivos de longo-prazo. Um desses objetivos é a transformação do estudante em alguém que recomende a instituição, levante a sua reputação diante da sociedade, influencie a qualidade de serviço da instituição devido ao seu comprometimento e ainda volte para cursos de extensão e pós-graduação (HENNIG-THURAU; LANGER; HANSEN, 2001; MARZO-NAVARRO; PEDRAJA-IGLESIAS; RIVERA-TORRES, 2005; HEGELSEN; NESSET, 2007a; 2007b).

3.3.1. O Modelo RQSL

Hennig-Thurau, Langer e Hansen (2001) trazem à tona o modelo da "Qualidade do Relacionamento" de Hennig-Thurau e Klee (1997), na tentativa de melhor compreender como se desenvolve a lealdade do cliente-aluno, pois esse estudo contempla variáveis preditoras da lealdade. Isto leva aos pressupostos a serem levados em consideração na pesquisa da propensão do cliente-aluno a ser leal com a IES.

H1: *A retenção do cliente-aluno a partir da Lealdade é afetada diretamente pelo desempenho da Instituição de Ensino Superior nos antecedentes da Lealdade, propostos pelo "Modelo de Qualidade do Relacionamento", de Hennig-Thurau e Klee (1997).*

Dentre estes construtos estão:

H1a: *Qualidade Percebida influencia positivamente a Lealdade do Cliente-Aluno.*

H1b: *A confiança influencia positivamente a Lealdade do Cliente-Aluno.*

H1c: *O Comprometimento Emocional influencia positivamente a Lealdade do Cliente-Aluno.*

H1d: *Satisfação do Cliente influencia positivamente a Lealdade do Cliente-Aluno.*

Hennig-Thurau, Langer e Hansen (2001) buscam integrar o modelo "Qualidade do Relacionamento" ao "Modelo de Integração do Estudante", de Vincent Tinto (1993), para alcançarem, uma abordagem integrativa combinando os principais elementos das duas perspectivas. Como resultado, surgiu o modelo RQSL – Relationship Quality-based Student Loyalty. É a partir dele que serão testados os seguintes pressupostos:

H2: *O Comprometimento Cognitivo influencia positivamente a Lealdade do Cliente-Aluno.*

H3: *O Comprometimento com a Meta de Colação de Grau influencia positivamente a Lealdade do Cliente-Aluno.*

H4: *A Integração do Cliente-Aluno com o Sistema Acadêmico da Instituição de Ensino Superior influencia positivamente o seu Comprometimento Emocional.*

H5: *A Integração do Cliente-Aluno com o Sistema Social da Instituição de Ensino Superior influencia positivamente o seu Comprometimento Emocional.*

H6: *O Comprometimento do Cliente-Aluno com outras atividades não-universitárias influencia negativamente o seu Comprometimento Emocional.*

Hennig-Thurau, Langer e Hansen (2001) colocam que o modelo RQSL não é apenas uma interpretação do modelo de Tinto de lealdade do estudante, pois traz para as instituições acadêmicas um papel mais ativo na geração de altos níveis de lealdade. Logo, a própria IES deve ser tratada como um fator chave na direção à lealdade do estudante. Cabe ainda salientar que o modelo RQSL estende a teoria do Marketing de Relacionamento à inclusão de vários aspectos da pesquisa educacional, respondendo assim a características especiais das IES e suas relações com estudantes como clientes.

4. Método de pesquisa

A pesquisa dividiu-se em três etapas. Na primeira ocorreu a coleta de informações fundamentada em documentos e no levantamento bibliográfico sobre o tema em busca de proporcionar a construção do referencial teórico a respeito da lealdade do cliente-aluno. A partir da coleta de dados secundários fica caracterizada a etapa exploratória nesse trabalho, na qual o problema foi definido com maior precisão, identificando os pontos de ação mais relevantes antes de iniciar o desenvolvimento da abordagem (MALHOTRA, 2019).

Na segunda etapa foi realizada a análise do relacionamento entre a IES e os seus clientes alunos, em busca de verificar, no estágio atitudinal, a predisposição à lealdade. Para isso, foram utilizadas as variáveis apresentadas nos modelos "Integração do Estudante", de Tinto (1993) e "RQSL", de Hennig-Thurau, Langer e Hansen (2001). Em uma pesquisa de campo foram coletados os dados primários dos estudantes universitários sobre seu relacionamento com a sua IES. Essa pesquisa foi desenvolvida entre os meses de novembro e dezembro de 2019, com apenas um grupo, de forma a retratar a realidade da situação.

Na terceira etapa do estudo, em que foi desenvolvida a conclusão, trabalhou-se a análise e interpretação dos dados obtidos na pesquisa, em busca da compreensão do problema de pesquisa. As informações foram retiradas das respostas dos 128 respondentes avaliando o grau de lealdade e retenção a partir da escala *Likert* de cinco pontos. As respostas de lealdade e retenção foram analisadas a partir do cruzamento com as demais variáveis, observando sua influência e correlação, de acordo com o modelo proposto – RQSL, de Hennig-Thurau, Langer e Hansen (2001). Para a avaliação realizada foi utilizada a técnica estatística de Análise de Regressão Linear Múltipla. A escolha dessa técnica deu-se por seu poder e flexibilidade de relações entre uma variável métrica dependente e uma ou mais variáveis independentes (MALHOTRA, 2019).

5. Resultados e análises

O censo foi realizado com os formandos do Curso de Graduação em Engenharia Civil de uma IES privada situada no noroeste de Minas Gerais. Esta IES autorizou a pesquisa com os seus ex-alunos e com os alunos que se formaram ao final do ano de 2019. A coleta de dados gerou 128 questionários atingindo a totalidade dos alunos que se graduaram em Engenharia Civil no ano de 2019 na IES pesquisada.

5.1. Caracterização do censo

Além da análise da propensão à lealdade foi feita uma caracterização do censo realizado:

- 54,69% dos respondentes estão abaixo de 25 anos, 27,34% entre 25 e 29 anos, 10,94% entre 30 e 34 anos, 5,47% de 35 a 39 anos e 1,56% acima de 40 anos;
- 57,81% são do gênero masculino e 42,19% do gênero feminino;
- 78,91% são solteiros e 21,09% casados/vivendo juntos;
- 82,03% não têm filhos e 17,97% têm filhos;
- 51,56% são pardos, 31,25% brancos e 17,19% negros;
- 6,35% têm renda familiar mensal média abaixo de R$1000,00, 27,34% entre R$1000,00 e R$1999,00, 24,22% entre R$2000,00 e R$2999,00, 17,19% entre R$3000,00 e R$3999,00 e 25% acima de R$4000,00;
- 46,88% são responsáveis pelo pagamento total da mensalidade, 17,97% pelo pagamento parcial e 35,16% não são responsáveis pelo pagamento;
- 60,16% trabalham em turno integral, 5,47% trabalham em meio-turno, 10,94% trabalham como estagiários e 23,44% não trabalham.

É importante ressaltar o percentual dos alunos que alunos que trabalham em tempo integral, superior a 60%, pois isso reduz o tempo disponível para dedicação aos estudos e dá grande importância ao aprendizado desenvolvido em sala de aula. Outro ponto importante a ser destacado é o percentual dos alunos que são responsáveis pelo pagamento total da mensalidade, próximo de 50%, indicando que esses alunos não podem deixar de trabalhar para dedicarem-se exclusivamente aos estudos.

5.2. Confiabilidade do Instrumento de Pesquisa

O coeficiente Alfa de Cronbach é uma medida comumente utilizada de confiabilidade. Seus valores variam de 0,0 a 1,0 e quanto mais próximo de 1,0 maior a confiabilidade entre os indicadores (MATTHIENSEN, 2011). Hair, Bush e Ortinau (2003) destacam que um valor do coeficiente Alfa de Cronbach inferior a 0,6 indicaria uma consistência interna marginal a baixa ou insatisfatória.

O instrumento de coleta de dados dessa pesquisa, com 48 itens, alcançou um coeficiente Alfa de Cronbach de 0,919, indicando um índice de confiabilidade elevado. A Satisfação, o Comprometimento Cognitivo, o Comprometimento com Metas, a Integração Acadêmica e o Comprometimento com Outras Atividades apresentaram coeficiente Alfa de Cronbach inferior a 0,6. Por isso, as respostas referentes a esses itens foram descartadas da análise e interpretação dos resultados.

5.3. Análise e interpretação dos resultados

Foram aplicados modelos de Regressão Linear Múltipla, de acordo com as variáveis propostas pelo Modelo RQSL para verificar a relação entre os construtos antecedentes da lealdade cliente-aluno. Segundo Fávero e Belfiore (2017) a técnica de regressão linear oferece a possibilidade de que seja estudada a relação entre uma ou mais variáveis explicativas e uma variável dependente quantitativa. O modelo RQSL contém três variáveis dependentes: confiança, comprometimento emocional e lealdade do aluno.

5.3.1. *Análise de Regressão e teste de significância F entre as variáveis "Qualidade Percebida" e "Confiança"*

A relação entre a variável dependente "Confiança" e a variável independente "Qualidade Percebida" foi a primeira análise estatística do trabalho, pois nos modelos Qualidade do Relacionamento e RQSL ela foi tratada como sendo essencial para o desenvolvimento da lealdade do consumidor e do aluno, respectivamente. Pode-se afirmar que, para a amostra estudada, 45,7% da variável "Confiança" é devido à variável "Qualidade Percebida". Segundo Fávero e Belfiore (2017), uma variável que explique 40% do retorno das ações pode parecer, em um primeiro momento, baixa. No entanto, se essa variável conseguir capturar toda esta relação numa situação de existência de inúmeros outros fatores perceptuais e sociais, o modelo ainda poderá ser bastante satisfatório (FÁVERO; BELFIORE, 2017).

Para avaliar a significância estatística geral do modelo foi feito uso do **teste *F***, pois ele permite verificar se o modelo estimado de fato existe. O resultado indica que *F de significação* é menor que 0,05, logo a variável "Qualidade Percebida" é estatisticamente significante, ao nível de significância de 5%, para explicar o comportamento da variável "Confiança". Assim, o modelo de regressão é estatisticamente significante para fins de previsão.

5.3.2. Análise de Correlação e Regressão Linear Múltipla da variável "Comprometimento Emocional"

As variáveis predecessoras "Integração Acadêmica" e "Comprometimento com Outras Atividades" não serão avaliadas devido ao baixo índice de qualidade Alfa das escalas da pesquisa encontrados nesse trabalho.

Após a tabulação dos dados, foi realizada a análise de Regressão Linear Múltipla, da variância (ANOVA) e da estatística *t*. Para a amostra estudada, 47,88% da variável "Comprometimento Emocional" é influenciada pelas variáveis "Integração Social", "Qualidade Percebida" e "Confiança", expressando uma relação causal. Ao avaliar a significância estatística geral do modelo com o **teste F**, pode-se observar que *F de significação* é menor que 0,05, logo o modelo de regressão é estatisticamente significante para fins de previsão.

Para avaliar a significância estatística de cada parâmetro aplica-se a **estatística *t***. As variáveis "Qualidade Percebida" e "Confiança" apresentam *valor-P* inferior a 0,05. Mas na variável "Integração Social" este valor foi superior a 0,05, o que indica, com 95% de confiança, que essa variável não se mostrou estatisticamente diferente de zero.

Analisando os resultados observa-se que a variável "Integração Social" foi a que apresentou o menor valor de correlação de Pearson em relação à variável "Comprometimento Emocional". Entretanto, confirma-se a relação das variáveis "Qualidade Percebida" e "Confiança" com a variável dependente "Comprometimento Emocional" ao apresentarem coeficiente de correlação de Pearson muito próximo ou até superior a 0,60.

5.3.3. Análise de Correlação e Regressão Linear Múltipla da variável "Lealdade"

As variáveis predecessoras "Satisfação", "Comprometimento Cognitivo" e "Comprometimento com a Meta de Colação de Grau" não serão avaliadas devido ao baixo índice de qualidade Alfa das escalas da pesquisa encontrados nesse trabalho.

Após a tabulação dos dados, foi realizada a análise de Regressão Linear Múltipla, da variância (ANOVA) e da estatística *t*. Para a amostra estudada, 54,34% da variável "Lealdade" é influenciada pelas variáveis "Comprometimento Emocional", "Qualidade Percebida" e "Confiança", expressando uma relação causal. Ao avaliar a significância estatística geral do modelo com o **teste F**, pode-se observar que *F de significação* é menor que 0,05, logo o modelo de regressão é estatisticamente significante para fins de previsão.

Para avaliar a significância estatística de cada parâmetro aplica-se a **estatística *t***. As variáveis "Comprometimento Emocional" e "Confiança" apresentam *valor-P* inferior a 0,05. Mas na variável "Qualidade Percebida" este valor foi superior a 0,05, o que indica, com 95% de confiança, que essa variável não se mostrou estatisticamente diferente de zero.

Confirma-se a relação das variáveis "Comprometimento Emocional" e "Confiança" com a variável dependente "Lealdade", pois o coeficiente de correlação de Pearson apresenta-se muito próximo ou até superior a 0,60. Isso também ocorre para a variável "Qualidade Percebida", que apresenta coeficiente de Correlação de Pearson muito próximo de 0,600.

5.3.4. Teste dos pressupostos

De acordo com os dados levantados e com a análise a partir do Modelo de Regressão Linear Múltipla, há uma relação positiva dentro do modelo (R^2 = 0,5434). Os pressupostos testados referentes ao Comprometimento Emocional foram **H4**, **H5** e **H6**. Os pressupostos **H4** e **H6** não puderam ser avaliados. O pressuposto **H5** demonstrou relação positiva com o comprometimento emocional do cliente-aluno, pois, ao se analisar a correlação entre ambas, calculou-se . Entretanto, ao analisar a estatística *t*, o *valor-P* apresentou resultado 0,4317 (superior a 0,05), o que leva à desconfirmação do pressuposto **H5**, não corroborando com os resultados das pesquisas de Tinto (1993) e Hennig-Thurau, Langer e Hansen (2001).

Assim como ocorreu com os pressupostos **H4** e **H6**, o pressuposto **H1d**, **H2** e **H3** não puderam ser testados. Então, os resultados dos pressupostos testados referentes à Lealdade do cliente-aluno foram **H1a**, **H1b** e **H1c**. O pressuposto **H1a** demonstrou relação positiva com a Lealdade do cliente--aluno, pois, ao se analisar a correlação entre ambas, calculou-se β = +0,582. Entretanto, ao analisar a estatística *t*, o *valor-P* apresentou resultado 0,3292 (superior a 0,05), o que leva à desconfirmação do pressuposto **H1a**. O pressuposto **H1b** demonstrou relação positiva com a Lealdade do cliente-aluno, pois, ao se analisar a correlação entre ambas, calculou-se β = +0,554. Ao se analisar a estatística *t*, o *valor-P* apresentou resultado 0,067 (superior a 0,05), o que leva à não confirmação do pressuposto **H1b**. Finalmente, para o pressuposto **H1c** demonstrou relação positiva com a Lealdade do cliente-aluno, pois, ao se analisar a correlação entre ambas, calculou-se β = +0,725. Ao analisar a estatística *t*, o *valor-P* apresentou resultado $3,28*10^{-10}$ (inferior a 0,05), o que leva à confirmação do pressuposto **H1c**. Assim, verifica-se uma relação positiva entre os pressupostos **H1a**, **H1b** e **H1c**, porém apenas o pressuposto **H1c** foi confirmado, corroborando com os resultados das pesquisas de Tinto (1993) e Hennig-Thurau, Langer e Hansen (2001).

A apresentação dos resultados permite concluir que não foi verificada a propensão à lealdade dos respondentes com a IES pesquisada, pois mais da metade dos pressupostos não pôde ser verificada no modelo e dentre os pressupostos testados, apenas um deles corroborou com o levantamento teórico da pesquisa.

6. Considerações finais

Como o objetivo principal dessa pesquisa era verificar a propensão à lealdade dos discentes do Curso de Engenharia Civil de uma IES, ele desdobrou-se em objetivos específicos que foram desenvolvidos ao longo do trabalho. O primeiro deles foi identificar os elementos da retenção e da lealdade na educação e descrever a interação entre esses elementos.

Pode-se afirmar que este objetivo foi atingido ao destacar no referencial teórico os conceitos de marketing de relacionamento, retenção e lealdade, apresentando os principais antecedentes da lealdade a partir do modelo "Qualidade do Relacionamento" de Hennig-Thurau e Klee (1997). Para avaliar os efeitos desses conceitos na educação, foram estudados dois modelos. Primeiramente o "Modelo de Integração do Estudante" de Tinto (1975, 1993) e o segundo modelo estudado foi o "Modelo RQSL" de Hennig-Thurau, Langer e Hansen (2001), que tem grande ligação com os modelos de Hennig-Thurau e Klee (1997) e Tinto (1975, 1993).

Em seguida passou-se ao segundo objetivo específico, verificar a influência de cada antecedente da lealdade do discente, identificado por meio de pesquisa baseada em modelo teórico RQSL, com os alunos do Curso de Engenharia Civil de uma IES em Paracatu, noroeste de Minas Gerais. A análise estatística dos dados levou à resposta negativa do problema de pesquisa: **existe propensão à retenção e à lealdade dos discentes de Instituições de Ensino Superior no Curso de Engenharia Civil?**

O terceiro objetivo do capítulo foi apresentar, a partir dos resultados da pesquisa, estratégias à IES pesquisada para melhoria dos índices de retenção e lealdade dos estudantes. Para o pressuposto não-confirmado **H1a**, a melhoria desse ponto pode ser buscada aplicando-se **Estratégias de Endomarketing** como o **Treinamento e Capacitação Interna da Equipe**, pois o cliente-aluno ao notar a sintonia/percepção do funcionário em ser útil para que se alcance o objetivo requerido e a sua expertise (fator que considera a competência do funcionário) terá uma experiência positiva, formando impressões emocionais que o ajudarão a lembrar da IES de forma a favorecer a sua lealdade. Nesse mesmo pressuposto coloca-se como **Estratégia de Fidelização** a criação de alguns núcleos, como a criação de um **Banco de Oportunidades**, um órgão responsável por orientar e informar os estudantes sobre o mercado de trabalho, com possibilidade de acompanhar a colocação dos graduados em posições de destaque e de divulgá-los em ações de marketing da IES. Uma segunda Estratégia de Fidelização seria o **Fomento ao Empreendedorismo** ainda na graduação, pois o Engenheiro Civil pode atuar como um profissional liberal. Ainda na graduação, a terceira Estratégia de Fidelização a ser implementada seria a criação de um **Núcleo de Projetos**, com intuito dos discentes iniciarem as atividades da futura profissão orientados pelos professores da área. Acredita-se que essas ações podem trazer maior visibilidade para as opções que os formandos têm de exercer sua atividade profissional, consequentemente dando visibilidade à imagem da IES quanto à penetração ao mercado de trabalho.

REFERÊNCIAS

ANDREASSEN, T. W.; LINDESTAD, B. The effect of corporate image in the formation of customer loyalty. **Journal of Service Research**, v. 1, n. 1, p. 82-92, ago. 1998.

ASCARZA, E.; NESLIN, S. A.; NETZER, O.; ANDERSON, Z.; FADER, P. S.; GUPTA, S.; HARDIE, B. G. S.; LEMMENS, A.; LIBAI, B.; NEAL, D.; PROVOST, F.; SCHRIFT, R. In pursuit of enhanced customer retention management: review, key issues, and future directions. **Customer Needs and Solutions**, v. 5, n. 1-2, p. 65-81, 2018.

BERGAMO, F. V. M. **A lealdade do estudante baseada na qualidade do relacionamento**: uma análise em instituições de ensino superior. 2008. Dissertação (Mestrado em Gestão e Negócios) – Universidade Metodista de Piracicaba, Piracicaba, 2008.

BOLTON, R. N.; LEMON, K. N.; VERHOEF, P. C. The Theoretical Underpinnings of Customer Asset Management: a framework and propositions for future research. **Journal of the Academy of Marketing Science**, v. 32, n. 3, p. 271-292, jul. 2004.

BRASIL. Ministério da Educação. **Sistema e-MEC**. Disponível em: http://emec.mec.gov.br/emec/faq. Acesso em: 4 ago. 2019.

BREI, V. A.; ROSSI, C. A. V. Confiança, valor percebido e lealdade em trocas relacionais de serviço: um estudo com usuários de *internet banking* no Brasil. **Revista de Administração Contemporânea**, v. 9, n. 2, p. 145-168, abr./jun. 2009.

CASANOVA, J. R. Abandono no Ensino Superior: modelos teóricos, evidências empíricas e medidas de intervenção. **Educação**: Teoria e Prática, v. 28, n. 57, p. 5-22, jan./abr. 2018.

CENGIZ, H.; AKDEMIR-CENGIZ, H. Review of Brand Loyalty Literature: 2001–2015. **Journal of Research in Marketing**, v. 6, n. 1, jun. 2016.

CHEN, I. J.; POPOVICH, K. Understanding customer relationship management (CRM): People, Process and Technology. **Business Process Management Journal**, v. 9, n. 5, p. 672-688, 2003.

EBERLE, L.; MILAN, G. S.; CAMARGO, M. E. Antecedentes da retenção de clientes no contexto de uma instituição de ensino superior. **Revista Economia & Gestão**, v. 13, n. 33, p. 5-27, set./dez. 2013.

ESPARTEL, L. B. **Um estudo longitudinal da lealdade do cliente e de seus antecedentes**. 2005. Tese (Doutorado em Administração) – Universidade Federal do Rio Grande do Sul, Porto Alegre, 2005.

FÁVERO, L. P.; BELFIORE, P. **Manual de Análise de Dados – Estatística e Modelagem Multivariada com Excel, SPSS e Stata**. Rio de Janeiro: Elsevier, 2017. 1187 p.

FULLERTON, G. The service quality-loyalty relationship in retail services: does commitment matter? **Journal of Retailing and Consumer Services**, v. 12, n. 2, p. 99-111, mar. 2005.

GREMLER, D. D.; BROWN, S. W. Service Loyalty: its nature, importance, and implications *In*: EDVARDSSON, B.; BROWN, S. W.; JOHNSTON, R.; SCHEUING, E. E. **American Marketing Association Conference Proceedings**. [*S. l.*: *s. n.*], 1996. p. 171-180.

GRÖNROOS, C. From marketing mix to relationship marketing: towards a paradigm shift in marketing. *Management Decision*, v. 32, n. 2, p. 4-20, 1994.

GUMMESSON, E. **Relationsmarknadsforing, Fran 4 P till 3 R (Relationship Marketing: From 4Ps to 3Rs)**. Stockholm: Stockholm University, 1993.

HAIR, J. H.; BUSH, R. P.; ORTINAU, D. J. **Marketing Research**: within a changing information environment. 2. ed. New York: McGraw-Hill/Irwin, 2003. 720 p.

HENNIG-THURAU, T.; GWINNER, K. P.; GREMLER, D. D. An Integration of Relational Benefits and Relationship Quality. **Journal of Service Research**, v. 4, n. 3, p. 230-247, 2002.

HENNIG-THURAU, T.; HANSEN, U. Relationship Marketing: some reflections on the state-of-the-art of the relational concept. *In*: HENNIG-THURAU, T.; HANSEN, U. (ed.). **Relationship Marketing**: gaining competitive advantage through customer satisfaction and customer retention. Berlin: Springer, 2000. 459 p.

HENNIG-THURAU, T.; KLEE, A. The impact of customer satisfaction and relationship quality on customer retention: a critical reassessment and model development. **Psychology & Marketing**, v. 14, n. 8, p. 737-764, 1997.

HENNIG-THURAU, T.; LANGER, M. F.; HANSEN, U. Modeling and Managing Student Loyalty – An approach Based on the Concept of Relationship Quality. **Journal of Service Research**, v. 3, n. 4, p. 331-344, 2001.

HERZOG, S. Measuring determinants of student returns vs. dropout/stopout vs. transfer: a first-to-second year analysis of new freshman. **Research in Higher Education**, v. 46, n. 8, p. 883-928, 2005.

INSTITUTO NACIONAL DE ESTUDOS E PESQUISAS EDUCACIONAIS ANÍSIO TEIXEIRA. **Sinopse Estatística da Educação Superior 2011**. Brasília: Inep, 2010. Disponível em: http://portal.inep.gov.br/web/guest/sinopses-estatisticas-da-educacao-superior. Acesso em: 25 jul. 2019.

INSTITUTO NACIONAL DE ESTUDOS E PESQUISAS EDUCACIONAIS ANÍSIO TEIXEIRA. **Sinopse Estatística da Educação Superior 2011**. Brasília: Inep, 2012. Disponível em: http://portal.inep.gov.br/web/guest/sinopses-estatisticas-da-educacao-superior. Acesso em: 1 fev. 2018.

INSTITUTO NACIONAL DE ESTUDOS E PESQUISAS EDUCACIONAIS ANÍSIO TEIXEIRA. **Sinopse Estatística da Educação Superior 2012**. Brasília: Inep, 2013. Disponível em: http://portal.inep.gov.br/web/guest/sinopses-estatisticas-da-educacao-superior. Acesso em: 1 fev. 2018.

INSTITUTO NACIONAL DE ESTUDOS E PESQUISAS EDUCACIONAIS ANÍSIO TEIXEIRA. **Sinopse Estatística da Educação Superior 2013**. Brasília: Inep, 2014. Disponível em: http://portal.inep.gov.br/web/guest/sinopses-estatisticas-da-educacao-superior. Acesso em: 25 jul. 2019.

INSTITUTO NACIONAL DE ESTUDOS E PESQUISAS EDUCACIONAIS ANÍSIO TEIXEIRA. **Sinopse Estatística da Educação Superior 2014**. Brasília: Inep, 2015. Disponível em: http://portal.inep.gov.br/web/guest/sinopses-estatisticas-da-educacao-superior. Acesso em: 25 jul. 2019.

INSTITUTO NACIONAL DE ESTUDOS E PESQUISAS EDUCACIONAIS ANÍSIO TEIXEIRA. **Sinopse Estatística da Educação Superior 2015**. Brasília: Inep, 2016. Disponível em: http://portal.inep.gov.br/web/guest/sinopses-estatisticas-da-educacao-superior. Acesso em: 25 jul. 2019.

INSTITUTO NACIONAL DE ESTUDOS E PESQUISAS EDUCACIONAIS ANÍSIO TEIXEIRA. **Sinopse Estatística da Educação Superior 2016**. Brasília: Inep, 2017. Disponível em: http://portal.inep.gov.br/web/guest/sinopses-estatisticas-da-educacao-superior. Acesso em: 25 jul. 2019.

INSTITUTO NACIONAL DE ESTUDOS E PESQUISAS EDUCACIONAIS ANÍSIO TEIXEIRA. **Sinopse Estatística da Educação Superior 2017**. Brasília: Inep, 2018. Disponível em: http://portal.inep.gov.br/web/guest/sinopses-estatisticas-da-educacao-superior. Acesso em: 25 jul. 2019.

JACOBY, J.; CHESTNUT, R. W. **Brand Loyalty**: measurement and management. Nova York: John-Wiley and Sons, 1978. 157 p.

JAFFEE, D. Institutionalized resistance to asynchronous learning networks. **Journal of Asynchronous Learning Networks**, v. 2, n. 2, p. 21-32, 1998.

JOHNSON, M. D.; GUSTAFSSON, A. **Improving Customer Satisfaction, Loyalty, and Profit**: an integrated measurement and management system. San Francisco: Jossey-Bass, 2000. 214 p.

JUNIOR, J. J. C.; TAYLOR, S. A. Measuring Service Quality: a reexamination and extension. **Journal of Marketing**, v. 56, n. 3, p. 55-68, jul. 1992.

KANDAMPULLY, J. Service quality to service loyalty: a relationship which goes beyond customers services. **Journal Total Quality Management & Business Excellence**, v. 9, n. 6, p. 431-443, 1998.

KOTLER, P.; FOX, K. F. A. **Marketing Estratégico para Instituições Educacionais**. São Paulo: Atlas, 1994. 444 p.

MALHOTRA, N. K. **Pesquisa de Marketing**: uma orientação aplicada. 7. ed. Porto Alegre, Bookman, 2019. 757 p.

MARZO-NAVARRO, Mercedes; PEDRAJA-IGLESIAS, Marta; RIVERA-TORRES, Pilar. A new management element for universities: satisfaction with the offered courses. **International Journal of Educational Management**, v. 19, n. 6, p. 505-526, 2005.

MATOS, C. A.; HENRIQUE, J. R. Balanço do Conhecimento em Marketing: uma meta-análise dos resultados empíricos e dos antecedentes e consequentes da satisfação e lealdade. *In*: ENCONTRO NACIONAL DE PROGRAMAS DE PÓS-GRADUAÇÃO EM ADMINISTRAÇÃO, 30., 2006, Salvador. **Anais** [...]. Salvador: ANPAD, 2006. p. 1-16.

MATTHIENSEN, A. Uso do Coeficiente Alfa de Cronbach em Avaliações por Questionários. EMBRAPA – Empresa Brasileira de Pesquisa Agropecuária.

Centro de Pesquisa Agroflorestal de Roraima. Ministério da Agricultura, Pecuária e Abastecimento. Documentos 48, ISSN 1981 – 6103, dez. 2011.

MAZZONETTO, F. W. **Marketing de Relacionamento**: o diagnóstico das estratégias para fidelização de clientes em academias de ginástica. 2015. 157 f. Dissertação (Mestrado Profissional) – Universidade Metodista de Piracicaba, Piracicaba, 2015.

MAZZUCO, V. D.; DUTRA, A.; CASAGRANDE, J. L. Marketing de relacionamento para retenção de alunos na escola de inglês Lexical. **Organizações em contexto**, v. 8, n. 15, p. 87-108, jan./jun. 2012.

OLIVER, R. L. Whence Consumer Loyalty. **Journal of Marketing**, v. 63, n. esp., p. 33-44, 1999.

OPLATKA, I.; HEMSLEY-BROWN, J. The research on school marketing: current issues, future directions. **Journal of Educational Administration**, v. 42, n. 3, p. 375-400, 2004.

PECK, H.; PAYNE, A.; CRISTOPHER, M.; CLARK, M. **Relationship Marketing**: Strategy and Implementation. Oxford: Butterworth-Heinemann, 1999. 509 p.

PRITCHARD, M. P.; HAVITZ, M. E.; HOWARD, D. R. Analyzing the commitment-loyalty link in services context. **Journal of the Academy of Marketing Science**, v. 27, n. 3, p. 333-348, jun. 1999.

ROWLEY, Jennifer. Retention: rethoric or realistic agendas for the future of higher education. **The International Journal of Educational Management**, v. 17, n. 6, p. 248-253, 2003.

SANTOS, C. P.; ROSSI, C. A. V. Os antecedentes da Confiança do Consumidor em Episódios Envolvendo Reclamações Sobre Serviços. *In*: ENCONTRO NACIONAL DE PROGRAMAS DE PÓS-GRADUAÇÃO EM ADMINISTRAÇÃO, 22., 2002, Salvador. **Anais** [...]. Salvador: ANPAD, 2002.

SHEIK, N. Marketing distance learning programs and courses: a relationship marketing strategies. **Online Journal of Distance Learning Administration**, v. 8, n. 2, p. 1-7, 2005.

SICHTMANN, C. An analysis of antecedents and consequences of trust in a corporate brand. **European Journal of Marketing**, v. 41, n. 9/10, p. 999-1015, set. 2007.

SINGH, J. Performance Productivity and Quality of Frontline Employees in Service Organizations. **Journal of Marketing**, v. 64, n. 2, p. 15-34, abr. 2000.

SINGH, J.; SIRDESHMUKH, D. Agency and Trust Mechanisms in Consumer Satisfaction and Loyalty Judgements. **Journal of the Academy of Marketing Science**, v. 28, n. 1, p. 150-167, jan./mar. 2000.

SIRDESHMUKH, D.; SINGH, J.; SABOL, B. Consumer Trust, Value and Loyalty in Relational Exchanges. **Journal of Marketing**, v. 66, n. 1, p. 15-37, jan. 2002.

STORBACKA, K. Segmentation based on customer profitability – retrospective analysis of retail bank customer bases. **Journal of Marketing Management**, v. 13, n. 5, p. 479-492, 1997.

TINTO, V. Dropout from Higher Education: A Theoretical Synthesis of Recent Research. **Review of Educational Research**, v. 45, n. 1, p. 89-125, jan./mar. 1975.

TINTO, V. **Leaving College**: rethinking the causes and cures of student attrition. 2. ed. Chicago: University of Chicago Press, 1993. 312 p.

WETZEL, J. N.; O'TOOLE, D.; PETERSON, S. Factors affecting student retention probabilities: a case study. **Journal of Economics and Finance**, v. 23, n. 1, p. 45-55, 1999.

WHITE, S. S.; SCHNEIDER, B. Climbing the Commitment Ladder: the role of expectations disconfirmation on customers behavioral intentions. **Journal of Service Research**, v. 2, n. 3, p. 240-253, fev. 2000.

WU, S.; LI, P. The relationships between CRM, RQ and CLV based on different hotel preferences. **International Journal of Hospitality Management**, v. 30, i. 2, p. 262-271, 2011.

YUNES, S. H. Q. **Modelo integrador de gestão de pessoas e marketing de relacionamento em organizações de serviço**: o caso de uma instituição de ensino superior. 2005. Tese (Doutorado em Engenharia de Produção) – Universidade Federal de Santa Catarina, Florianópolis, 2005.

ZEITHAML, V. A. Consumer Perceptions of Price, Quality, and Value: a means-end model and synthesis of evidence. **Journal of Marketing**, v. 52, n. 3, p. 2-22, jul. 1988.

CAPÍTULO 3

O CURRÍCULO POR COMPETÊNCIAS NO CONTEXTO DA ÉTICA PROFISSIONAL

Dayane Quintino Vasconcelos
Wesley Lobo Costa Júnior
Thel Augusto Monteiro
Rosana Borges Zaccaria

1. Introdução

O médico atual necessita de uma formação humanista, generalista, crítica e reflexiva, pautada nos princípios éticos, englobando os diferentes níveis de atenção à saúde e a integralidade da assistência. A ele compete a gestão do cuidado, a valorização da vida, a tomada de decisões, a comunicação, a liderança, o trabalho em equipe, a construção participativa do sistema de saúde e a participação social articulada nos campos de ensino e aprendizagem das redes de atenção à saúde (MINISTÉRIO DA EDUCAÇÃO, BRASIL, 2014; BRASIL, 1977).

O gerenciamento por competências é uma ferramenta útil na identificação de competências essenciais, de habilidades e conhecimentos determinantes para a eficácia profissional e, também, das lacunas de qualificação para tarefas específicas, fornecendo assim recursos para aperfeiçoar capacidades, resultando em profissionais mais talentosos, produtivos e realizados (LARA; SILVA, 2004).

Um currículo baseado em competências implica na obtenção de um sistema de avaliação confiável e válido, contendo elementos variados como testes escritos, observação em cenários de prática e observação do comportamento profissional a partir de suas atitudes. A avaliação neste contexto, outrossim, obriga o *feedback* construtivo do avaliador, trazendo uma nova lógica de ensino que satisfaz as premissas do aperfeiçoamento contínuo e da inserção ativa do aluno no processo de ensinagem (FERNANDES et al., 2012).

2. Referencial teórico

A terminologia competências, tal qual aplicada atualmente, ganha evidência nas décadas de 1960-1970 trazida pela globalização comercial, sendo fruto de um debate que buscava novos métodos de se gerenciar pessoas em um cenário de competividade crescente e da falência das relações de trabalho do modelo industrial clássico (JANINI, 2003; MINISTERIO DE SALUD, PERU, 2005). Enquanto conceito fluído, o termo ganhou diferentes definições na literatura, evoluindo juntamente com as relações de trabalho e com os estudos sobre o tema. Atualmente, os significados englobam as definições para os indivíduos, organizações e/ou até mesmo para nações (FLEURY; FLEURY, 2001; FLEURY; FLEURY, 2004).

Um dos pioneiros no estudo do distanciamento aparente entre o ensino acadêmico e o trabalho desempenhado, McClelland (1973) aponta que essas são um rol de características previsíveis e estruturáveis para se executar uma tarefa, sendo diferente de aptidão (talento intrínseco da pessoa), habilidades (talentos intrínsecos demonstráveis na prática) e conhecimento (embasamento teórico-prático para se realizar uma tarefa). A previsibilidade vai persistir em outros modelos conceituais posteriores.

Já na década de 1980, Boyatzis (1982) transforma o conceito o ampliando para um conjunto de habilidades, conhecimentos e atitudes geradores de alto desempenho, sendo, portanto, um conjunto de recursos individuais.

Um conceito prático e menos teórico qualifica a competência como aquilo que credencia alguém a realizar determinada função, englobando conhecimentos, habilidades e experiências (MAGALHÃES *et al.*, 1997).

Outros autores focaram em qualificar o que é ser competente. Antunes (2001) qualificou como competente aquele que é capaz de avaliar, julgar, tomar decisões e ponderar. Ubeba (2003) classifica o competente como aquele que assume a preocupação e visualiza os efeitos globais das suas ações, compartilha saberes e mobiliza recursos para atingir as metas propostas. Essas definições estão em consonância a visão europeia de entrega de resultados em detrimento à americana de saber fazer (DUTRA, 2001).

Zabot e Silva (2002), em sua definição, por sua vez, propuseram quatro dimensões básicas da competência: a) interesse (saber-ser), que consiste naquilo que move alguém em busca de um objetivo seja pessoal ou laboral; b) atitude (saber-agir), definida como crenças e valores que significam a vida do ser humano; c) saberes (conhecimentos), o que engloba conceitos, teorias e instruções necessários para compreensão do mundo; e d) habilidades (saber-fazer) as quais se definem por capacidades básicas, específicas e de gestão para realizar uma função.

Muitas outras definições foram elaboradas buscando englobar os diferentes recursos e posturas assumidas para a execução de uma tarefa, contudo, mesmo que usando diferentes terminologias, dificilmente inovaram em relação ao conjunto de habilidades, atitudes e conhecimentos para realização de uma função; conceito doravante adotado.

Para o cenário médico, parece conveniente a definição de conhecimentos como do domínio técnico do tema, as habilidades como a aplicação dos conhecimentos na solução de um problema e as atitudes constituem posturas assumidas essa solução, incluindo o interesse, a iniciativa e a responsabilização.

Para Santos (2011), ela deve se traduzir em cuidado, prevenção e resolução de problemas de saúde dentro do exercício laboral.

Em nível organização, a definição de competências é ao mesmo similar e complementar às definições de característica individual. As competências organizações são um caminho para melhorar o desempenho das organizações e dos seus membros. Buscam definir perfis que favorecem produtividade, realizando desenvolvimento orientado para necessidades da atividade realizada, identificando ineficiências e corresponsabilizando os membros pelo autodesenvolvimento. Essa dinâmica elimina treinamentos e desenvolvimentos estranhos a competência de um posto de trabalho, visto que serão definidos conhecimentos, habilidades, e atitudes imprescindíveis para cada área (CISLAGHI, 2014; SOARES, ANDRADE, [200?]).

2.1. Mapeamento de competências

O mapeamento de competências é o processo que permite identificar dados e elementos intrínsecos de uma função, determinando-se, por conseguinte, as competências. Envolve o levantamento de documentos, mecanismo pelo qual se busca levantar atribuições legais da organização, da função e base bibliográfica de suporte; entrevista com superiores técnicos, pela qual é possível desenhar de forma preliminar os processos e aferir as expectativas de atuação de desempenho; workshop com ocupantes de cargo/função e pessoas que se relacionam, a fim de levantar processo de trabalho, processos específicos do cargo/função, processos críticos a função, definir vínculo entre cargo e processo de trabalho e atitudes essenciais para realizar uma atividade e a relação delas com processos; entrevista com dirigentes da organização, com a finalidade de definir matriz de competências; etnografia organizacional, que consiste no levantamento das relações existentes, valores compartilhados e institucionalizados e relações de poder entre grupos, áreas da organização e níveis de hierarquia; trabalho com superiores técnicos a fim de apresentar minuta de matriz de competências, corrigi-la, melhorá-la e validá-la; workshop de conclusão que busca sintetizar os trabalhos realizados (SANTOS, 2000).

A definição de competências não busca enumerar tudo aquilo que determinado indivíduo exerce, mas sim identificar capacitações que necessitam ser fomentadas, protegidas ou diminuídas. Essa definição precisa ser consistente com a definição dos resultados esperados e é dependente do planejamento estratégico organizacional. É preciso uma análise que se aplique tanto a aspectos gerais e particulares, que identifique funções próprias do indivíduo e visualize relações de causa e consequência (MADALENA, 2007; STANK, 2010; VÉLIZ MARTINEZ; JORNA CALIXTO; BERRA SOCARRÁS, 2015).

A determinação das competências deve permitir se identificar potenciais, melhorar desempenho pessoal e conjunto e aprimorar relações com níveis hierárquicos superiores e com colaboradores, levando o avaliado a assumir responsabilidades pelos resultados tanto próprios quanto do serviço em que se encontra inserido (MADALENA, 2007).

É fundamental para compreensão das competências que se defina conhecimentos, habilidades e atitudes do profissional para êxito em suas funções. Deve-se ter de forma clara a função a ser executada, a condição em que se deve demonstrar a competência, a maneira de julgamento da adequação da tarefa e evidencias de que a tarefa foi executada de forma consciente. Cada comportamento deve ser objetivo e passível de observação (VÉLIZ MARTINEZ; JORNA CALIXTO; BERRA SOCARRÁS, 2015).

Cada conhecimento, habilidade ou atitude deve corresponder a uma competência concreta, tendo-se o cuidado de não definir uma quantidade excessiva de competências, visto que estas podem acabar desconectadas de um significado concreto e comum aos avaliadores e avaliados (ERNST & YOUNG CONSULTORES, 2008; PEREIRA, 2013).

Ao menos a descrição da competência como seus elementos, o sistema de conhecimento, valores, habilidades e atitudes devem ser presentes, juntamente aos critérios de julgamento, a evidência de que houve desempenho e o campo de aplicação. É fundamental que se tenha um verbo, um objeto e uma condição, sendo os outros elementos complementares (VÉLIZ MARTINEZ; JORNA CALIXTO; BERRA SOCARRÁS, 2015).

A redação da competência deve especificar: ação (verbo no infinitivo), ao que ou a quem se dirige a ação (objeto), o que limita ou permite a ação (condição), para que se realizar a ação (finalidade) e como ação foi conduzida (atitude) (SALAS PEREA; DÍAZ HERNÁNDEZ; PÉREZ HOZ, 2013).

2.2. Formação baseada em competências

O ensino da medicina impõe como desafio se articular a formação profissional com as demandas sociais. Os modelos tradicionais de currículo não garantem o adequado desempenho no trabalho e nem êxito pessoal, de forma que surge a necessidade de se buscar novas formas de ensinar, uma delas o "ensino baseado em competências", que busca habilitar o estudante a resolver problemas e se portar adequadamente diante deles (COSTA; ARAÚJO, 2011; NUNES; BARBOSA, 2009). Modifica-se a tradicional relação hierárquica de aluno e professor e se assume como foco do ensino a aplicação do conhecimento. Não basta mais somente a simples aquisição (SANTOS, 2011).

Nessa perspectiva, não só o processo de ensinar, que passa a visar a prática de forma mais evidente, se modifica, como também o processo de avaliação, o qual passa a buscar avaliar os resultados práticos diante de diferentes situações, privilegiando-se a capacidade de saber fazer em detrimento a simples aquisição do conhecimento. Assume-se uma perspectiva formativa e, portanto, meios para se melhorar as competências do indivíduo (NUNES; BARBOSA, 2009).

Nessa nova forma de ensino, o currículo se molda aos resultados almejados, definindo, a partir daí, os processos empregados para alcançá-los. É elaborado por etapas que inclui a obtenção de uma matriz de competências, os seus componentes, definição de níveis de desempenhos, avaliação das competências identificadas e do processo. Deve possuir competências que englobem as diferentes dimensões das competências, a saber: dimensão cognitiva, que inclui o conhecimento de ciências básicas, clínicas e sociais e posturas para se avaliar e interpretar uma informação à luz das evidências e buscar constantemente o aperfeiçoamento; dimensão técnica, que engloba o exame físico e procedimentos inerentes ao exercício profissional; dimensão relacional, a qual incorpora as diferentes nuances das relações estabelecidas pelo profissional de saúde com pacientes, famílias, colegas e demais membros da equipe; dimensão afetiva, representante dos valores morais e éticos intrínsecos ao exercício da profissão; dimensão integrativa, que se serve do apropriado raciocínio clínico diante dos múltiplos contextos humanos, e a dimensão contextual que envolve a capacidade de se reconhecer as particularidades do local de atuação (SANTOS, 2011).

3. Método de pesquisa

Este capítulo trata-se de um ensaio teórico-reflexivo concebido pela necessidade atual de se formar um profissional apto a desenvolver suas funções de maneira ética e dentro dos ditames legais.

Sua construção parte de uma revisão crítica da literatura, estudo que visa analisar e sintetizar informações disponibilizadas em estudos anteriores sobre o tema, com a finalidade de reunir conhecimento que embase um determinado debate, sem que haja uma metodologia específica e restritiva (MANCINI; SAMPAIO, 2006). Para tanto, pesquisou-se os termos "ética médica", "ética profissional", "ética", "erro médico", "bioética", "deontologia", "obrigações médicas", "processo médico", "currículo médico", "postura ética" em diferentes combinações nas bases Biblioteca Virtual em Saúde, *Scientific Eletronic Library Online* (Scielo), Literatura Latino-americana e do Caribe em Ciências da Saúde (Lilacs) e Literatura Internacional em Ciências da Saúde (Medline).

Realizou-se também uma leitura crítica da Resolução CNE/CES nº 3, de 20 de junho de 2014, que instituiu as diretrizes seguidas pelos cursos de graduação de medicina, Código de Ética do Estudante de Medicina (CEEM) de 2018 e o Código de Ética Médica (CEM).

Por fim, tendo como lastro a experiência com a docência em graduação de medicina e os debates institucionais na gestão curricular, reuniu-se umas competências concernentes a um profissional ético, criando uma sugestão de gestão de competências.

4. Resultados e análises

4.1. A ética, a bioética e a ética profissional

A ética é um conceito humano imperfeito e intrigante, não cabe uma única definição ou qualquer conceituação restritiva, visto que a sua investigação perpassa pela filosofia moral, pela análise das normas jurídicas e morais de uma sociedade (MEDEIROS, 2002). O termo, empregado em várias sociedades, vem do vocábulo grego *éthos* que pode ser traduzido como costume social, portanto, podendo ser entendido como o comportamento que é intrínseco de uma sociedade (PUGGINA; SILVA, 2009).

A definição de ética motivou e ainda motiva debates filosóficos dos quais participaram Platão, Sócrates, Demócrito, Antístenes e Aristóteles (PUGGINA; SILVA, 2009). Em escritos contemporâneos, Chauí (2000) aponta que a ética traduz a autocompreensão que uma sociedade e uma cultura possuem de si mesmas. Traduz o que pensam de bem e mal, violência ou bondade, virtude e vício. Representa, portanto, uma relação subjetiva e social, sendo dependente de certo modo das relações históricas, políticas, econômicas e culturais que permeiam aquela construção social.

Para os filósofos gregos antigos, a ética surge diante da premissa de que naturalmente os seres humanos buscam o bem e a felicidade, sendo, portanto, a conduta virtuosa, que consiste no reconhecimento do bem e a conduta guiada pela razão, o caminho que se desenha a esse fim. O ético, portanto, controla o seu instinto animal e o submete ao que define como bem, graças ao exercício da sua razão. É, em outros termos, a educação do caráter em busca do domínio sobre os impulsos e desejos a fim de buscar o bem e a felicidade (CHAUÍ, 2000).

A ética apresenta o caráter de universalidade, ela é válida para todos os que estão inseridos dentro de uma sociedade, embora possa se diferenciar entre sociedades (CHAUÍ, 2000). Compreende, em outra análise, um conjunto de regras e princípios que organizam a convivência e criam obrigação entre as partes de uma relação. Essa definição permite diferenciá-la da moral, que se trata de uma expressão individual de subjunção a determinadas regras ou princípios. É a consciência própria e intrínseca de cada indivíduo de certo e errado, bem e mal, sendo um sentimento de obrigatoriedade (dever) que cada um possui (LA TAILLE, 2010).

A moralidade e a ética foram realmente transportadas para medicina diante dos contextos bárbaros estabelecidos no contexto das pesquisas científicas do início do século XX e dos horrores da segunda guerra, embora a própria declaração de Hipócrates traga princípios que orientam a profissão, como buscar o bem do paciente e não fazer o mal. Foi a partir do Código de Nüremberg que se desenhou claros contornos da atuação médica em pesquisa, embora não tenha sido o bastante para agressões futuras a dignidade humana. Razão pela qual na década de 1970 nasce o contexto de bioética e, posteriormente, se firmam os princípios de autonomia, beneficência e justiça (BUB, 2005).

A ética biomédica (bioética) que inicialmente nasce voltada para uma pesquisa ética, transforma-se no norte da atuação médica, trazendo para o campo da prática médica os princípios da **autonomia**, que compreende o paciente como ator do seu cuidado, sendo dele a corresponsabilidade de decidir sobre aquilo que mais se adequa aos seus interesses diante de informações adequadas, **beneficência**, princípio que implica no agir voltado para o bem do paciente no diferentes níveis de saúde, **justiça**, que consiste na distribuição adequada de ônus e benefícios sociais, sendo o direito de todos receber assistência de forma igual a não ser que sua condição justifique uma distribuição desigual de privilégios e encargos, e **não maleficência**, conceituado como a obrigação de não causar dano intencional ao paciente, já definida nos textos hipocráticos como "*primum non noncere*" (BUB, 2005).

Os princípios supracitados ao servirem de orientação ao exercício profissional deram origem a ética principialista, na qual os princípios são utilizados como base para os questionamentos das verdades internalizadas. É uma oportunidade de se superar equívocos e se encontrar conceitos mínimos de moralidade (BUB, 2005).

A ética internalizada pela profissão médica, porém, precisa superar a mera análise dos princípios, visto que o profissional de saúde é constantemente colocado em situações extremas. Ele precisa decidir sobre o início e término da vida, incluindo nesse rol a fertilização artificial, o aborto, o destino de embriões, o transplante de órgãos, sobre as condições de morte, cuidado com paciente terminal, e também precisa constantemente policiar os próprios quereres diante dos diversos interesses comerciais que circunvizinham a prática médica (AMORIM; PERRILO, 2009; BUB, 2005).O médico precisa considerar vários outros conceitos na análise dessas condições segundo Bub (2005), tais como a tolerância, que envolve a compreensão, complacência, condescendência e flexibilidade, a equidade, que confunde-se a justiça e igualdade, sendo a busca de se evitar desigualdades injustas, a solidariedade, isto é a capacidade de perceber os diferentes interesses dos atores do cuidado mantendo seu compromisso com as ideias e a dignidade humana, a responsabilidade, compreendida como assumir e reconhecer a consequência dos próprios atos.

A ética profissional médica também exige que se supere o paternalismo. Isto é, uma suposta busca de um bem maior que se dá através da supressão da autonomia do paciente. Uma lógica que envolve a dominação, sendo nessa relação o paciente um mero receptor do cuidado, cabendo a ele apenas a gratidão por ter um médico, dono do conhecimento, do saber, e autor do cuidado, responsável por conduzir o seu caso como lhe aprouver a própria consciência sem se preocupar com as vontades expressas pelo paciente, que tem por direito mesmo que não constituam a melhor estratégia para o quadro. Trata-se de uma relação que trata a beneficência como princípio geral e obrigatório e encontra-se no cerne de muitos conflitos entre pacientes e médicos (BEIER, 2010; CAMPOS; OLIVEIRA, 2017; SILVA, 2010; WANSSA, 2011).

A moderna bioética não se compatibiliza com o paternalismo, visto que não admite o absoluto bem ou mal, certo ou errado, admitindo as diferentes moralidades que estão presentes nas diversas sociedades (BEIER, 2010). Exige uma autonomia moderna que não é mais só a pura e simples autodeterminação, mas sim o fortalecimento das relações do cuidado. Ela supera as divergências buscando diminuir as tensões e colocando o paciente como corresponsável pelo seu cuidado, assim como o médico o é (ARAÚJO; BRITO; NOVAES, 2008).

Puggina e Silva (2009) apontam também, que para uma perfeita conduta ética e que corretamente equilibre princípios, o médico deve ser consciente de si, isto é, ter conhecimento das próprias limitações e potencialidades, concentrar-se na relação, em outros termos estar presente tanto física como psicologicamente quando se estar prestando um cuidado, ponderar entre o envolvimento e o não envolvimento, ter controle da própria comunicação não verbal e saber reconhecer a do outro, saber gerir o próprio tempo, se realizar com a profissão que exerce, buscar reduzir a dor e o sofrimento dos pacientes, estimular que o paciente se torne também um protagonista no cuidado, aceitar a morte quando inevitável, prestar assistência às famílias em horários de visita e também conviver de forma harmônica com toda a equipe multiprofissional.

4.2. Considerações (bio)éticas e legais das Diretrizes Curriculares Nacionais

A Resolução nº 3/2014 traz a preocupação quanto a necessidade de o processo educacional resultar ao final em um profissional ético. Define que o graduado necessita de uma formação que atenda aos princípios humanistas, reflexivos e éticos, que tenha responsabilidade social, compromisso com a cidadania e com a coletividade. Também aponta que deve agir fundamentado na ética profissional e na bioética. responsabilizando-se pela saúde que transcende ao ato técnico (MINISTÉRIO DA SAÚDE, BRASIL, 2014).

A resolução demonstra em suas várias facetas o desejo de um profissional que reconheça que suas ações impactam a vida de seus pacientes e na sociedade da qual fazem ambos parte. Ainda na fase de estudante deve, o futuro profissional, se engajar com a sociedade que integra e com a sua própria educação. Na seção III, artigo 5º, na qual são dadas as diretrizes educacionais, é apontado que esse necessita se co-responsabilizar pela sua formação, seja ela inicial, continuada e em serviço, além da autonomia intelectual e, mais uma vez, pela responsabilidade social. Deve possuir curiosidade, identificar os próprios conhecimentos e ser capaz de formular questões para busca científica (MINISTÉIRO DA SAÚDE, BRASIL, 2014).

Extrai-se que o profissional almejado reconhece seu papel social, porta-se respeitosamente diante do paciente, familiares, e da equipe multiprofissional, demonstra empatia, reconhece as próprias limitações, reconhece-se como um agente de impacto social, atua com humanismo, observando as singularidades e individualidades dos autores e personagens do cuidado, assume compromisso com seu desenvolvimento pessoal e profissional, conhece as bases da bioética e da ética médica, compreende a aplicação dos princípios éticos, os limites da sua atuação, o seu dever de agir e conhece a legislação que orienta o exercício da profissão.

4.3. O Código de Ética do Estudante de Medicina e suas orientações

Embora traga importantes contribuições para a construção de um currículo que resulte em um profissional ético e responsável, as Diretrizes Nacionais não são um fim em si. Nesse contexto, o CEEM trata-se de um elemento complementar para se compreender as competências que devem estar presentes em um currículo por competência que atenda aos princípios legais e éticos.

O CEEM foi lançado pelo Conselho Federal de Medicina (2018) com a finalidade de orientar o estudante em suas relações dentro e fora de sala. Esse documento consta com 45 artigos divididos em seis eixos, sendo eles: a relação do estudante com a instituição de ensino e outras instituições de saúde, com o cadáver, com a sociedade, com a equipe multiprofissional e interpessoal e a responsabilidade com a própria formação. Antes, porém, engloba 18 princípios fundamentais, os quais, alinhados as diretrizes nacionais, trazem ao estudante o agir humanizado, o compromisso com a sociedade e com o indivíduo alvo do cuidado, a necessidade do aprimoramento constante de conhecimentos, a responsabilidade social, o respeito ao sigilo, a solidariedade em relação aos movimentos de defesa da dignidade profissional médica, o respeito e solidariedade na relação com colegas e a obrigação de conhecer e divulgar o código.

O CEEM como um código escrito atende à função de dar unidade social, engajar o estudante dentro de seus direitos e deveres e, por conseguinte, transformá-lo na relação de ensinagem. Torna-lhe um ator consciente do processo e das suas obrigações para consigo mesmo, elemento que também estrutura e orienta o processo de formação baseada em competências, conforme exposto por Santos (2011).

É possível extrair diversas competências do CEEM, seja através da análise dos seus princípios fundamentais, seja de seus eixos. Enumeram-se conhecimentos, habilidades e posturas que devem ser adotadas segundo esse código: a necessidade de se conhecer as disposições (bio)éticas para o exercício pleno da profissão, o comprometimento com o próprio ensino, a responsabilidade social pelos próprios atos, reconhecimento e respeito as diferenças e a pluralidade, adotar posturas humanísticas e empáticas com o paciente, conhecer a documentação relativa a profissão e manuseá-la de acordo os princípios que regem o sigilo profissional e reconhecer-se como formador de opinião.

4.4. A ética profissional e o Código de Ética Médica

O CEM é um código deontológico, principialista, que se ocupa em orientar e regular a atuação médica no país, tratando-se de uma declaração formal do que se espera de cada um daqueles que exerce a profissão. Traz as virtudes que são esperadas dos agentes (SOARES; SHIMIZU; GARRAFA, 2017).

Os códigos de ética profissional possuem o importante papel de equacionar os interesses e garantir o interesse social. Retiram do campo do mero altruísmo e da moral individual a conduta aceitável, visto que estabelecem regras claras e aplicáveis para se exercer uma profissão. Não obstante, essas regras não são o bastante. A simples existência da regra e de instrumentos de punição não afasta a possibilidade de condutas inadequadas. É preciso que o próprio sistema de saúde e as organizações incentivem boas condutas (AMORIM; PERILLO, 2009).

O CEM brasileiro teve sua última atualização em 2018 pela Resolução CFM nº 2.217/2018, partindo da necessidade de se incluir a sociedade no debate, incluir regras sobre o uso de redes sociais. O novo código versa sobre princípios fundamentais, direitos dos médicos, responsabilidades profissionais, direitos humanos, relação com pacientes e familiares, doação e transplante de órgãos, relações entre médicos, remuneração profissional, sigilo profissional, documentos médicos, auditoria e perícia médica, ensino e pesquisa médica, publicação médica e ainda possui disposições gerais. Em suma, buscou encarar os diversos parâmetros da atuação profissional (CONSELHO FEDERAL DE MEDICINA, 2018).

Segundo o código, são princípios fundamentais da ética médica o exercício da profissão sem discriminação, o cuidado centrado na pessoa, a prática digna e honrosa da medicina, zelo pelo perfeito desempenho ético, aprimoramento dos conhecimentos e seu uso em benefício do paciente, respeito ao ser humano, sem causar qualquer tipo de sofrimento físico ou moral para extermínio, exercício da medicina com autonomia e liberdade profissional, não permissão que o trabalho médico seja usado com fins de políticos, religiosos ou de lucro, trabalho pelo melhoramento dos padrões dos serviços médicos, solidário aos movimentos de defesa de classe, relacionamento com outros profissionais baseado no respeito, responsabilidade sobre os próprios atos, exercício da profissão baseado em isenção, independência, veracidade e honestidade, respeito as normas éticas nacionais, responsabilização sobre aplicação de conhecimentos criados pelas novas tecnologias na sociedade, busca pelos melhores resultados, entre outros (CONSELHO FEDERAL DE MEDICINA, 2018).

Esses princípios orientam os 117 artigos do CEM. Destacam-se neles as vedações aos médicos, como a de não causar dando, seja por ação ou omissão, deixar de assumir responsabilidade por aquilo que pratica ou assumir por ato que não participou, atribuir a terceiros seus insucessos, deixar de atender na urgência e emergência quando for sua obrigação, afastar de atividades profissionais sem que outro médico seja encarregado por pacientes internados e em estado grave, coadunar com exercício ilegal a profissão ou com quem abriga prática de atos ilícitos, registrar ilegivelmente ou sem devida identificação qualquer documento médico, deixar de esclarecer sobre os diversos determinantes em saúde, indicar ou praticar atos desnecessários ou proibidos, descumprir legislação ou normas de Conselhos profissionais, deixar de obter consentimento, desrespeitar a dignidade do paciente, restringir a sua autonomia, utilizar a profissão com fins de cometimento de crime, não utilizar todos os meios nas diversas fases do cuidado, deixar de atender em caso de urgência e emergência não havendo outro médico disponível, sonegar informações sobre diagnóstico, prognóstico, risco e objetivos do tratamento, exceto quando puder trazer prejuízo ao paciente, abandonar paciente, exagerar a gravidade da condição do paciente, prescrever sem adequado exame do paciente, buscar obter vantagem pela condição médica, abreviar a vida, acobertar conduta antiética de outro profissional, desrespeitar prescrição alheia, deixar de fornecer a outro médico informações necessárias quando autorizado, o exercício mercantilista da profissão, desrespeitar o sigilo médico, salvo em condições de exceção, obter vantagem através da emissão de atestado e divulgar informações de forma sensacionalista, promocional ou, fora do meio científico, aquelas que que não tenha valor reconhecido (CONSELHO FEDERAL DE MEDICINA, 2018).

Os princípios elencados completam, ainda que não esgotem, os elementos básicos para se compreender o que é desejável de um profissional ético e, portanto, na formação em medicina. Em suma, o médico formado deve ser responsável socialmente, zelar pelo bom convívio com paciente, familiar e a equipe, zelar pela profissão e pela liberdade de seu exercício e buscar se aprimorar em benefício do paciente.

4.5. A ética na formação profissional

Conforme apontaram Schuh e Albuquerque (2009) o estudante necessita desenvolver autonomia, respeitar a diversidade e o pluralismo cultural e moral, não devendo ser um mero receptor de conhecimento deontológico. Para tanto, as diretrizes de ensino precisam ser claras, a universidade deve incorporar os conteúdos da ética profissional, transmitir valores humanísticos e saberes das ciências humanas e deve também incluir a filosofia moral e da ciência, fornecendo bases para que o profissional formado tenha mais que uma receita de bolo.

As instituições de ensino possuem grande responsabilidade na formação ética, visto que muitos estudantes ingressam com uma moral insatisfatória. É preciso que as instituições consigam transformar os seus alunos, levando-se em conta que o desenvolvimento da ética profissional ultrapassa a mera existência de disciplinas de bioética, passando por metodologias que favoreçam a análise de conflitos éticos e estimulem a autoeducação e autoanálise (FINKLER; CAETANO; RAMOS, 2013).

4.6. Uma proposta de matriz de competências éticas para o currículo médico

Uma matriz de competências éticas deve incluir os pressupostos supracitados nos diferentes códigos deontológicos supracitados e nas várias definições de profissional ética. Ela precisa buscar garantir um profissional socialmente e politicamente consciente de si, autônomo e que saiba respeitar a autonomia dos outros envolvidos no cuidado, atuando de maneira harmoniosa e respeitosa. O Quadro 1 retrata nossa proposta de matrizes de competências éticas baseadas nessas definições e experiência pessoal, todavia não esgota todas as nuances de um profissional ético, visto que o ensino não é capaz de prever todas as situações que serão enfrentadas pelo profissional quando formado, mas sim prepará-lo para que possua fundamentos mínimos que possam orientar sua atuação (FINKLER; CAETANO; RAMOS, 2013).

Quadro 1 – Matrizes de competências éticas desejáveis em um estudante de Medicina

Reconhecer a sua importância social e assume responsabilidade pelas suas condutas
Respeitar as singularidades culturais e socioeconômicas dos pacientes, sem qualquer forma de discriminação
Considerar o bem-estar sem desrespeitar a autonomia do paciente no próprio cuidado
Responsabilizar-se pelo próprio conhecimento e buscar se aprimorar em favor de garantir o melhor cuidado ao paciente
Conhecer e compreender os princípios éticos e a legislação que regem a profissão
Compreender os princípios da bioética e suas aplicações

continua...

continuação

Reconhecer as potencialidades e limitações do seu conhecimento
Compreender os princípios que regem o sistema de saúde e aplicar o princípio da justiça social
Compreender princípios e valores que regem a relação profissional
Demonstrar respeito diante de pacientes e familiares
Relacionar de forma respeitosa e harmoniosa com equipe multiprofissional
Reconhecer limitações da medicina e da vida humana, garantindo uma morte digna
Executar a prática baseando-se no respeito
Fornecer informações adequadas e suficientes aos diferentes envolvidos no cuidado, respeitando as singularidades
Conhecer as atribuições dos órgãos representativos da classe médica
Estimular a prática ética entre colegas e outros profissionais
Adotar postura ética, crítica e reflexiva diante dos envolvidos no cuidado
Compreender as teorias filosóficas, sociológicas e psicológicas que auxiliam na compreensão da pessoa
Reconhecer as particularidades sociais de cada paciente, aplicando o princípio da justiça social na relação.
Buscar seu próprio bem-estar e sua saúde
Reconhecer os próprios direitos e deveres, exercendo a cidadania

Fonte: elaborado pelos autores.

5. Considerações finais

Percebe-se que é um grande desafio estabelecer um currículo que forme um profissional ético, visto que a ética compreende compromissos sociais, políticos e legais. O currículo por competências é uma ferramenta útil para formação desse profissional, visto que estar relacionado a maior autonomia e responsabilização do estudante. Através dele, o estudante conhece o que é desejável e pode assumir-se como protagonista do próprio aprimoramento.

Nossa proposta busca estabelecer uma matriz de competências que orientem a formação de um profissional ética. Entretanto, não esgota as várias nuances que a ética deve possuir dentro do exercício profissional. A busca de estabelecer competências para esse fim, conforme demonstramos aqui, necessita passar pelas diretrizes que regem a formação médica, códigos deontológicos, definições filosóficas e sociológicas de moral e ética e também precisa refletir as particularidades e as diversas compreensões éticas das diferentes sociedades.

Todo o processo, como discutimos no referencial teórico, precisa gerar competências claras e validadas, sendo essencial correlacionar conhecimentos, habilidades e atitudes para cada uma delas, embora pela própria característica plural e difusa da ética, não seja possível definir um único ponto nas quais deve ser inseridas, sendo, pelo contrário, recomendável que essas competências estejam presentes e sejam avaliadas em diferentes matérias e ocupem todo o currículo médico.

REFERÊNCIAS

AMORIM, M. C. S.; PERILLO, E. B. F. Condutas éticas nas organizações de saúde. **Einstein**: Educação Continuada em Saúde, v. 7, n. 4, p. 204-5, 2009.

ANTUNES, C. **Como desenvolver as competências em sala de aula**. Petrópolis: Vozes, 2001

ARAÚJO, A. A.; BRITO, A. M.; NOVAES, M. Saúde e autonomia: novos conceitos são necessários? **Revista Bioética**, v. 16, n. 1, p. 117-24, 2008.

BEIER, M. Algumas considerações sobre o Paternalismo Hipocrático. **Revista de Medicina de Minas Gerais**, v. 20, n. 2, p. 246-54, 2010.

BOYATZIS, R. E. **The competent manager**: A model for effective performance. New York: John Wiley & Sons, 1982.

BUB, Maria Bettina Camargo. Ética e prática profissional em saúde. **Texto & Contexto – Enfermagem**, v. 14, n. 1, p. 65-74, mar. 2005.

CAMPOS, A.; OLIVEIRA, D. R. A relação entre o princípio da autonomia e o princípio da beneficência (e não-maleficência) na bioética médica. **Revista Brasileira de Estudos Políticos**, n. 115, p. 13-45, jul./dez. 2017.

CHAUÍ, M. **Convite à filosofia**. São Paulo: Editora Ática, 2000.

CISLAGHI, T. P. *et al*. Estratégia empresarial, competências e aprendizagem organizacional. **Revista de Administração IMED**, v. 4, n. 3, p. 261-273, ago./dez. 2014.

CÓDIGO DE ÉTICA MÉDICA. **Código de ética Médica**. Resolução CFM nº 2.217, de 27 de setembro de 2018, modificada pelas Resoluções CFM nº 2.222/2018 e 2.226/2019. Brasília: Conselho Federal de Medicina, 2019.

CONSELHO FEDERAL DE MEDICINA. **Código de ética do estudante de medicina**. Brasília, DF: CFM, 2018.

COSTA, I. C. C.; ARAUJO, M. N. T. Definição do perfil de competências em saúde coletiva a partir da experiência de cirurgiões-dentistas atuantes no serviço público. **Ciência e saúde coletiva**, v. 16, supl. 1, p. 1181-1189, 2011.

DUTRA, J. S. **Gestão por competências**: Um modelo avançado para o gerenciamento de pessoas. São Paulo: Gente, 2001.

ERNST & YOUNG CONSULTORES. Gestión por competencias. 2008. Disponível em: https://www.ey.com/Publication/vwLUAssets/Memoria_de_Responsabilidad_ Corporativa_2008-2009/$FILE/EY_Spain_MRC_2008.pdf. Acesso em: 10 maio 2019.

FERNANDES, C. R. *et al.* Currículo baseado em competências na residência médica. **Revista Brasileira de Educação Médica**, v. 36, n. 1, p. 129-136, 2012.

FINKLER, M.; CAETANO, J. C.; RAMOS, F. R.S. Ética e valores na formação profissional em saúde: um estudo de caso. **Ciência e saúde coletiva (online)**, v. 18, n. 10, p. 3033-3042, 2013.

FLEURY, M. T. L; FLEURY, A. C. C. Alinhando estratégia e competências. **Revista da Administração Empresarial**, v. 44, n. 1, p. 44-58, 2004.

FLEURY, M. T. L.; FLEURY, A. C. C. Construindo o conceito de competência. **Revista da Administração contemporânea**, v. 5, n. esp., p. 183-196, 2001.

JANINI, R. **Gestão por competências**: uma contribuição para obter e manter um desempenho superior. 2003. Dissertação (Mestrado em Administração de Empresas) – Escola de Administração de Empresas de São Paulo, Fundação Getúlio Vargas, São Paulo, 2003.

LA TAILLE, Y. Moral e Ética: uma leitura psicológica. **Psicologia**: teoria e pesquisa [on-line], v. 26, p. 105-114, 2010.

LARA, J.; SILVA, M. B. **Avaliação de desempenho no modelo por competência**: uma experiência de utilização. 2004.Trabalho de Conclusão de Curso (Graduação em Psicologia) – Universidade Tuiuti do Paraná, Paraná, 2004. Disponível em: http://www.psicologia.com.pt/artigos/imprimir_l.php?codigo=TL0001. Acesso em: 3 fev. 2018.

MADALENA, B. **Avaliação de desempenho por competências**: um estudo de caso na Irmandade Senhor Jesus dos Passos e Hospital da Caridade. 2007. Trabalho de Conclusão de Estágio (Bacharelado em Administração) – Universidade Federal de Santa Catarina, Florianópolis, 2007.

MAGALHÃES, S. *et al.* Desenvolvimento de competências: o futuro agora! **Revista Treinamento e Desenvolvimento**, São Paulo, p. 13-14, jan. 1997.

MANCINI, M. C.; SAMPAIO, R. F. Quando o objeto de estudo é a literatura: estudos de revisão. **Revista Brasileira de Fisioterapia**, v. 10, n. 4, dez. 2006.

MCCLELLAND, D. C. Testing for competence rather than for "intelligence". American Psycologist, 1973.

MEDEIROS, G. A. Por uma ética na saúde: algumas reflexões sobre a ética e o ser ético na atuação do psicólogo. **Psicologia**: Ciência e Profissão, v. 22, n. 1, p. 30-37, mar. 2002.

MINISTÉRIO DA EDUCAÇÃO (Brasil). Resolução n° 03/2014, de 20 de junho de 2014. Institui Diretrizes Curriculares Nacionais do curso de Graduação em Medicina e dá outras providências. **Diário Oficial da União**: seção 1, n. 117, p. 8-11, 23 jun. 2014.

MINISTERIO DE SALUD (Peru). **Metodologia para la formulación de perfiles de competencias para trabajadores del primer nível de atención**. Lima: Instituto de Recursos Humanos, 2005. 159 p.

NUNES, S. C.; BARBOSA, A. C. Q. Formação baseada em competências? um estudo em cursos de graduação em administração. **RAM, Revista de Administração Mackenzie (Online)**, v. 10, n. 5, p. 28-52, Oct. 2009.

PEREIRA, P. M.G. **Gestão de Competências – Desenvolvimento e institucionalização de um portfólio de competências-chave numa organização estudantil do ensino superior**. 2013. Relatório de Estágio (Mestrado em Economia e Gestão de Recursos Humanos) – Faculdade de Economia, Universidade do Porto, 2013.

PUGGINA, A. C. G.; SILVA, M. J. P. Ética no cuidado e nas relações: premissas para um cuidar mais humano. **Revista Mineira de Enfermagem**, v. 13, n. 4, p. 599-606, out./dez. 2009.

SALAS PEREA, R. S.; DIAZ HERNANDEZ, L.; PEREZ HOZ, G. Identificación y diseño de las competencias laborales en el Sistema Nacional de Salud. **Educadion medica superior**, v. 27, n. 1, p. 92-102, mar. 2013.

SANTOS, N. Gestão estratégica do conhecimento. 2000. Disponível em: http://www.eps.ufsc.br/disciplinas. Acesso em: 20 jul. 2019.

SANTOS, W. S. Organização curricular baseada em competência na educação médica. **Revista Brasileira de Educação Médica**, v. 35, n. 1, p. 86-92, mar. 2011.

SCHUH, C. M.; ALBUQUERQUE, I. M. A ética na formação dos profissionais da saúde: algumas reflexões. **Revista Bioética**, v. 17, n. 1, p. 55-60, 2009.

SILVA, H. B. Beneficência e paternalismo médico. **Revista Brasileira de Saúde Materno Infantil**, Recife, v. 10, supl. 2, p. s419-s425, dez. 2010.

SOARES, A. V.; ANDRADE, G. A. R. Gestão por Competências – Uma Questão de Sobrevivência em um Ambiente Empresarial Incerto. [200?]. Disponível em: http://www.inf.aedb.br/seget/artigos05/SOARES,ANDRADE;200?_Gestao%20por%20Competencias.pdf. Acesso em: 17 maio 2019.

SOARES, F. J. P.; SHIMIZU, H. E.; GARRAFA, V. Código de Ética Médica brasileiro: limites deontológicos e bioéticos. **Revista Bioética**, v. 25, n. 2, p. 244-254, ago. 2017.

STANK, C. **Avaliação de desempenho baseada em competências**: um estudo em uma escola de Caxias do Sul. 2010. Monografia (Bacharelado em Ciências Contábeis) – Universidade de Caxias do Sul, Caxias do Sul, 2010.

UBEDA, C. L. **A gestão de competências em uma empresa de pesquisa e desenvolvimento**. 2003. Dissertação (Mestrado em Engenharia de Produção) – Universidade de São Paulo, São Carlos, 2003.

VÉLIZ MARTÍNEZ, P. L.; JORNA CALIXTO, A. R.; BERRA SOCARRÁS, E. M. Identificación y normalización de las competencias profesionales específicas del especialista en Medicina Intensiva y Emergencia. **Educación Médica Superior**, v. 29, n. 2, jan. 2015.

WANSSA, M. C. D. Autonomia versus beneficência. **Revista bioética**, v. 19, n. 1, p. 105-14, 2011.

ZABOT, J. B. M.; SILVA, L. C. M. **Gestão do conhecimento**: Aprendizagem e tecnologia construindo a inteligência coletiva. São Paulo: Atlas, 2002.

CAPÍTULO 4

CARACTERÍSTICAS DA CAPTAÇÃO E RETENÇÃO DE ALUNOS EM INSTITUIÇÕES DE ENSINO SUPERIOR

Jardel Rodrigues Marques de Lima
João Batista de Camargo Junior
Andrea Kassouf Pizzinatto

1. Introdução

O ambiente organizacional das Instituições de Ensino Superior (IES) privadas no Brasil vêm se alterando com a formação de grandes grupos educacionais, por meio de fusões e incorporações e do desenho de um novo contexto da educação superior, diante de um ambiente de alta competição, pautado pela busca de vantagens competitivas e pela diferenciação (REGO; OMELCZUK, 2019). Em virtude da queda de matrículas, as IES viram-se obrigadas a investir mais em estratégias de captação e retenção de alunos, as quais passaram a ter uma relevância ainda maior. Dessa forma, Souza, Arantes e Dias (2011) afirmam que, nas instituições, existem elementos importantes para o sucesso de seu gerenciamento e sua capacidade de captar e reter alunos. Tais elementos representam uma força de competitividade que garantem às IES condições de se viabilizarem, sustentarem e expandirem.

No que tange aos fatos, Farias Filho, Vilhena e Nascimento (2014) mencionam que a dificuldade de captar e reter alunos nas IES está na concorrência, tendo em vista a mudança de perfil dos alunos, que estão cada vez mais conscientes e exigentes na escolha de uma Instituição de Ensino (IE) para cursar a graduação de nível superior. Na visão de Santos e Rocha (2017), para serem mais competitivas as organizações necessitam oferecer serviços de qualidade, com objetivo de satisfazer às expectativas de seus acadêmicos. Essa realidade fez com que as organizações buscassem algo novo para seus atuais e futuros alunos, algo que agregasse valor, criando um relacionamento positivo. Baseada nos fundamentos de qualidade e focada no aprimoramento de seus produtos e serviços, a IES que pretende se destacar deve se aproximar cada vez mais do estudante, analisando suas necessidades emergentes e os fatores que podem acrescentar inovação profissional ao acadêmico (FARIAS FILHO; VILHENA; NASCIMENTO, 2014).

Pandolfi, Caten e Rodrigues (2016) citam que o desenvolvimento do setor de ensino passa, indispensavelmente, pela esfera competitiva entre as IES, que visam formas de se distinguirem ao desenvolver diferentes métodos de ensino e processos de serviços mais eficientes, com melhor qualidade e mínimo custo. Nesse sentido, para Lara (2010), identificar recursos da organização proporciona relevantes benefícios, especialmente ao traduzi-los em processos de negócios. Weber, Hauck e Wangenheim (2005) estabelecem que os processos de negócio constituem uma série de passos realizados com objetivo próprio estabelecido pela organização. De acordo com Gonçalves (2000), o processo empresarial também pode ser definido como qualquer trabalho que seja recorrente de algum aspecto da capacitação da empresa. Esse processo pode ser realizado de várias maneiras distintas com resultados diferentes em termos da contribuição, os quais podem ser gerados com relação a custo, valor, serviço ou qualidade e envolva a coordenação de esforços para a sua realização. Assim, as empresas oferecem serviços e produtos a seus clientes, com intenção de que todo e qualquer trabalho seja desenvolvido para a geração de produtos e de serviços enquadrados em algum processo.

Pyon, Woo e Park (2011) mencionam que a gestão por processos significa ações com base no cliente, por meio de aplicação das melhores técnicas para desenvolver a competitividade da organização. Nesse sentido, podem-se destacar transformações no âmbito empresarial quanto a suas regras e à sua cultura que atendam às expectativas dos clientes. Levando-se em conta que são empresas prestadoras de serviços, é necessário que meçam e observem frequentemente a satisfação dos clientes, o que resulta em avanços do desempenho empresarial da oferta (LOURENÇO; KNOP, 2011; MILAN *et al.*, 2015). De acordo com Milan *et al.* (2014), o rastreamento do nível de satisfação dos clientes busca analisar o desempenho da prestação de serviços em associação com as percepções dos clientes, fundamentando suas exigências e suas necessidades.

2. Importância da gestão de processos para as IES

As Instituições de Ensino Superior funcionam como uma rede de organismos vivos, na qual se relacionam diferentes entidades (fornecedores, funcionários, produtos/serviços e clientes) e as funções básicas, como as operacionais e gerenciais, que integram a cadeia de valor das empresas (RIBEIRO, 2017). Essas instituições cumprem um papel de suma importância para o desempenho da sociedade, e isso contribui para o desenvolvimento econômico, tecnológico, cultural, educativo e moral do país (ABREU; GUSKE; GARCIA, 2015). Essas instituições estão lidando com ambientes dinâmicos e incertos no que se refere à captação e à retenção de alunos. Para que tenham sucesso nessas ações, devem estar cientes sobre as mudanças que estão acontecendo no meio em que ela se encontra. Assim, a gestão de processos pode auxiliar na criação de relações integradas e permanentes, já que os conhecimentos praticados necessitam ser compartilhados e geridos pelas instituições (RIBEIRO, 2017).

Segundo Santos e Rocha (2017), há necessidade de alcançar a excelência nos processos organizacionais, o que vem exigindo dessas instituições cada vez mais qualidade nos serviços prestados. Cunha (2013) afirma que elas estão justamente à procura de novos modelos de gestão, com objetivo de melhorar a qualidade de seus serviços. Pradella (2013) ressalta que a gestão de processos introduz em tais instituições uma visão sistêmica e integrada ao trabalho, e isso mostra a interdependência entre fornecedores e clientes. Acrescenta-se ainda, segundo Hammer (1998), que a mudança de uma IES tradicional para gestão de processos é muito complexa, pois cada indivíduo tem de aprender a pensar de forma diferente e revigorada. Desse modo, passa a assumir responsabilidade, trabalhar em equipe e compreender melhor o negócio. Para Neumann (2013), qualquer trabalho realizado numa organização faz parte de algum processo composto de procedimentos, pessoas e atividades coordenadas. Paim *et al.* (2009) relacionam benefícios da adoção da gestão de processos em empresas, conforme demonstra o Quadro 1.

Quadro 1 – Benefícios da adoção da gestão de processos

Melhoria do fluxo de informações a partir de sua identificação nos modelos de processo e, consequentemente, aumento do potencial prescritivo das soluções.
Melhoria da gestão organizacional com base no melhor conhecimento dos processos associados a outros eixos importantes de coordenação do trabalho, entre eles, indicadores de desempenho, projeto organizacional, sistemas de informação, competências.
Padronização dos processos de acordo com a definição de um referencial de conformidade.
Definição de estruturas organizacionais baseadas em processos.
Gestão de competências baseada em processos.
Criação de modelos de referência para melhoria de processos.

Fonte: adaptado de Paim *et al.* (2009, p. 26-28).

Diante dos benefícios relacionados à adoção da gestão de processos, a aceitação da prática tem sido considerada também como uma forma de apoio ao desenvolvimento gerencial na busca por melhores maneiras de alcançar os objetivos das instituições (PRADELLA; FURTADO; KIPPER, 2012). O processo decisório de qualquer organização enfrenta desafios, os quais são maximizados nas IES, pois há grande dificuldade por parte delas em enxergar os processos de forma sistêmica, além do entrave da falta de profissionalismo na gestão, visto que, em geral, elas não possuem uma orientação empresarial (RIBEIRO, 2017).

Portanto, segundo Alves (2019), é importante uma gestão de processos nas atividades da IES de forma planejada e coesa. Para isso, é necessário inserir as estratégias empresariais dentro do contexto acadêmico e propiciar qualidade aos métodos de trabalho. De acordo com Beuren e Marcello (2016), no tocante às IES privadas, a necessidade de captar e reter alunos evidencia-se pelo fato de que são organismos dinâmicos, pois não estão engessadas pelo aparelho público e, ao mesmo tempo, são impelidas a empregar novas estratégias em virtude das constantes necessidades de seus clientes, que estão cada vez mais exigentes e cuja natureza comportamental é inesperada.

Desse modo, as consequências acabam por ligarem-se ao comportamento de aprendizado da gestão universitária e de seus preceitos (CLOSS, 2015). Considerando que, à medida que os desafios são sanados outros surgirão, resta às IES um aprendizado e uma organização de suas ações por meio da gestão de processos cada vez mais profissional e responsável, aponta Romano (2019).

3. Estratégias empresariais usadas pelas IES para captação e retenção de alunos

Hoje, as Instituições de Ensino Superior (IES) privadas estão diante de uma grande necessidade de prospectar e compor sua carteira de alunos. Entretanto, não se esforçam suficientemente para mantê-los, e isso acarreta evasão escolar, definida como saída temporária ou definitiva de discentes que se reflete em perdas para essas instituições (RICARTH, 2019). Nessa direção, Milan *et al.* (2015) acreditam que essas instituições precisam implementar, em sua gestão, processos que visem ao avanço contínuo da qualidade de produtos e serviços levando em conta os objetivos organizacionais e os anseios dos alunos como fatores essenciais.

Dessa maneira, mostra-se propício que as IES entendam e identifiquem os atributos que seus alunos valorizam como fundamentais para o crescimento de serviços educacionais de qualidade e que causam impacto em sua satisfação (MILAN; DE TONI; MAIOLI, 2013). Parte-se do princípio de que os alunos são relevantes ao processo de composição de estratégias pela instituição de ensino, uma vez que entender as percepções deles pode fornecer as bases para o aperfeiçoamento de processos da organização (DE TONI, 2016; MILAN *et al.*, 2015; SOUZA ARANTES; DIAS, 2011).

Reitera-se, portanto, que essas instituições se encontram num cenário em que as estratégias devem ser desenvolvidas para satisfazer as necessidades e os desejos dos discentes (SIGNORI *et al.*, 2018). Alguns autores enfatizam que as estratégias empresariais visam a um relacionamento contínuo (MILAN; DE TONI; MAIOLI, 2013; MILAN *et al.*, 2014; SANTINI; GUIMARÃES; SEVERO, 2014; PANDOLFI; CATEN; RODRIGUES, 2016). Nesse sentido, de acordo com Rodrigues e Limena (2016), as IES buscam formas de se diferenciarem desenvolvendo novos métodos de ensino e de processos de serviços mais eficazes. Santini, Guimarães e Severo (2014) destacam que há maior efetividade para captar e reter alunos quando elas oferecem melhor qualidade e menor custo.

É importante notar que a captação e a retenção de alunos são habitualmente consideradas elementos principais do sucesso de qualquer organização de natureza educacional. Nesse sentido, captar cliente e, em segundo momento, retê-los, demonstra que a instituição tem possibilidade de se realizar, se manter e se desenvolver. Uma organização que não define clientes capazes de gerar recursos apresenta perspectiva de vida nula (MEDEIROS; SIQUEIRA, 2019). Segundo Torres e Gouvêa (2012), do ponto de vista mercadológico, as IES são consideradas como prestadoras de serviço, com características similares ou diferenciadas de uma organização para outra. Lazzarini, Miller e Zenger (2008) afirmam que essas instituições estão preocupadas em avançar no mercado educacional, com o propósito de se tornarem competitivas na percepção de seus clientes.

De acordo com Milan *et al.* (2014), o setor educacional diferencia-se dos demais por demonstrar geralmente uma proximidade maior com os clientes. Por isso, estabelecer uma relação de qualidade que consiga atrair e reter esse cliente-aluno é imprescindível. Para Milan *et al.* (2015), a satisfação do aluno e as percepções de qualidade superior incentivam os comportamentos dos clientes em relação aos serviços prestados. Em outra visão sobre as estratégias para captar e reter alunos, Romano (2019) observa que as organizações devem dispor de recursos de infraestrutura compatíveis com os melhores produtos e serviços educacionais. Para Meyer Junior, Pascucci e Murphy (2012), a adoção de modelos de gestão vem sendo uma das formas encontradas pelas IES para buscar de forma mais rápida melhores resultados no âmbito de captação e retenção de alunos.

Essa prática, contudo, não ocorre de forma muito tranquila e tem produzido intensos debates no interior das próprias instituições em várias partes do mundo, visto que as particularidades de cada organização podem ser complexas. Por esse motivo, seria necessária a criação de formas de gestão próprias que possam contribuir efetivamente para o desempenho desejado (MEYER JUNIOR; PASCUCCI; MURPHY, 2012).Com a progressão da quantidade de IES privadas e com a integração de práticas empresariais de gestão, essas organizações têm levantado questionamentos sobre a adaptação dessas abordagens à realidade complexa do campo acadêmico e dúvidas quanto às possíveis contribuições à concepção de uma educação de qualidade (MEYER JUNIOR; PASCUCCI; MURPHY, 2012).

É comum ouvir o argumento de que ambas as situações seriam incompatíveis, uma vez que a busca pelo lucro na educação viria acoplada ao sacrifício de sua qualidade na educação (LOPES; BEZERRA, 2008). Portanto, a gestão acadêmica deve ser conduzida de maneira a produzir reflexos palpáveis na qualidade do serviço que a organização oferece à sociedade (SANTOS, 2019).

4. Desafios nas operações dos processos de captação e de retenção de alunos

As IES, em sua totalidade, possuem desafios que devem ser vencidos a fim de facilitar sua operação de processos tanto na área de captação quanto na retenção de alunos. Alguns fatores devem ser citados de suma importância, como qualidade de ensino, confiança, reputação e influência da marca, mensalidade, infraestrutura e legalidade quanto aos processos institucionais do MEC, habilidade de utilizar recursos físicos, capacitação de corpo docente, ingresso na IES, entre outros (ABREU; GUSKE; GARCIA, 2015; RICARTH, 2019; SANTINI; GUIMARÃES; SEVERO, 2014; VASCONCELOS, 2018; SILVA, 2015).

Assim, as IES são confrontadas, na atualidade, com diversos desafios, a fim de garantir e fomentar o ensino de qualidade (RICARTH, 2019). Para cumprir tal aspiração, precisam se assegurar que a educação que oferecem responde às expectativas dos alunos, às exigências do mercado de trabalho e das organizações empregadoras (SILVA, 2015). Em consequência disso, Palacio, Meneses e Pérez (2002) destacam, em sua pesquisa, alguns desafios como determinar a qualidade dos serviços prestados, as melhores práticas, vínculo de eficiência com a sociedade, bem como a preparação para uma carreira profissional de sucesso e melhoria dos cursos ofertados pela IES.

Além disso, conforme essa visão no âmbito educacional, para Andrade, Moita e Lobo e Silva (2009), compreender as percepções e expectativas dos alunos é essencial para entender a sua satisfação. Desse modo, a satisfação, então, consegue ser vista como um resultado comparativo entre a qualidade percebida do serviço pelos clientes e suas possibilidades anteriores (CUNHA, 2013). Nesse sentido, as organizações prestadoras de serviços necessitam medir e observar frequentemente a satisfação dos clientes, uma vez que esta também resulta em avanços no desempenho da oferta da organização e do negócio (MILAN; DE TONI; MAIOLI, 2013). Segundo Ciurana e Leal Filho (2006), as IES estão enquadradas no segmento serviços que possuem características específicas e diferenciam-se umas das outras pela estrutura, qualidade de ensino, processos democráticos, corpo docente qualificado, entre outros aspectos de igual importância.

Em conformidade com tal direcionamento para a gestão da qualidade dos serviços educacionais, tende a haver maior convergência para um aumento nos níveis de satisfação e de retenção dos alunos. Todavia, os administradores das IES esbarram no desafio de definir e implantar o método mais adequado para aferir a qualidade de seus serviços considerando principalmente a perspectiva do aluno (FALCÃO JUNIOR; SANTOS, 2016; RICARTH, 2019). Para os autores Hides, Davies e Jackson (2004), ressalta-se ainda nesse contexto a importância de saber identificar como as ações da IES conseguem atrair a atenção dos consumidores, bem como se o apelo consegue passar a intenção mercadológica vinculada ao interesse de oferecimento de um serviço de qualidade para formar cidadãos, e não apenas tê-los como mais uma estatística financeira nas IES.

Além disso, Santini, Guimarães e Severo (2014) observam que a qualidade do ensino, a confiança e a reputação da marca não podem ser transferidas ou desvinculadas, pois a empresa que trabalha para melhorar a qualidade dos serviços e produtos que oferece faz com que os consumidores apreciem e valorizem o que ela tem a oferecer. Nesse contexto, a influência da marca destaca-se no comportamento de quem vai comprar o serviço educacional. Assim, a imagem, além de ser considerada um forte fator de decisão, atrai os mais diversos públicos e, por isso, é de grande relevância para às IES (PALACIO; MENESES; PÉREZ, 2002). Desse modo, a divulgação denominada boca a boca geralmente é a que mais gera bons resultados e deixa os clientes atraídos pelos serviços e produtos oferecidos pelas empresas (VALÉRIO NETO, 2018).

A reputação acadêmica é apontada por Abreu, Guske e Garcia (2015) e Ferreira *et al.* (2008) como um dos principais fatores na tomada de decisão e foi evidenciada em sua pesquisa. Os autores identificaram também outros fatores, como a colocação da IES no mercado de trabalho, satisfação dos alunos da IES e taxa de aprovação em exames vestibulares. Dessa forma, todos esses desafios corroboram os escritos de Abreu, Guske e Garcia (2015), Aléssio, Domingues e Scarpin (2010) e Alfinito e Graneman (2003), segundo os quais os clientes não são puramente tomadores de uma decisão racional, uma vez que combinam a razão e a emoção em suas decisões: um cliente começa a julgar a influência recebida de um produto ou serviço com o intuito de identificar os benefícios e o nível de satisfação implícito ou prometido nessa aquisição (experiência de consumo).

As mudanças econômicas, políticas, culturais, sociais e tecnológicas ocorridas no cenário atual têm exigido uma reformulação de estruturas e estratégias por parte das organizações para se manterem competitivas (RICARTH, 2019). No entendimento de Kotler e Armstrong (2007), decisões podem ser influenciadas por características pessoais, como idade, estágio no ciclo de vida, situação socioeconômica e estilo de vida perante a sociedade. Além disso, conforme Pavani Junior e Scucuglia (2011), a família e a condição econômica do indivíduo são desafios para as IES, porque os alunos são muito jovens e dependem dos familiares para fazer um curso superior.

Outro desafio relevante apontado por Silva (2015) é o valor da mensalidade. Assim, conforme Dias, Theóphilo e Lopes (2010), os fatores socioeconômicos, que são atribuídos ao nível de educação e renda dos alunos, são determinantes nos processos de atração e retenção. Diante disso, Ricarth (2019) cita que o abandono da IES por alunos é um fenômeno prisma, que possui diversos lados e variáveis. Normalmente o fenômeno da evasão escolar é vinculado à dificuldade financeira dos estudantes. Flutuações de curto prazo nas finanças podem e fazem com que parte deles se retire da faculdade (LIMA JUNIOR, 2016). Além disso, segundo Pavani Junior e Scucuglia (2011), a família e a condição econômica do indivíduo são desafios para as IES, porque os alunos são muito jovens e dependem dos familiares para fazer um curso superior.

Para Lopes e Bezerra (2008), quando escolhem uma IES, os alunos não levam em consideração somente o valor que investirão nos estudos: também é necessário manter uma boa qualidade de ensino e contar com profissionais verdadeiramente qualificados (LIMA JUNIOR, 2016). Entende-se que encontrar o equilíbrio entre a necessidade de retorno financeiro e a efetividade dos serviços oferecidos é o caminho para o desenvolvimento. Em tal contexto, as IES passaram a enfrentar mundialmente desafios, como as limitações de financiamento, competição entre instituições, desmotivação dos professores e estudantes, entre outros (SILVA, 2015). Nesse cenário, Araújo (2011) argumenta que se as IES estão inseridas num âmbito de concorrência declarada que afeta sua estrutura e impõe restrições financeiras aos processos de gestão, seu futuro estará diretamente relacionado à sua capacidade de atrair e reter alunos. Diante disso, é fundamental que entendam quem é seu cliente e o que ele espera delas.

Alfinito e Graneman (2003) afirmam que os desafios podem estar ligados à localização da IES, ao local onde o aluno mora, à segurança do *campus*, à infraestrutura, à tradição da IES na região, à aceitação do mercado de trabalho. Dessa forma, para Ricarth (2019), seriam significativos na forma como os alunos escolhem as instituições mais próximas de sua localidade. Para Oliveira (2018) e Abreu, Guske e Garcia (2015), uma empresa com boa estratégia tem habilidade de utilizar os recursos físicos, humanos e financeiros de forma adequada, tendo em vista a minimização de problemas e a maximização das oportunidades.

Portanto, na visão de Silva (2015), diante disso é importante ressaltar que a formação dos profissionais nas IES é percebida pelas condições proporcionadas pela infraestrutura. Sendo assim, as condições neste aspecto podem facilitar ou dificultar o desenvolvimento do estudante universitário. Quando se fala das IES, a infraestrutura acaba tendo um grande destaque, devido ao sucateamento vivido por elas, principalmente no que se refere às suas condições físicas, que geram obstáculos para o bom andamento das atividades acadêmicas (CIURANA; LEAL FILHO, 2006; RICARTH, 2019).

Faz-se necessário que as IES privadas desenvolvam e implantem estratégias organizacionais estruturadas, considerando os alunos, professores, colaboradores, a infraestrutura e os demais aspectos essenciais para sua avaliação, com o objetivo de identificar seus pontos fracos e fortes, avaliar seu desempenho e com isso promover ações para alcançar a excelência na qualidade do ensino (RODRIGUES; SOUZA; FORTES, 2015). Diante da pressão econômica crescente e do aumento das demandas da sociedade, as IES têm adotado modelos de excelência da gestão e empenhado esforços no sentido de elevar os níveis de desempenho organizacional, infraestrutura, reconhecimento pelo MEC, formas de ingressar na IES e reconhecimento no mercado de trabalho (SILVA, 2014).

As mudanças ocorridas no contexto mercadológico marcaram, de maneira singular, o aparecimento de um grande número de organizações que possuem como principal função atuar na área educacional (LIMA JUNIOR, 2016). Com o crescente número de IES, também cresceu o nível de concorrência e competitividade exigindo destas um constante aprimoramento para oferecerem serviços de melhor qualidade (SILVA, 2015). Em razão do exposto, o MEC, por meio do INEP, regulamentou medidas para a modernização do processo de avaliação do ensino superior com vistas a garantir serviços de melhor qualidade para a sociedade (BRASIL, 2019). Tais exigências, para Silva (2015) e Tinto (2006), levaram as IES à necessidade de trabalharem melhor a busca, o preparo, a seleção, o armazenamento e a disseminação de informações, evidenciando práticas da gestão da informação com mais intensidade.

Para Alfinito e Graneman (2003), a inobservância dos critérios pode culminar na imposição de protocolos de compromisso e assinatura de Termo de Saneamento que, não cumpridos, podem acarretar o fechamento do curso e/ou descredenciamento da IES. Nesse contexto, para Tinto (1993), o gestor de uma IES deve estar atento e informado sobre as questões relevantes que impactam a atividade educacional. Por conseguinte, segundo Oliveira (2016), para demonstrar essa complexidade, apresenta-se alguns referenciais que podem evidenciar o destaque da instituição: com o advento da Lei do Sinaes (Lei nº 10.861/2004), o MEC passou a monitorar a atividade educacional com maior intensidade, avaliando as instituições, seus cursos e o desempenho de seus estudantes. O processo avaliativo tem como foco melhorar a qualidade da educação superior, orientar a expansão da oferta de cursos, além de promover a responsabilidade social da IES (LIMA JUNIOR, 2016).

Oliveira (2018) aponta que as universidades, pressionadas pela necessidade das indústrias, têm tentado incorporar a globalização como um tema importante nos seus currículos, pois, no ambiente globalizado, as empresas esperam contratar pessoas altamente qualificados para uma atuação eficaz, o que traz novos desafios para as IES. Desse modo, Lima Junior (2016) cita que é importante lembrar que o projeto pedagógico deve ser elaborado em conjunto pela comunidade escolar, pois deve refletir os anseios, as opiniões e os objetivos da maioria. Além do mais, deve ser periodicamente discutido, revisto e atualizado a partir das necessidades e dos interesses dos envolvidos no processo educacional, surgidos da própria prática pedagógica e da evolução conhecimento e das tecnologias.

Por isso tudo, Abreu, Guske e Garcia (2015) afirmam que, para se implementar o projeto pedagógico, principalmente no que diz respeito à informática, precisa-se, evidentemente, identificar os recursos materiais e financeiros necessários e os já disponíveis. De acordo com Lima Junior (2016), percebe-se que, nesse ponto, o envolvimento de toda a comunidade escolar também é importante na definição de estratégias para obtenção e uso dos recursos que viabilizarão a execução do projeto. Ademais, a expansão do mercado de IES acabou por afetar o nível de ensino (ARAÚJO, 2011). Consoante isso, os coordenadores de IES se deparam com o desafio de identificar e implementar o método mais adequado para aferir a qualidade de seus serviços (ARAÚJO, 2011; SILVA, 2014; PIÑOL, 2004). Especialmente considerando a perspectiva do cliente (aluno), com base em um melhor conhecimento de suas necessidades, desejos, potencialidades e demandas (ABREU; GUSKE; GARCIA, 2015).

Já para Ciurana e Leal Filho (2006), a exigência de titulação de mestrado ou doutorado é importante na medida em que o coordenador de curso irá liderar docentes portadores desses títulos. Liderar mestres e doutores sem a equivalente qualificação não é tarefa fácil. Conclui-se, portanto, que o coordenador do curso é o responsável pela elaboração do projeto pedagógico, que deve ter seus objetivos e fundamentos bem claros e definidos. Assim, é importante destacar pontos diferenciais na concepção do curso, vinculando-o à missão da instituição de ensino e seus compromissos com a qualidade do processo educacional (CIURANA; LEAL FILHO, 2006).

Assim, no entendimento de Santos (2014) e Lobo (2012), a melhora nas condições de renda e de emprego da população, aliada a estímulos do governo, como financiamentos estudantis, bolsas de estudo e política para geração de empregos, facilita o acesso da população ao ensino superior. Desse modo, conforme Abreu, Guske e Garcia (2015), os possíveis consumidores do produto ou serviço teriam condições de arcar com os valores das mensalidades e encargos necessários como, material para estudo, taxas escolares, entre outros. Nesse sentido, de acordo com Rodrigues, Souza e Fortes (2015), uma organização educacional que é capaz de conhecer o ambiente externo, compreender o mercado e interagir com os estudantes a partir da identificação dos desafios nos processos de captação e retenção de alunos tem mais chances de prosperar.

5. Melhorias aplicáveis à captação e à retenção de alunos

Como visto anteriormente, as IES precisam cada vez mais produzir técnicas e habilidades que sejam diferenciadas no mercado a fim de conquistar novos clientes. Demonstrando essa assertiva, Rego e Omelczuk (2019) enfatizam a necessidade de a alta gestão buscar e identificar as relações entre pessoas e instituições, cultura e desempenho empresarial. Para Semprebon *et al.* (2016), é importante absorver os fatores que auxiliam o desenvolvimento da intensidade do relacionamento dos alunos com a IES. De acordo com esses autores, existe uma relação entre a qualidade de ensino e o relacionamento com a marca.

Diante disso, o uso de novas ferramentas e de sistemas pode proporcionar uma melhoria da qualidade, o que torna a comunicação mais interativa (LEAL; ALBERTIN, 2015; SIGNORI *et al.*, 2018). Klein e D'Andréa (2019) alertam que, em muitos setores de uma IES, ocorre constantemente a perda do conhecimento e da informação, seja por falta de comunicação, falta de flexibilidade, afastamento de algum colaborador ou até mesmo demissão. Isso faz com que as IES voltem suas atenções para oportunidades de melhorias em sua gestão de conhecimento e com que esta seja uma oportunidade para o avanço de qualidade dos processos de captação e de retenção de alunos. É interessante notar que, segundo Klein e D'Andréa (2019), quando os processos estão bem estruturados, seus conteúdos ficam de fácil entendimento.

Nesse âmbito, Pavani Junior e Scucuglia (2011) destacam que o mapeamento dos processos pode ser estabelecido como melhoria aplicável, especialmente nas atividades de captação e de retenção de alunos. Esse mapeamento divide-se em cinco etapas essenciais para sua execução. A primeira etapa pressupõe que, para a melhoria nos processos, são necessários a implementação de uma gestão por processos e o entendimento das lógicas da cadeia de informações. A segunda etapa refere-se à modelagem de processos, ou seja, à definição de um conjunto de atividades que devem ser seguidas com objetivo de permitir a criação de um ou de mais modelos para representação gráfica a partir da escolha de uma técnica de mapeamento, do sequenciamento das atividades da IES e da comunicação (VALLE; OLIVEIRA, 2009).

A terceira etapa diz respeito à implementação de melhorias, ao desenho de processos e de seus fluxos tendo por finalidade os projetos de melhoria para incorporá-los, à síntese do gerenciamento do desempenho, à tomada de decisão e ao controle dos processos após as melhorias (VALLE; OLIVEIRA, 2009). Já a quarta e a quinta etapas comtemplam a competência da gestão de processos, chamada tecnologia de gerenciamento de processos de negócio ou *Business Process Management Systems* (BPMS), cujo objetivo é automatizar os processos existentes na organização (PAVANI JUNIOR.; SCUCUGLIA, 2011). Em outra visão sobre avanços aplicáveis, Masetto (2004), Simões, Redondo e Vilas (2013) defendem que a mudança do ensino é uma forma de melhorar a captação e a retenção de alunos, uma vez que visa à qualidade da prestação de serviços educacionais. Isso porque, dentro da concepção das IES, é essencial oferecer serviços de qualidade e de alto padrão, bem como formar profissionais qualificados com intuito de suprir as demandas da sociedade e do mercado de trabalho.

Já segundo Simões (2001), uma das formas de a IES captar novos alunos e retê-los é mediante maior proximidade com eles, o que pode ser atingido usando uma comunicação efetiva por meio das redes sociais da organização, tendo em vista a nova era digital. A Internet e os avanços tecnológicos permitem que a comunicação seja feita por intermédio de multiplataformas. Desse modo, as instituições conseguem se comunicar com seus clientes utilizando formas inovadoras (VALÉRIO NETO, 2018). O Marketing Digital (MD) surge nesse aspecto de melhoria como ferramenta relevante da IES, uma vez que ele se idealiza como um modo de complementar a interação com os consumidores. O MD é, como o próprio nome indica, um marketing com as bases tradicionais, mas que utiliza ferramentas digitais para atingir os consumidores (PEPE, 2017).

De acordo com Pepe (2017), de um lado, as empresas realizam campanhas, publicações e ações e, de outro lado, os consumidores podem interagir, opinar e indicá-las para outras pessoas apenas com alguns cliques. Isso aumenta o engajamento com as marcas e as exigências do público. Assim, é necessário que as empresas melhorem cada vez mais a maneira de falar com público-alvo. Nesse sentido, Palacio, Meneses e Pérez (2002) enfatizam que a imagem da organização é um fator decisivo para a escolha da IES e que, portanto, é essencial que se apliquem conceitos de marketing na construção dessa imagem. Já Matos e Baptista (2011) e Masetto (2004) afirmam que a reputação acadêmica leva a um processo boca a boca de comunicação, e isso transmite a qualidade da instituição.

Conforme aponta Las Casas (2010), é necessário que as organizações conheçam o direcionamento das atividades mercadológicas para a satisfação dos clientes. As estratégias de marketing no contexto educacional vão além da captação de novos alunos, pois colaboram para que as instituições possam, de fato, fidelizar os acadêmicos já conquistados. Segundo Tomaz, Teixeira e Porém (2016), quando uma instituição de ensino se compromete a conhecer seu público, ela se torna apta a entregar melhores serviços. Dessa forma, o MD está diretamente ligado à CPA, já que a autoavaliação compreende uma análise institucional global tendo como objetivo a compreensão da realidade da IES. Esse exercício de escuta permite apreender a realidade institucional, identificar as fragilidades e corrigir rumos, proporcionando-lhe maior segurança em relação à consecução de seus objetivos (BERNARDES; ROTHEN, 2016).

Como se pôde perceber neste capítulo, os desafios são grandes para a captação e a retenção de alunos. Assim, há uma dificuldade de dizer aos gestores de IES quais ações devem ser tomadas, visto que ações diferentes funcionam para a realidade de cada instituição e para cada perfil de aluno (BERNARDES; ROTHEN, 2016). É importante, então, ter sempre em vista os desafios de uma instituição de ensino superior que influenciam os processos de captação e de retenção de alunos. Como forma de resumir os assuntos discutidos nesse capítulo, o Quadro 2 sumariza os desafios discutidos.

Quadro 2 – Principais desafios enfrentados pelas IES para a captação e retenção de alunos

Desafios	Autores relacionados
Qualidade do ensino	Andrade, Moita e Lobo e Silva (2009); Ciurana e Leal Filho (2006); Cunha (2013); Falcão Junior e Santos (2016); Hides, Davies e Jackson (2004); Milan et al. (2014); Milan, De Toni e Maioli (2013); Palácio, Meneses e Pérez (2002); Ricarth (2019); Silva (2015); Valério Neto (2018).
Confiança, reputação e influência da marca	Abreu, Guske e Garcia (2015); Aléssio, Domingues e Scarpin (2010); Alfinito e Graneman (2003); Alves (2003); Ferreira et al. (2008); Santini, Guimarães e Severo (2014); Hides, Davies e Jackson (2004); Palacio, Meneses e Pérez (2002); Piñol (2004); Silva (2014); Silva (2015).
Valor da mensalidade	Araújo (2011); Dias, Theóphilo e Lopes (2010); Kotler e Armstrong (2007); Lima Junior (2016); Lobo (2012); Lopes e Bezerra (2008); Pavani Junior e Scucuglia (2011); Ricarth (2019); Silva (2015); Tinto (1993).
Infraestrutura	Abreu, Guske e Garcia (2015); Alfinito e Graneman (2003); Araújo (2011); Ciurana e Leal Filho (2006); Dias, Theóphilo e Lopes (2010); Piñol (2004); Ricarth (2019); Rodrigues, Souza e Fortes (2015); Silva (2015).
Reconhecimento pelo MEC	Alfinito e Graneman (2003); Brasil (2019); Dias, Theóphilo e Lopes (2010); Lima Junior (2016); Oliveira (2018); Silva (2014); Silva (2015); Tinto (1993); Tinto (2006).
Habilidade de utilizar os recursos físicos, humanos e financeiros de forma adequada	Abreu, Guske e Garcia (2015); Araújo (2011); Dias, Theóphilo e Lopes (2010); Lima Junior (2016); Lobo (2012); Oliveira (2018); Tinto (1993).
Relacionamento com a coordenação	Abreu, Guske e Garcia (2015); Araújo (2011); Ciurana e Leal Filho (2006); Cobra (2004); Pavani Junior. e Scucuglia (2011); Piñol (2004); Silva (2014).
Atendimento pré-matrícula	Abreu, Guske e Garcia (2015); Ciurana e Leal Filho (2006); Piñol (2004); Santos (2014); Silva (2015).
Facilidade na obtenção de estágios	Abreu, Guske e Garcia (2015); Falcão Junior e Santos (2016); Freitas (2015); Lobo (2012); Lopes e Bezerra (2008).
Professores com mestrado e doutorado	Abreu, Guske e Garcia (2015); Alves (2003); Ciurana e Leal Filho (2006); Dias, Theóphilo e Lopes (2010); Hides, Davies e Jackson (2004); Rodrigues, Souza e Fortes (2015); Silva (2014); Valério Neto (2018).

Fonte: elaboração própria, a partir da pesquisa bibliográfica realizada.

A educação é um sistema, e como tal precisa considerar como integrantes os fatores que influenciam na qualidade do ensino. A título de exemplo a motivação de alunos, servidores, professores e gestores, a excelência de qualidade de equipamentos e infraestrutura. Dessa forma, torna-se imprescindível buscar mecanismos motivacionais capazes de atingir a excelência na prestação dos serviços de educação (BERNARDES; ROTHEN, 2016; RICARTH, 2019).

Em suma, é necessário que as IES desenvolvam e implantem estratégias organizacionais estruturadas, levando em conta alunos, professores, colaboradores, infraestrutura e todos os aspectos relevantes para sua avaliação. Além disso, é importante que identifiquem seus pontos fracos e fortes, para então promover ações que possibilitem atingir a excelência na qualidade do ensino, pois o objetivo só será atingido a partir do esforço conjunto da organização (VALÉRIO NETO, 2018).

6. Considerações finais

Frente a um cenário no qual os índices de evasão são cada vez mais alarmantes, trabalhar a retenção de alunos por meio de um conjunto de ações inteligentes e bem planejadas é essencial para toda instituição de ensino. De acordo com Valério Neto (2018) a captação e retenção de alunos é um conjunto de ações estratégicas praticadas pelas instituições de ensino. Elas têm o intuito de ajudar na permanência do aluno até o término do seu percurso educacional. Isso significa que caso haja uma certa dificuldade em manter os alunos matriculados, a evasão aumenta.

Não é novidade que o processo de captação de alunos é essencial para todas as IEs. No entanto, para a obtenção de bons resultados a longo prazo, além de captar, é necessário também atentar-se à prática de reter, com eficiência, os alunos. Para isso, é essencial criar uma metodologia sólida de retenção de alunos, bem como estruturar ações que permitam trabalhar os prováveis fatores de desistências inerentes a todas as etapas dessa fase (ARAÚJO, 2011). Ao longo dos últimos anos, foi possível perceber um movimento das IES em busca de alinhar seus instrumentos de captação e retenção de alunos. Por essa razão, todas as IES posicionam o aluno como o principal avaliador a ser ouvido no processo decisório (VALÉRIO NETO, 2018). Algumas ponderações, no entanto, são feitas a respeito desse papel, uma vez que as instituições entendem que apenas a contribuição do aluno não é suficiente para avaliá-las como um todo (ARAÚJO, 2011).

Segundo Rego e Omelczuk (2019) e Semprebon *et al.* (2016), uma barreira a ser vencida pelas instituições é a participação do aluno na avaliação interna. Além disso, destacam-se também as ações de melhoria na infraestrutura e nos serviços periféricos, as quais muitas vezes resultam do processo de Avaliação Institucional. Desse modo, observa-se que essa é uma ferramenta de gestão utilizada para a tomada de decisão nas IES, à qual se atribui grande importância (KLEIN; D'ANDRÉA, 2019).

REFERÊNCIAS

ABREU, A. L.; GUSKE, A. C.; GARCIA, R. L. Análise de custos: uma comparação entre duas universidades públicas do sul do Brasil. *In*: CONVENÇÃO DE CONTABILIDADE DO RIO GRANDE DO SUL, 15., 2015. Bento Gonçalves. **Anais** [...]. Bento Gonçalves: Academia de Ciências Contábeis do Rio Grande do Sul, 2015.

ALÉSSIO, S. C.; DOMINGUES, M. J. C. S.; SCARPIN, J. E. Fatores determinantes na escolha por uma instituição de ensino superior do sul do Brasil. *In*: SIMPÓSIO DE EXCELÊNCIA EM GESTÃO E TECNOLOGIA, 7., 2010, Resende. **Anais** [...]. Resende, Associação Educacional Dom Bosco: Resende, RJ. out. 2010.

ALFINITO, S.; GRANEMANN, S. R. Escolha de uma IES em função da utilidade do usuário potencial: o estudante. *In*: ROCHA, C. H.; GRANEMANN, S. R. (org.). **Gestão de instituições privadas de ensino superior**. São Paulo: Atlas, 2003. p. 93-103.

ALVES, H. M. B. **Uma abordagem de marketing à satisfação do aluno no ensino universitário público: índice, antecedentes e consequências**. 2003, 286 f. Tese (Doutorado em Gestão) – Departamento de Gestão e Economia, Universidade da Beira Interior, Covilhã, Portugal, 2003.

ALVES, J. O. **Melhoria contínua da gestão de processos do sistema SAP ECC® por meio de programação VBA® e SAP script**. 2019. 43 f. Trabalho de Conclusão de Curso (Bacharelado em Engenharia Mecatrônica) – Universidade Federal de Uberlândia, Uberlândia, 2019.

ANDRADE, E.; MOITA, R.; LOBO E SILVA, C. E. **A escolha da faculdade pelo aluno**: estimação da demanda e precificação dos atributos. São Paulo: Insper Working Paper, WPE: 182, 2009.

ARAÚJO, L. C. G. **Organização, sistemas e métodos e as tecnologias de gestão organizacional**: arquitetura organizacional, benchmarking, gestão pela qualidade total, reengenharia. 4. ed. São Paulo: Atlas, 2011.

BERNARDES, J. S.; ROTHEN, J. C. O campo da avaliação da educação superior: foco na Comissão Própria de Avaliação. **Meta**: Avaliação, v. 8, p. 248-248, 2016.

BEUREN, I. M.; MARCELLO, I. E. Relação da importância dos recursos estratégicos com as medidas de desempenho em empresas brasileiras. **RIAE**: Revista Ibero-Americana de Estratégia, v. 15, n. 1, p. 64-82, jan./mar. 2016.

BRASIL. Ministério da Educação. Instituto Nacional de Estudos e Pesquisas. Educacionais Anísio Teixeira (Inep). **Resumo Técnico do Censo da Educação Superior 2017**. Brasília: Inep, 2019. Disponível em: http://download.inep.gov.br/educacao_superior/censo_superior/resumo_tecnico/resumo_tecnico_censo_da_educacao_superior_2017.pdf. Acesso em: 15 mar. 2019.

CIURANA, A. M. G.; LEAL FILHO, W. Education for sustainability in university studies: experiences from a project involving european and latin american universities. International **Journal of Sustainability in Higher Education**, v. 7, n. 1, p. 81-93, 2006.

CLOSS, F. **Métricas de venda para melhoria da captação de clientes em uma empresa de tecnologia**. Orientador: Leandro Costa Schmitz. 2015. 186 f. Dissertação (Mestrado em Administração) – Universidade do Estado de Santa Catarina, Florianópolis, 2015.

COBRA, M.; BRAGA, R. **Marketing educacional**: ferramentas de gestão para instituições de ensino. São Paulo: Cobra, 2004.

CUNHA, J. M. **Identificação dos atributos que influenciam a escolha do aluno tanto pela instituição de ensino superior quanto pelo curso de graduação em Administração**: estudo em uma faculdade privada na região de Paracatu, noroeste de Minas Gerais. Orientador: Antonio Carlos Giuliani. 2013. 80 f. Dissertação (Mestrado em Administração) – Universidade Metodista de Piracicaba, Piracicaba, 2013.

DE TONI, J. **O planejamento estratégico governamental**: reflexões metodológicas e implicações na gestão pública. Curitiba: InterSaberes, 2016.

DIAS, E. C.; THEÓPHILO, C. R.; LOPES, M. A. Evasão no ensino superior: estudo dos fatores causadores da evasão no curso de Ciências Contábeis da Universidade Estadual de Montes Claros–Unimontes–MG. *In*: CONGRESSO USP DE INICIAÇÃO CIENTÍFICA EM CONTABILIDADE, 7., 2010, São Paulo. **Anais** [...]. São Paulo: USP, 2010. Disponível em: https://congressousp.fipecafi.org/anais/artigos102010/419.pdf. Acesso em: 15 nov. 2019.

FALCÃO JUNIOR, M. A. G.; SANTOS, R. N. M. A gestão de processos na análise das atividades de seleções públicas simplificadas: estudo de caso em uma prefeitura **NAVUS**: Revista de Gestão e Tecnologia, v. 6, n. 2, p. 6-19, abr./jun. 2016.

FARIAS FILHO, M. C.; VILHENA, M. G.; NASCIMENTO, D. M. Gestão de processo na implantação de um Sistema de Informação Acadêmica: a experiência da UFPA. **Revista Gestão Universitária na América Latina**, Florianópolis, v. 7, n. 2, p. 69-85, 2014.

FERREIRA, M. P.; SERRA, F. A. R.; LANZER, E.; NUNES, G. **Emergência do marketing nas instituições de ensino superior**: um estudo exploratório. Instituto Politécnico de Leiria: Global Advantage, 2008.

FREITAS, W. R. S. **A influência da gestão de recursos humanos no desempenho ambiental no setor metal mecânico brasileiro**. Orientadora: Cláudia Terezinha Kniess. 2015. 190 f. Tese (Doutorado em Administração) – Universidade Nove de Julho, São Paulo, 2015.

GONÇALVES, J. E. L. As empresas são grandes coleções de processos. **RAE**: Revista de Administração de Empresas, São Paulo, v. 40, n. 1. p. 6-19, jan./mar. 2000.

HAMMER, M. Empresa voltada para processos. **HSM Management**, n. 9, ano 2, p. 6-9, jul./ago. 1998.

HIDES, M. T.; DAVIES, J.; JACKSON, S. Implementation of EFQM excellence model self-assessment in the UK higher education sector – lessons learned from other sectors. **The TQM Magazine**, v. 16, n. 3, p. 194-201, 2004.

KLEIN, B. L; D'ANDRÉA, R. Mapeamento dos processos de negócio em uma instituição de ensino superior – IES. **Revista Espaço Transdisciplinar**, v. 2, n. 1, p. 8-13, abr. 2019. Disponível em: http://periodicosnovomilenio.com.br/index.php/transdisciplinar/article/view/56. Acesso em: 13 jun. 2019.

KOTLER, P.; ARMSTRONG, G. **Princípios de marketing**. 9. ed. São Paulo: Prentice Hall, 2007.

LARA, G. O mapeamento de processos como ferramenta para tomada de decisão na implantação de SIG: estudo de caso de uma lavanderia hospitalar. **Revista de Administração Hospitalar e Inovação em Saúde**, v. 5, n. 5, p. 44-55, 2010.

LAS CASAS, A. L. **Administração de marketing**: conceitos, planejamento e aplicações à realidade brasileira. São Paulo: Atlas, 2010.

LAZZARINI, S. G., MILLER, G. J.; ZENGER, T. R. Dealing with the Paradox of Embeddedness: the role of contracts and trust in facilitating movement of committed relationships. **Organization Science**, v. 19, n. 5, p. 709-728, 2008. Disponível em: https://doi.org/10.1287/orsc.1070.0336. Acesso em: 12 jun. 2018.

LEAL, E. A.; ALBERTIN, A., L. Construindo uma escala multiitens para avaliar os fatores determinantes do uso de inovação tecnológica na educação a distância. **Revista de Administração e Inovação**, v. 12, n. 2, p. 315-341, 2015.

LIMA JUNIOR, J. T. A. Habilidades de profissionais da gestão da cadeia de suprimentos no varejo médio supermercadista. Orientador: Domingos Fernandes Campos. 2016. 164 f. Dissertação (Mestrado em Administração) – Universidade Potiguar, Natal, 2016.

LOBO, M. B. C. M. Panorama da evasão no ensino superior brasileiro: aspectos gerais das causas e soluções. Cadernos **ABMES**, n. 25, p. 9-58, 2012. Disponível em: https://pt.calameo.com/read/0044830657857c7b29821. Acesso em: 20 jul. 2018.

LOPES, M. A. B.; BEZERRA, M. J. S. Gestão de processos: fatores que influenciam o sucesso na sua implantação. *In*: ENCONTRO NACIONAL DE ENGENHARIA DE PRODUÇÃO, 28., 2008, Rio de Janeiro. **Anais** [...]. Rio de Janeiro: Associação Brasileira de Engenharia de Produção, 2008. p. 13-16. Disponível em: http://www.abepro.org.br/biblioteca/enegep2008_tn_sto_069_496_10656.pdf. Acesso em: 9 set. 2018.

LOURENÇO, C. D. S.; KNOP, M. F. T. Ensino superior em Administração e percepção da qualidade de serviços: uma aplicação da escala SERVQUAL. **RBGN**: Revista Brasileira de Gestão de Negócios, v. 13, n. 39, p. 219- 233, 2011.

MASETTO, M. Inovação na educação superior. **Interface – Comunicação, Saúde, Educação**, v. 8, n. 14, p. 197-202, 2004.

MATOS, S. S.; BAPTISTA, P. Grupos de Referência como Fator de Influência na Escolha de uma Instituição de Ensino Superior. *In*: SIMPÓSIO DE EXCELÊNCIA EM GESTÃO E TECNOLOGIA, 8., 2011, Resende. **Anais** [...]. Resende: Associação Educacional Dom Bosco, 2011.

MEDEIROS, B. N; SIQUEIRA, M. V. S. Discurso gerencial no controle de docentes em uma instituição de ensino superior privadas uma análise crítica. **Cad. EBAPE.BR**, Rio de Janeiro, v. 17, n. 2, p. 294-304, abr./jun. 2019.

MEYER JUNIOR, V.; PASCUCCI, L. M.; MURPHY, J. P. Implementing strategies in complex systems: lessons from Brazilian hospitals. **Brazilian Administration Review**, Rio de Janeiro, v. 9, special issue, art. 2, p. 19-37. May 2012. Disponível em: http://www.scielo.br/pdf/bar/v9nspe/03.pdf. Acesso em: 15 out. 2019.

MILAN, G. S.; DE TONI, D.; MAIOLI, F. C. Atributos e dimensões relacionadas aos serviços prestados por uma instituição de ensino superior e a satisfação de alunos. **Gestão e Planejamento**, v. 13, n. 2, p. 199-214, 2013.

MILAN, G. S.; EBERLE. L; CORSO. A; DE TONI, Deonir. A qualidade em serviços e a satisfação de clientes: comparação entre a percepção de alunos de graduação e de pós-graduação de uma IES. **Revista de Administração da Universidade Federal de Santa Maria**, Santa Maria, v. 8, n. 3, p. 415-437, jul./set. 2015.

MILAN, G. S.; LARENTIS, F.; CORSO, A.; EBERLE, L.; LAZZARI, F.; DE TONI, D. Atributos de qualidade dos serviços prestados por uma IES e os fatores que impactam Na satisfação dos alunos do curso de graduação em administração. **Revista Gestão Universitária na América Latina-GUAL**, v. 7, n. 3, p. p. 291-312, 2014.

NEUMANN, C. **Gestão de sistemas de produção e operações**: produtividade, lucratividade e competitividade. Rio de Janeiro: Elsevier, 2013.

OLIVEIRA, A. A. O papel do coordenador de curso no processo de retenção de alunos de uma instituição de ensino superior privada. **Outras Palavras**, v. 14, n. 1, p. 32-47, 2018.

OLIVEIRA, E. B. **Gestão por processos como alternativa para melhoria do processo de matrícula de uma instituição de ensino superior**. Orientadora: Ana Rita Tiradentes Terra Argoud. 2016. 111 f. Dissertação (Mestrado em Administração) – Universidade Metodista de Piracicaba, Piracicaba, 2016.

PAIM, R.; CARDOSO, V.; CAULLIRAUX, H.; CLEMENTE, R. **Gestão de processos**: pensar agir e aprender. Porto Alegre: Bookman, 2009.

PALACIO, A. B.; MENESES, G. D.; PÉREZ, P. J. P. The configuration of the university image and its relationship with the satisfaction of students. **Journal of Educational Administration**, v. 40, n. 5, p. 486-505, 2002.

PANDOLFI, C.; CATEN, C. S. T.; RODRIGUES, C. M. C. Análise do instrumento de avaliação de cursos em uma instituição de ensino superior da Serra Gaúcha. **Revista GUAL**, v. 9, n. 2, p. 301-319, 2016.

PAVANI JUNIOR, O.; SCUCUGLIA. R. **Mapeamento e gestão por processos – BPM**: gestão orientada à entrega por meio de objetos. Metodologia GAUSS. São Paulo: M. Books, 2011.

PEPE, C. G. E. **O marketing na era digital**: classificação e aplicação das ferramentas modernas para o relacionamento com o consumidor. Orientador: Marcos do Couto Bezerra Cavalcanti. 2017. 90 f. Dissertação (Mestrado em Engenharia de Produção) – Universidade Federal do Rio de Janeiro, Rio de Janeiro, 2017.

PIÑOL, S. T. Janela do cliente-aluno nos cursos de pós-graduação. *In*: COLÓQUIO INTERNACIONAL SOBRE GESTÃO UNIVERSITÁRIA NA AMÉRICA DO SUL, 4., 2004, Florianópolis. **Anais** [...]. Florianópolis: Universidade Federal de Santa Catarina, Florianópolis, 2004.

PRADELLA, S. Gestão de processos: uma metodologia redesenhada para a busca de maior eficiência e eficácia organizacional. **Revista Gestão & Tecnologia**, v. 13, n. 2, p. 94-121, 2013.

PRADELLA, S.; FURTADO, J. C.; KIPPER, L. M. **Gestão de processos**: da teoria à prática: aplicando a metodologia de simulação para a otimização do redesenho de processos. São Paulo: Atlas, 2012.

PYON, C. U.; WOO, J. Y.; PARK, S. C. Service improvement by business process management using customer complaints in financial service industry. **Expert Systems with Applications**, v. 38, p. 3267-3279, 2011.

REGO, C. C.; OMELCZUK, S. Diversidade multidisciplinar e de gênero como fator de qualidade em projetos organizacionais. **Boletim do Gerenciamento**, v. 4, n. 4, p. 1-14, mar. 2019. Disponível em: http://nppg.org.br/revistas/boletimdogerenciamento/article/view/43. Acesso em: 13 jun. 2019.

RIBEIRO, A. L. **Gestão de pessoas**. São Paulo: Saraiva, 2017.

RICARTH, W. P. Controle gerencial preditivo de permanência de alunos em instituição de ensino superior. 2019. 66 f. Dissertação (Mestrado Profissional em Controladoria e Finanças Empresariais) – Universidade Presbiteriana Mackenzie, São Paulo, 2019.

RODRIGUES, M. L.; LIMENA, M. M. C. **Metodologias**: multidimensionais em ciências humanas. Campinas: Liber Livro, 2016.

RODRIGUES, S.; SOUZA, J.; FORTES, P. Consultoria em gestão de processos: estudo de caso de hospital privado em Teresina-PI. **RAHIS**: Revista de Administração Hospitalar e Inovação em Saúde, v. 12, n. 4, p. 92-111, 2015.

ROMANO, L. A. **Melhoria de serviços públicos**: aplicação da abordagem lean para redesenho do processo de emissão de diplomas de pós-graduação em uma IFES. Orientadora: Fabiane Letícia Lizarelli. 2019. 173 f. Dissertação (Mestrado em Gestão de Organizações e Sistemas Públicos) – Universidade Federal de São Carlos, São Carlos, 2019.

SANTINI, F.; GUIMARÃES, J. C. F.; SEVERO, E. A. Qualidade, comprometimento e confiança na retenção de alunos no ensino superior. **GUAL**: Revista Gestão Universitária na América Latina, v. 7, n. 1, p. 274-297, 2014.

SANTOS, A. F. **Otimização do processo de aprendizagem da estrutura gráfica de redes bayesianas em Bigdata**. Orientador: Ádamo Lima de Santana 2014. 41 f. Dissertação (Mestrado em Engenharia Elétrica) – Universidade Federal do Pará, Belém, 2014.

SANTOS, J. S. C. **Colaboração na gestão de processos de negócios**: proposta de um framework para implantação do Social BPM. Orientador: Jefferson David Araujo Sales. 2019. 168 f. Dissertação (Mestrado em Administração) – Universidade Federal de Sergipe, São Cristóvão, 2019.

SANTOS, P. V. S.; ROCHA, M. F. B. Inovação no processo de desenvolvimento de estratégias competitivas em pequenas e médias empresas. **Mundi Engenharia**, Tecnologia e Gestão, Curitiba, v. 2, n. 2, p. 1-20, 2017.

SEMPREBON, E.; SCHIKOVSKI, M. P.; MOTTA, N. T.; PETROLL, M. L. M.; ROCHA, R. A. O impacto da qualidade de ensino na construção do relacionamento entre aluno e marca da universidade. **GUAL**: Revista Gestão Universitária na América Latina, v. 9, n. 1, p. 234-256, 2016.

SIGNORI, G. G.; GUIMARÃES, J. C. F.; SEVERO, E. A.; ROTTA, C. Gamification as an innovative method in the processes of learning in higher education institutions. **International Journal of Innovation and Learning**, v. 24, p. 115-137, 2018.

SILVA, A. S. **Retenção ou evasão**: a grande questão social das instituições de ensino superior. 2014. 121 f. Dissertação (Mestrado em Direito) – Universidade Presbiteriana Mackenzie, São Paulo, 2014.

SILVA, L. C. **Gestão e melhoria de processos**: conceitos, práticas e ferramentas. Rio de Janeiro: Brasport, 2015.

SIMÕES, J.; REDONDO, R. D.; VILAS, A. F. A social gamification framework for a K-6 learning platform. **Computers in Human Behavior**, v. 29, p. 345-353, 2013.

SIMÕES, P. W. T. A. **Sistema de Apoio na Avaliação da Falência do Crescimento Infantil – SACI**. Orientadora: Silvia Modesto Nassar. 2001. 91 f. Dissertação (Mestrado em Ciência da Computação) – Universidade Federal de Santa Catarina, 2001.

SOUZA, B. C. C.; ARANTES, J. C. S.; DIAS, S. A. A. Captação de alunos. **Revista de Ciências Gerenciais**, v. 15, n. 22, p. 87-105, 2011.

TINTO, V. **Leaving college**: rethinking the causes and cures of student attrition. Chicago, Illinois, USA: The University of Chicago Press, 1993.

TINTO, V. Research and practice of student retention: what next. Journal of College Student **Retention**: Research, Theory & Practice, v. 8. n. 1, p. 1-19, 2006.

TOMAZ, W. L.; TEIXEIRA, K. V.; PORÉM, M. E. A importância da pesquisa para o marketing educacional: estudo exploratório sobre uma instituição de ensino superior de Bauru/SP. **Caderno Profissional de Administração – UNIMEP**, v. 6, n. 1, p. 155-183, 2016.

TORRES, R. R.; GOUVÊA, M. A. Cursos de mestrado e doutorado em administração: aspectos de qualidade de ensino. **Revista de Administração da UFSM**, v. 5, n. 1, p. 76-91, 2012.

VALÉRIO NETO, E. S. **Práticas de gestão de processos**. 22. ed. Indaial: Centro Universitário Leonardo da Vinci (UNIASSELVI), 2018.

VALLE, R.; OLIVEIRA, S. B. (org.). **Análise e modelagem de processos de negócio**: foco na notação BPMN – Business Process Modeling Notation. São Paulo: Atlas, 2009.

VASCONCELOS, F. N. **Análise da eficiência das estratégias de marketing para a prospecção de alunos para as instituições de ensino superior (IES) do noroeste de Minas Gerais.** 2018. 106 f. Dissertação (Mestrado em Administração) – Universidade Metodista de Piracicaba, Piracicaba, 2018.

WEBER, S.; HAUCK, J. C. R.; WANGENHEIM, C. G. von. Estabelecendo processos de software em micro e pequenas empresas. *In*: SIMPÓSIO BRASILEIRO DE QUALIDADE DE SOFTWARE, 6., 2005, Porto Alegre. **Anais** […]. Porto Alegre: Sociedade Brasileira de Computação, 2005.

CAPÍTULO 5
CONTRIBUIÇÃO DAS METODOLOGIAS ATIVAS PARA O DESENVOLVIMENTO DAS COMPETÊNCIAS DO ACADÊMICO DE MEDICINA

Mariana Batista de Andrade Oliveira
Yeda Cirera Oswaldo

1. Introdução

A competência determina os conhecimentos, as habilidades e as atitudes que maximizam o desempenho dos profissionais e afetam o desenvolvimento das tarefas que lhes são imputadas, daí a grande importância de estimular a competência dos acadêmicos de medicina, visando a formação de profissionais devidamente capazes ao exercício de suas funções e com isso colabore para melhorias na saúde e qualidade de vida da população.

O mercado de trabalho exige cada vez mais competência dos profissionais, em se tratando de profissionais da saúde a competência é ainda mais imperativa, vez que a saúde como direito de todo cidadão contempla um completo estado de bem-estar físico, psíquico, social e qualidade de vida, e, especialmente os médicos devem estar preparados para atender os pacientes, ofertando-lhes o tratamento clínico mais adequado, considerando todas as singularidades de cada caso. Diante disso, somente possuindo conhecimentos, detendo habilidades e sendo seguro em suas atitudes, ele conseguira atender adequadamente as expectativas.

Grandes mudanças vêm acontecendo na educação superior, principalmente na área da saúde, onde o modelo tradicional dá espaço às novas práticas pedagógicas, haja vista a necessidade de formação de um profissional crítico e reflexivo, capaz de enxergar e mudar a realidade das pessoas à sua volta. Essas novas tendências pedagógicas e filosóficas, presentes nos ensinos de saúde, devem ser compreendidas pelos profissionais que atuam na docência, bem como o uso de novas ferramentas metodológicas, que são inerentes a esse novo processo em educação (RODRIGUES; ZAGONEL; MANTOVANI, 2007).

Quando o conhecimento é transmitido do professor ao aluno, sendo que nesse processo educativo o professor é o principal responsável, e também a autoridade máxima nessa estratégia de ensino, fala-se da pedagogia tradicional.

Em contrapartida, no novo modelo pedagógico, o professor aparece como mediador, levando os alunos à observação da realidade, bem como uma vivência da prática, para que a partir dessa experiência possam ser aplicadas estratégias de transformação dessa realidade vivenciada.

Nesse contexto, surge a Metodologia Ativa como estratégia de ensino, na qual o aluno é protagonista, que busca conhecimento, que interage e é o principal responsável por sua trajetória educacional, e o professor é um facilitador nesse processo ensino-aprendizagem (REIBNITZ; PRADO, et al, 2012). A par dessas considerações busca-se verificar a contribuição das metodologias ativas no desenvolvimento dos conhecimentos, habilidades e motivação das atitudes dos acadêmicos de medicina de uma IES do Noroeste de MG, trinômio cujos elementos subsidiam as competências necessárias ao médico em formação, tal como informado nas Diretrizes Curriculares do Curso de Medicina, pela Resolução CNE/CES nº 3/2014

2. Da metodologia tradicional às metodologias ativas no ensino superior

As instituições de ensino vêm passando por mudanças em sua organização e funções, os papeis de alunos e professores estão sendo redesenhados com a visão da educação se expandindo para além da capacitação básica, estimulando a inovação, a criatividade e a solução prática dos problemas, como forma de melhor capacitar a pessoa para aprender continuamente ao longo de toda sua vida (CALDWELL; SPINKS, 1998). Assim exsurgem os métodos ativos de ensino, que transformam a escola a tradicional num espaço de aprendizagem intensiva e mais significativa, promovendo o melhor aproveitamento do potencial dos alunos, independentes e capazes de aprender a aprender tornando-os mais independentes.

A metodologia tradicional é centrada na exposição de conhecimentos pelo professor, realizada oralmente na maior parte dos casos, constituindo um método no qual o professor conduz autoritariamente a formação intelectual e moral dos alunos (LUKESI, 1999). Este modelo, Segundo Abreu (2009) organiza o ensino por disciplinas e cada docente, em geral, se isola no ensino daquilo que lhe é incumbido, não há uma interação entre os departamentos e disciplinas, cada professor valoriza o repasse do seu conteúdo ao aluno, sujeito passivo da relação, cuja obrigação limita-se a absorver o que lhe é transmitido, para final comprovar seu aprendizado nas avaliações, que tem objetivo de medir a profundidade e quantidade das informações absorvidas.

No modelo tradicional o foco não é uma aprendizagem significativa, mas sim garantir que todos aprendem o mínimo necessário, para em seguida aprofundar seus conhecimentos com atividades e leituras (MORAN, 2018). Por tais motivos essa metodologia corrobora para uma aprendizagem superficial limitada ao conhecimento repassado pelo professor que o aluno conseguir absorver, uma vez que, com participação restrita nas aulas, os alunos não tem oportunidade de questionar e ordenar logicamente suas ideais, e a passividade gera comodismo e limitação (LOPES, 2000).

A metodologia tradicional tem um enfoque rígido, centralizado e autoritário que leva a um ensino por memorização mecânica. A crítica é direcionada a dominação do ensino sobre a aprendizagem que impede o aluno se posicionar criticamente e assim atuar de forma mais satisfatória na solução dos problemas que se apresentam (FARAGO; MATOS; GUIMARÃES, 2016).

Especialmente na formação dos profissionais da saúde, exige-se uma visão ampla do paciente e de seu problema, o modelo tradicional limitado dificulta a promoção da saúde ao passo que o saber técnico nem sempre será suficiente para o diagnóstico, e o ensino tradicional acaba levando médicos a diagnosticar a partir de exames e dados laboratoriais sem considerar uma anamnese detalhada, semiologia e exame físico pormenorizado (ABREU, 2009).

No caso específico da educação médica, esses pontos críticos têm extrema relevância, pois os impedimentos do tradicionalismo implicam diretamente na forma de atuação do profissional diante dos problemas práticos, no caso do médico, uma formação mais limitada acaba impedindo a visão completa sobre o paciente e suas necessidades (ABREU, 2009)

O atendimento médico deve ser integral, considerando todas as necessidades do paciente, e isso traz a lume a necessidade de um olhar mais dinâmico e cuidadoso, com maior aproximação entre médico e paciente. Desde 1960 estudos reforçam a importância da medicina integral, ou seja, aquela que considera o paciente como todo e não somente como conjunto de órgãos e funções, especialmente correlacionando os aspectos emocionais das doenças físicas conforme sugestões de psicanalistas que referenciavam a influência do emocional na saúde e com isso precederam o movimento da medicina integral como modelo ideal (ABREU, 2009). São esses fatores que levam a decadência do modelo tradicional, especialmente na formação dos profissionais da saúde.

Se por um lado o modelo tradicional de ensino destaca a necessidade de o conhecimento teórico preceder a prática, o modelo ativo utiliza a prática para se buscar e compreender a teoria. Assim o professor medeia a construção do conhecimento, apresentando o problema e estimulando os discentes a buscar soluções, questionando, participando e buscando informações (FARIA, et al, 2008). Nesse sentido Beltrão (2016) entende que o "aprender" tradicional, simplesmente associado ao decorar, copiar, memorizar, resumir, fazer e reproduzir, dá lugar ao "aprender a aprender", que numa visão mais ampla propõe a interpretação, argumentação, autonomia, estimulando a crítica, a contraposição e formulação de novas teorias e conceitos, ou seja uma aprendizagem mais significativa.

As metodologias ativas destacam a função do professor como mentor, orientador, que ajude os alunos a ir além do ponto que conseguem chegar sozinhos, motivando-os a participação ativa em sua aprendizagem para torná-la mais significativa que aquela simplesmente obtida por explicações completas e fechadas que não envolvem o aluno (MORAN, 2018). Trata-se de um modelo que destaca importância da experiência para o processo ensino/aprendizagem, coloca na experiência o ponto de partida do ensino, enfatizando o quão importante são as conexões que fazemos para solucionar um problema apresentado antes do conhecimento da teoria e o quanto isso leva o aluno trazer mais significados e qualidade para sua experiência (PENAFORTE, 2001).

Neste interim Valente (2018) salienta que as metodologias ativas revestem as técnicas e procedimentos utilizados pelo professor para orientar o aluno na construção do seu conhecimento. São assim alternativas pedagógicas focadas no aprendiz, envolvendo-o numa aprendizagem participativa, por meio de resolução de problemas, investigação e descoberta, considerando a necessidade de as técnicas de ensino promoverem uma aprendizagem significativa, o que se consegue somente com uma relação dialógica entre estudante, professor e o conhecimento.

A preocupação com a formação em saúde vem sendo discutida cada vez mais, quando as instituições de ensino superior são convidadas a analisarem seu método e processo de ensino aprendizagem. Surgem então novos paradigmas, que buscam substituir o modelo de ensino tradicional pelas novas tendências pedagógicas, visando a formação de um profissional crítico e reflexivo, que seja transformador da realidade social em que está inserido. Este processo de formação profissional deve ser pautado nos princípios e diretrizes do Sistema Único de Saúde (PRADO *et al.*, 2012).

Considerando que, conforme Abreu (2009, p. 19), a formação dos médicos pauta-se pelas indigências culturais, sociais, econômicas e psicológicas do tempo, e que a saúde/assistência médica no Brasil é um imperativo constitucional, é forçoso que as IES contribuam para o alcance da efetividade do direito à saúde de qualidade, colocando no mercado profissionais competentes para o exercício da medicina.

As competências se desdobram em três componentes, conhecimentos, habilidades, e atitudes, que precisam ser combinados para o desenvolvimento competente do trabalho, daí a utilização da metáfora "árvore as competências" para explicar a necessidade de alinhar os componentes raiz, tronco e copa, respectivamente designando atitudes, conhecimentos e habilidades.

Ao comparar a raiz com as atitudes, Gramigna (2007) alude ao conjunto de princípios e valores que determinam as ações, relacionando diretamente o comprometimento e envolvimento das pessoas com as metas e objetivos propostos. Desta forma o autor estabelece a atitude como principal componente da competência, por ser a determinante que leva a pessoa a agir.

O segundo elemento da competência é conhecimento, como tronco da árvore da competência, alude as informações que a pessoa armazena e utiliza sempre que necessário, de forma que quanto mais conhecimento, melhor será sua sabedoria e atuação nos desafios do dia a dia, ponto em que se destaca a necessidade da aprendizagem continuada. Enfim, a competência exige habilidade (capacidade e técnica) para aliar os conhecimentos às atitudes, daí a sua comparação a copa da arvore corresponder às habilidades, delineadas pelo "agir com talento", demonstrando com precisão aquilo que sabe (GRAMIGNA, 2007).

A competência é concebida nos conhecimentos, habilidades e atitudes que maximizam o desempenho dos profissionais e afetam o desenvolvimento das tarefas que lhes são imputadas, daí a afirmação de que o desempenho da pessoa é relacionado ao seu perfil de conhecimentos, habilidades e atitudes (DUTRA et al., 2008). Isso porque concebe-se a ideia de que nada vale o conhecimento, sem a aptidão, a habilidade, o interesse e a motivação para aplicá-lo. A competência sugere o conhecimento aplicável em favor de um objetivo, de um compromisso ou de uma necessidade, daí a importância de todos os profissionais serem competentes, ela alude ao conhecimento ancorado na aptidão, habilidade, interesse e motivação para aplicá-lo (XAVIER, 2006).

Com relação aos médicos as competências exigidas tem um destaque ainda mais elevado, pois afiançam a garantia e efetividade do direito a saúde, atendendo as demandas da sociedade e expectativas dos usuários dos serviços de saúde o que corroborou para vir expresso nas Diretrizes Curriculares vigente do Curso de Medicina que, para ser competentes, os egresso devem possuir conhecimentos, habilidades e atitudes que permitam a solução dos desafios e problemas de forma pertinente, oportuna e bem sucedida, consubstanciando a excelência na sua prática profissional (MINISTÉRIO DA EDUCAÇÃO, 2014).

Com isso Mello, Almeida Neto e Petrillo (2019) ratificam a necessidade das instituições de ensino adotarem novos métodos de ensino, metodologias ativas que motivam o aluno a assumir o protagonismo de seu aprendizado, focando na construção do desenvolvimento de competências em seus projetos pedagógicos.

É neste sentido que se desenvolvem as ideais de Resende (2000) ao defender o desenvolvimento das competências como melhor auxílio para as pessoas, organizações e sociedade como todo, ponderando que quando o indivíduo desenvolve adequadamente suas competências, além de ser melhor para si mesma, ela prestara um melhor serviço à organização e à sociedade.

É justamente por isso que em 2001 o Conselho Nacional de Educação já havia reforçado nas Diretrizes Curriculares de cursos na área da saúde a necessidade de uma formação universal e específica dos profissionais, com destaque na prevenção, promoção, reabilitação e recuperação da saúde, destacando as competências comuns gerais para esse perfil de formação moderna dentro de referenciais nacionais e internacionais de qualidade (CONSELHO NACIONAL DE EDUCAÇÃO, 2001).

Nesse sentido, a Câmara de Educação Superior do Conselho Nacional de Educação (2001) entendeu por bem orientar as diretrizes curriculares dos cursos de medicina, enfermagem e nutrição de modo a afiançar a contemplação dos elementos essenciais a cada área do conhecimento, profissão e campo do saber, no intuído de potencializar a competência do egresso de desenvolver-se intelectual e profissionalmente de forma permanente e autônoma, mantendo-se em constante processo de formação. O que corrobora com a adoção dos métodos ativos pelas universidades, visando o protagonismo do aluno no processo ensino/aprendizagem, ascendendo seu envolvimento e estimulando sua participação e reflexão em todas as etapas do processo, para que eles efetivamente construam sua aprendizagem de forma flexível, híbrida, interligada, autônoma e contínua (MORAN, 2018).

No contexto acadêmico a competência designa a capacidade do aluno apreciar, ponderar, avaliar, julgar e examinar as situações e problemas por diferentes óticas, encontrar as soluções e tomar as melhores decisões (ANTUNES, 2014). Diante disso um acadêmico competente será aquele que enfrentar os desafios de seu tempo usando os saberes que aprendeu e empregando, em todos os campos de sua ação, as habilidades antes apreendidas em sala de aula. A competência do egresso é tão importante que o próprio Ministério da Educação já as explicita nas Diretrizes Curriculares Nacionais, de forma a garantir que o profissional conseguirá lidar com as situações problematizastes no mundo da vida, manuseando, projetando, mediando, criticando, racionando, decidindo e improvisando, na promoção dos seus conhecimentos para a melhor solução dos problemas (MELLO; ALMEIDA NETO; PETRILLO, 2019).

As metodologias ativas relacionam estratégias para um aprender mais significativo, a partir do momento que colocam o estudante como protagonista o modelo exige sua maior pré-disposição para atuar no seu processo de aprendizagem, neste sentido tais metodologias incitam o esforço, comprometimento, vontade de aprender e mobilização (BELTRÃO, 2016), o que para Abreu (2009) é mais estimulante e isso influi na motivação para aprendizagem, e quanto mais motivados melhor a qualidade do estudo e mais eficazmente os objetivos do ensino são alcançados, isso ocorre porque os estudantes são desafiados a buscarem o conhecimento e isso faz com que eles se dediquem mais aos estudos.

O contexto contemporâneo demanda uma nova escola e um novo professor que motive o aluno a uma educação continuada. Na era do conhecimento e globalização exige que as instituições de ensino ofertem instrumentos pedagógicos propícios a condicionar os educandos a aprender a aprender, compreender o mundo em constante transformação, eleger seus interesses, e, principalmente, as suas próprias conjunturas, o que não se coaduna com os métodos tradicionais de ensino que deixa o aluno como coadjuvante de sua aprendizagem. (ALMEIDA NETO; PETRILLO, 2019).

No ensino superior, na área da saúde, as transformações compelem a mudanças na formação acadêmica, com utilização de estratégias pedagógicas que dê mais autonomia ao aluno, sugerindo a conquista do conhecimento pela prática, numa concepção crítico-reflexiva que, além de estimular o envolvimento do aluno, o habilita para aprender continuamente e buscar os conhecimentos necessários para as soluções mais corretas e adequadas aos problemas que se apresentam (MACEDO *et al.*, 2018).

Em 2001 o Conselho Nacional de Educação, por meio do Parecer CNE/CES nº 1.133, estabeleceu a atenção à saúde como competência geral para as graduações em Medicina, Nutrição e Enfermagem, mencionando a necessidade dos profissionais da saúde serem aptos a atuar na prevenção, promoção, proteção e reabilitação da saúde, tanto em nível individual quanto coletivo, assegurando a prática integrada e contínua de todas as instancia de saúde. O mesmo parecer desancou a necessidade desses profissionais da saúde pensarem criticamente, analisarem os problemas da sociedade e buscarem as melhores soluções, realizando seus serviços com alto padrão de qualidade, primando pela resolução adequada do problema apresentando (CONSELHO NACIONAL DE EDUCAÇÃO, 2001).

Enfatiza-se que, no Parecer CNE/CES nº 1.133/2001, foi estabelecido como Objetivo a necessidade de proporcionar aos alunos aprender a aprender, aprender a fazer, aprender a viver juntos e aprender a conhecer, avalizando a capacitação profissional autônoma, e afiançando a confiança necessária para que o egresso tenha discernimento para garantir a integralidade da atenção, humanização e a qualidade no atendimento prestado. O que foi reforçado na Resolução CNE/CES nº 4 que ratificou a imperiosidade de se ofertar aos acadêmicos de medicina uma formação generalista, humanista, crítica e reflexiva, habilitado a agir, pautado em princípios éticos, no processo de saúde-doença em seus diferentes níveis de atenção, com ações de promoção, prevenção, recuperação e reabilitação à saúde, na perspectiva da integralidade da assistência, com senso de responsabilidade social e compromisso com a cidadania, como promotor da saúde integral do ser humano (CONSELHO NACIONAL DE EDUCAÇÃO, 2001b, p. 38).

Atentando-se especificamente para a competência necessária aos médicos, as Diretrizes Curriculares do Curso de Medicina apontam a necessidade desses profissionais movimentarem conhecimentos, habilidades e atitudes, utilizando os recursos disponíveis, e exprimindo-se em iniciativas potencialmente capazes de resolver, com pertinência, conveniência e sucesso, os desafios que se apresentam, seja qual for o contexto ou situação, manifestando a excelência da prática médica (MINISTÉRIO DA EDUCAÇÃO, 2014).

De acordo com as Diretrizes Curriculares do Curso de Medicina, estabelecidas pela Resolução nº 3/2014, os estudantes de medicina devem ser preparados para serem competentes naquilo que se proporem a fazer, de modo que o ensino superior deve desenvolver competência técnica, prática, criativa e crítica, para formar um profissional que valorize a formação continuada e a necessidade de aprender constantemente, pesquisando, mudando e arriscando, construindo sempre novos conhecimentos e não simplesmente reproduzindo conhecimentos já elaborados (MINISTÉRIO DA EDUCAÇÃO, 2019, p. 45).

Assim restou estabelecido que o egresso do curso de medicina deve ser capaz de analisar os fatos e tomar as melhores decisões, considerando a eficácia, o custo e os recursos que têm disponível, deve conseguir se comunicar de forma acessível e manter a confidencialidade, bem como liderar sua equipe e manter-se em constante aprimoramento profissional. Mas especialmente o médico deve ter competências e habilidades específicas que o leve a pensar criticamente, analisar e solucionar problemas de modo que consiga desenvolver ações efetivas na prevenção, proteção, promoção e reabilitação da saúde em diversos contextos, e em níveis individuais e coletivos.

Contexto que vai ao encontro das perspectivas da metodologia ativa. Uma vez que a metodologia ativa substitui a aprendizagem pela ação, pelo aprender fazendo. É um ensino que tira a centralidade do professor e coloca em prática um modelo de busca ativa do conhecimento pelo estudante, com isso contribui para formação de cidadãos mais criativos e competentes (VALENTE, 2018). Neste interregno Bernheim e Chaui (2008) defendem que as instituições de ensino superior precisam focar no conhecimento, ensinar o aluno a aprender, aprimorando suas capacidades e habilidades, por meio de estímulos que o levem a ser capaz de aprender sozinho, se autocriticarem e se avaliarem.

Corroborando as incitações para as alterações dos DCNs de Medicina, com fulcro na melhorias da qualidade dos serviços de saúde, apontadas no Parecer CNE/CES nº 116/2014 fomentam a incorporação das metodologias ativas como incitadora das mudanças, por evidenciarem uma formação mais apropriada dos universitários de IES cujos docentes são adeptos da metodologia da Problematização e da Aprendizagem Baseada em Problemas, defendendo assim que os projetos políticos pedagógicos de cursos da área da saúde devem contemplar mais experiências concretas e vivências para melhor capacitação do profissional em formação (CONSELHO NACIONAL DE EDUCAÇÃO, 2014).

Os Ministérios da Saúde e Educação pregam a necessidade da integralidade na formação dos profissionais da saúde, ratificando a necessidade de médicos mais reflexivos, crítico e humanos, que atendam todas as etapas do ciclo vital e sejam capazes e sensíveis o suficiente para se importar com o outro e reconhecer a individualidade de cada ser. É esse cenário que implica num processo ensino/aprendizagem ativo que altera os papeis de professores e alunos e inova o ensino na medicina (ABREU, 2009).

Conforme estabelecido pelo MEC no Fórum de Pró-Reitores das Universidades Brasileiras, a atuação das IES deve ser norteada por parâmetros, metas e diretrizes que comportem o integral desenvolvimento dos acadêmicos, de forma que a graduação deve ser apropriada para tornar o universitário um profissional, capaz de expressar na prática os conhecimentos obtidos (FORGRAD, 2009).

Por todo exposto a articulação entre conhecimentos, habilidades e atitudes é expressamente coloca como competência necessária ao egresso de medicina, como algo imperioso ao exercício profissional do médico, seja na atuação na gestão em saúde, na atenção à saúde ou na educação em saúde, como bem expresso no art. 4º da Resolução CNE/CES nº 3/2014 (MINISTÉRIO DA EDUCAÇÃO, 2014), tudo isso evidencia a importância da utilização das metodologias ativas pelos docentes, uma vez que somente esse método é capaz de formar profissionais que se corresponsabilizam pela sua formação inicial e continuada e assim atendam aos requisitos de competência para formação dos médicos.

As metodologias ativas inserem o aluno numa nova proposta de ensino firmada na sua autonomia e formação de um profissional independente, criativo e reflexivo (FARIAS, MARTIN; CRISTO, 2015). O que vai de encontro com as Diretrizes Curriculares Nacional que preconizam a formação médica fundada em competências (BRASIL, 2001), a fim de capacitar o estudante para mobilizar conhecimentos, habilidades e atitudes para lidar com situações, problemas e dilemas da vida real, e sua certificação expressa legitimação social de pessoas que passam a ser reconhecidas como capazes de atuar na carreira médica"(GONTIJO, et al, 2013), o que torna fundamental a utilização desse modelo para formação de médicos competentes.

3. Metodologia

A pesquisa proposta neste trabalho, quanto aos objetivos, classifica-se como descritiva, uma vez que se pretende registrar e descrever a visão e motivação dos alunos sobre o curso de medicina e a forma de abordagem das disciplinas, procurando verificar se a metodologia utilizada pelos professores vai de encontro com a formação integral do estudante, estimulando-o a assumir o protagonismo de sua formação, tornando-se um profissional proativo, eficiente e em constante busca do conhecimento, para assim conseguir solucionar os problemas em diversos contextos.

Quanto aos procedimentos técnicos a pesquisa é de campo e com levantamentos bibliográficos pertinentes a temática escolhida, como bem menciona Marconi e Lakatos o levantamento bibliográfico é indispensável a qualquer estudo científico, pois consubstancia dados relevantes e confiáveis que subsidiaram às análises da pesquisa, por outro lado a pesquisa de campo é ideal para o trabalho ora delineado, pois, como informa Prodanov e Freitas (2013) deve ser utilizada quando o objetivo for a coleta de dados com posterior análise, além disso, como alude Gil (2008, p. 57) é um estudo que procura aprofundar as questões propostas.

Quanto a técnicas de coleta, registro e análise de dados a pesquisa se caracteriza como qualiquantitativa, O caráter quantitativo é verificado na coleta estatística das respostas do questionário, que serão tabulados e dispostos em gráficos para uma melhor análise e comparação, e o qualitativo se evidencia na análise subjetiva das respostas, a qual será discutida em comparação com o levantamento teórico, buscando-se averiguar satisfação e motivação dos alunos com o ensino ofertado pela IES.

Para coleta de dados opta-se pelo questionário individual, que permite avaliar as respostas da população pesquisada de forma padronizada, sem manipulação ou interferência do pesquisador, e com isso consegue levantar as opiniões dos estudantes e indicar como está a motivação deles para o desenvolvimento das competências necessárias, avaliando a opinião dos acadêmicos de Medicina do ciclo básico, do UniAtenas, no Município de Paracatu-MG quanto ao tipo de ensino ofertado pelo Centro Universitário Atenas.

Por ser o instrumento adequado para pesquisas de opinião (VIEIRA; DALMORO, 2008) a escala likert será utilizada no questionário, no qual o respondente poderá concordar totalmente, concordar, ficar indeciso/indiferente/neutro, discordar ou discordar totalmente.

As perguntas/afirmativas serão elaboradas de forma padrão para todos os 80 participantes, buscando verificar inicialmente o perfil do aluno (idade, tipo de escola em que concluiu o ensino médio e período que cursa), para em seguida indicar afirmações específicas que, com as quais o acadêmico poderá concordar ou discordar, e assim apresentar seu ponto de vista sobre o ensino ofertado pela IES, sua metodologia e trabalho dos professores.

As afirmativas terão o condão de averiguar tanto se os alunos são mais motivados ao assumirem o protagonismo da sua aprendizagem, quanto se o processo ensino/aprendizagem desenvolvido pelo UniAtenas é, na visão dos alunos, harmônico com as propostas das metodologias ativas, e assim hábeis ao desenvolvimento das competências preconizadas pela Resolução CNE/CES nº 3/2014.

Neste contexto, as proposições serão elaboradas de forma que quanto maior o nível de concordância, mais o aluno concordará que os métodos ativos são mais motivadores, mais próximo aos ideais da metodologia ativa estará o ensino ofertado pelo UniAtenas, e consequentemente o ensino oferecido será mais apropriado ao desenvolvimento de conhecimentos, habilidades e atitudes indispensáveis ao médico em formação.

Os dados serão compilados em planilhas do software Microsoft Excel, cujas funcionalidades permitem o cálculo dos percentuais e geração de gráficos alinhado as análises que se pretende discutir. Para melhor compreensão dos resultados, as afirmativas propostas no questionário, inicialmente serão tratadas dentro das três dimensões da competência, separando as respostas dos alunos do primeiro e segundo ano do curso. Assim, serão avaliados separadamente aspectos relativos ao conhecimento do aluno, sua capacitação ao aprender a aprender, pontos envoltos a sua habilidade, atinentes especificamente a aplicação prática do conhecimento, e aspectos que subsidiam ações práticas, verificando se o ensino oferecido motiva a tomada de atitudes necessárias à solução dos problemas em contextos variados. Ao final todos os aspectos relativos a cada dimensão terão suas médias calculadas e graficamente apresentadas, de forma a vislumbrar o percentual de concordância geral dos alunos para com as afirmativas relacionadas a cada quesito, e assim determinar claramente a conclusão final sobre a competência.

4. Resultados e análises

Os resultados avaliam se os métodos ativos preconizados pela política pedagógica da instituição potencializam o desenvolvimento dos conhecimentos, habilidades e atitudes necessárias aos acadêmicos de medicina, para que eles desenvolvam as competências preconizadas nas Diretrizes Curriculares do Curso, atualizadas pela Resolução CNE/CES nº 3/2014.

Curso de Medicina da UniAtenas conta atualmente com 316 Acadêmicos regulares nos anos iniciais, composta por 51,58% de alunos do 2º período e por 48,42% de alunos do 4º período. Aplicou-se 80 questionários, 50% em cada período, obtendo um retorno de 38 questionários do 2º período e 39 questionários do 4º período. Desta forma, a amostra validada foi de 24,37% da população, considerando o total de 316 alunos matriculados nos anos iniciais, a representatividade estabelecida foi de 12,03% dos acadêmicos do 2º Período e 12,34% do 4º Período.

A análise do perfil dos entrevistados destacou uma população bastante jovem, 93,52% dos acadêmicos menores de 25 anos e nenhum acadêmico com idade superior a 35 anos. Além disso, quase 85% deles informam a concussão do ensino médio na rede particular, o que salienta uma maior possibilidade de contato dos estudantes com os métodos ativos no ensino regular, devido ao controle de políticas pedagógicas e recursos existentes nas escolas particulares e muitas vezes deficitários na rede pública de ensino.

A pesquisa contemplou questões relacionadas a cada um dos componentes da competência separadamente, focando em questões específicas relacionadas aos conhecimentos, habilidades e atitudes. Toda a discussão será estabelecida conforme os dados obtidos da tabulação dos resultados da pesquisa, tal qual dispõe o Quadro 1:

Quadro 1 – Tabulação condensada dos resultados da pesquisa

Período do curso	Concordo totalmente	Concordo	Indiferente/ Neutro	Discordo	Discordo Totalmente	CONCORDANCIA TOTAL (Concordo + Concordo Totalmente)
	A instituição e os professores são abertos ao diálogo quanto aos métodos utilizados na formação dos acadêmicos de medicina.					
2º Período	52,63%	31,58%	15,79%	0%	0%	84,21%
4º Período	58,97%	36%	2,56%	2,56%	0%	94,87%
	**CONHECIMENTO**
	O ensino é desenvolvido de forma conjunta e não somente centrado no professor.
2º Período	81,58%	13,16%	2,63%	2,63%	0%	94,74%
4º Período	87,18%	12,82%	0%	0%	0%	100,00%
	O professor não se limita a exposição oral dos conteúdos.
2º Período	84,21%	15,79%	0%	0%	0%	100,00%
4º Período	79,49%	10,26%	5,13%	5,13%	0%	89,74%
	Os professores dominam os conteúdos que ministram.
2º Período	86,84%	7,89%	5,26%	0%	0%	94,73%
4º Período	89,74%	7,69%	2,56%	0%	0%	97,44%
	A metodologia dos professores é adequada à preparação dos acadêmicos de medicina.
2º Período	63,16%	34,21%	0,00	2,63%	0%	97,37%
4º Período	84,62%	10,26%	0%	5,13%	0%	94,87%
	**HABILIDADES**
	O ensino é conduzido de forma que não limita a aplicação dos conhecimentos as situações específicas, mas sim prepara o aluno para as diversas situações em que o mesmo problema pode se apresentar.
2º Período	47,37%	47,37%	2,63%	2,63%	0%	94,74%
4º Período	71,79%	17,95%	5,13%	5,13%	0%	89,74%
	A construção do seu conhecimento ocorre de forma colaborativa.
2º Período	76,32%	21,05%	2,63%	0%	0%	97,37%
4º Período	79,49%	20,51%	0%	0%	0%	100,00%
	Você sente motivado a construir uma aprendizagem que o habilite ao exercício profissional em diversos contextos e situações.
2º Período	65,79%	31,58%	2,63%	0%	0%	97,37%
4º Período	82,05%	15,38%	0%	2,56%	0%	97,44%
	A qualidade do processo ensino aprendizagem aplicado pelo professor vai de encontro com as expectativas dos acadêmicos, dando-lhes segurança para aplicação prática do conhecimento.
2º Período	52,63%	39,48%	7,89%	0%	0%	92,11%
4º Período	74,36%	20,51%	2,56%	2,56%	0%	94,87%
	**ATITUDES**
	A utilização de recursos tecnológicos permite uma maior participação dos alunos, sendo poucas as aulas puramente expositivas.
2º Período	55,26%	34,22%	7,89%	2,63%	0%	89,48%
4º Período	53,85%	33,33%	7,69%	5,13%	0%	87,18%

continua...

continuação

Período do curso	Concordo totalmente	Concordo	Indiferente/ Neutro	Discordo	Discordo Totalmente	CONCORDANCIA TOTAL (Concordo + Concordo Totalmente)
O processo ensino/ aprendizagem é proposto de forma que você assume o protagonismo da sua aprendizagem.						
2º Período	63,16%	31,58%	2,63%	2,63%	0%	94,74%
4º Período	69,23%	23,08%	5,13%	2,56%	0%	92,31%
As aulas preparam os acadêmicos para identificar causas e apontar soluções para os problemas.						
2º Período	55,26%	42,11%	2,63%	0%	0%	97,37%
4º Período	64,10%	25,64%	5,13%	5,13%	0%	89,74%

Fonte: dados do estudo (2019).

Tendo a metodologia ativa o intuito de levar o aluno a protagonizar seu processo de ensino e assim capacitá-lo a aprender a aprender, para que ele busque continuamente pelo conhecimento, sempre que requerido para desenvolvimento de suas habilidades e prática profissional alinhada aos padrões de excelência e eficiência requeridos na área da saúde vislumbrou-se a abertura da IES para uma gestão democrática, uma vez que 84,21% dos entrevistados do 2º período e 94,87% do 4º período apontaram a abertura da IES ao diálogo quanto ao método utilizado na formação dos médicos, resultado extremamente válido para validar a aplicabilidade deste trabalho, cujos resultado obtidos certamente serão utilizados para reforçar ações de melhorias na preparação e competência dos alunos.

Diante dos dados apresentados, a partir de agora a intenção é dispor os resultados médios de cada elemento de forma ordenada, permitindo assim concluir se o ensino fomentado pela UniAtenas capacita os alunos a terem a competência preconizada pelas Diretrizes Curriculares, interpretando o conjunto dos resultados obtidos para cada componente da competência, seguindo a tabulação de resultados exposta no Quadro 2:

Quadro 2 – Tabulação de resultados da pesquisa: média apresentada

CONHECIMENTOS	Concordo totalmente	Concordo	Indiferente/ Neutro	Discordo	Discordo Totalmente
O ensino é desenvolvido de forma conjunta e não somente centrado no professor.	84,42%	12,99%	1,30%	1,30%	0%
O professor não se limita a exposição oral dos conteúdos.	81,82%	12,99%	2,60%	2,60%	0%
Os professores dominam os conteúdos que ministram.	88,31%	7,79%	3,90%	0,00%	0%
A metodologia dos professores é adequada à preparação dos acadêmicos de medicina.	74,03%	22,08%	0,00%	3,90%	0%

continua...

continuação

HABILIDADES	Concordo totalmente	Concordo	Indiferente/ Neutro	Discordo	Discordo Totalmente
O ensino é conduzido de forma que não limita a aplicação dos conhecimentos as situações específicas, mas sim prepara o aluno para as diversas situações em que o mesmo problema pode se apresentar.	60%	32%	4%	4%	0%
A construção do seu conhecimento ocorre de forma colaborativa.	78%	21%	1%	0%	0%
Você sente motivado a construir uma aprendizagem que o habilite ao exercício profissional em diversos contextos e situações.	74%	23%	1%	1%	0%
A qualidade do processo ensino aprendizagem aplicado pelo professor vai de encontro com as expectativas dos acadêmicos, dando-lhes segurança para aplicação prática do conhecimento.	64%	30%	5%	1%	0%
ATITUDES	Concordo totalmente	Concordo	Indiferente/ Neutro	Discordo	Discordo Totalmente
A utilização de recursos tecnológicos permite uma maior participação dos alunos, sendo poucas as aulas puramente expositivas.	55%	34%	8%	4%	0%
O processo ensino/ aprendizagem é proposto de forma que você assume o protagonismo da sua aprendizagem	66%	27%	4%	3%	0%
As aulas preparam os acadêmicos para identificar causas e apontar soluções para os problemas.	60%	34%	4%	3%	0%
Você sente que sua formação o capacitará para solução de problemas nos mais diversos contextos.	65%	31%	1%	3%	0%

Fonte: Dados do estudo, 2019.

O foco no conhecimento, preceito dos métodos ativos, é apontado por Bernheim e Chauí (2008) como algo indispensável para o aperfeiçoamento contínuo das capacidades e habilidades dos indivíduos. Para os alunos dos anos iniciais está comprovado que a IES oferta as condições necessárias para que eles obtenham o conhecimento, observe o Gráfico 1:

Gráfico 1 – Avaliação média do parâmetro conhecimentos

CONHECIMENTOS	Discordo Totalmente	Discordo	Indiferente/Neutro	Concordo	Concordo totalmente
A metodologia dos professores é adequada à preparação dos acadêmicos de medicina.	0%	3,90%	0,00%	22,08%	74,03%
Os professores dominam os conteúdos que ministram.	0%	0,00%	3,90%	7,79%	88,31%
O professor não se limita a exposição oral dos conteúdos.	0%	2,60%	2,60%	12,99%	81,82%
O ensino é desenvolvido de forma conjunta e não somente centrado no professor.	0%	1,30%	1,30%	12,99%	84,42%

Fonte: dados do estudo (2019).

Os resultados apresentados confirmam que o ensino os treina para aprender a aprender, por meio de uma metodologia que estimula a busca ativa do conhecimento, o que ampara a aprendizagem contínua, necessária à atuação dos médicos em diferentes contextos e situações, bem como em razão das peculiaridades de cada indivíduo e situações-problema.

Igualmente considerando a diversidade das situações com as quais o egresso terá de lidar para efetivar o direito à saúde dos cidadãos, as questões relativas a habilidade tiveram o condão de averiguar se o ensino ofertado pela IES habilita os alunos a resolverem os problemas nos diversos contextos que se apresentam, o que foi confirmado pelos estudantes de acordo com o Gráfico 2:

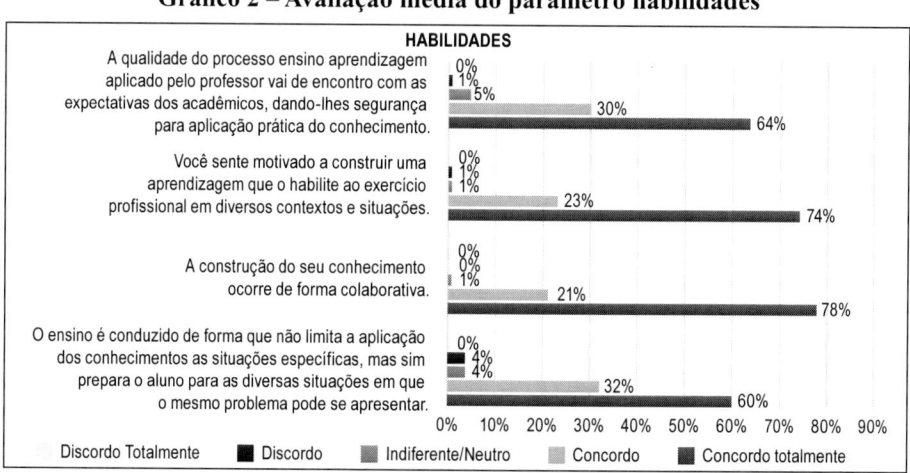

Gráfico 2 – Avaliação média do parâmetro habilidades

HABILIDADES	Discordo Totalmente	Discordo	Indiferente/Neutro	Concordo	Concordo totalmente
A qualidade do processo ensino aprendizagem aplicado pelo professor vai de encontro com as expectativas dos acadêmicos, dando-lhes segurança para aplicação prática do conhecimento.	0%	1%	5%	30%	64%
Você sente motivado a construir uma aprendizagem que o habilite ao exercício profissional em diversos contextos e situações.	0%	1%	1%	23%	74%
A construção do seu conhecimento ocorre de forma colaborativa.	0%	0%	1%	21%	78%
O ensino é conduzido de forma que não limita a aplicação dos conhecimentos as situações específicas, mas sim prepara o aluno para as diversas situações em que o mesmo problema pode se apresentar.	0%	4%	4%	32%	60%

Fonte: dados do estudo (2019).

Nota-se que, a partir dos conhecimentos adquiridos, bem como daqueles que o egresso autonomamente terá condições de buscar para melhor solução da questão, uma vez que sua graduação lhe impulsionou a continuamente "aprender a aprender" e lhe deu a formação necessária para conseguir praticar seus conhecimentos nas mais variadas situações, certamente a UniAtenas entrega ao mercado médicos com as habilidades requeridas para atuar com excelência na profissão escolhida.

Por fim, a competência exige ainda a ação, determinada pelo agir que coloca em prática conhecimentos e habilidades, como bem indicado por Robbins (2005) as pessoas sempre atuam perseguindo algum objetivo específico, indicando que o comportamento é sempre motivado pela sua finalidade direta ou indireta. Deste modo a uma estreita correlação da atitude com a motivação, restou então determinar se o ensino ofertado motiva os acadêmicos a tomarem as atitudes requeridas para melhor solução dos problemas apresentados, o que se fez no Gráfico 3.

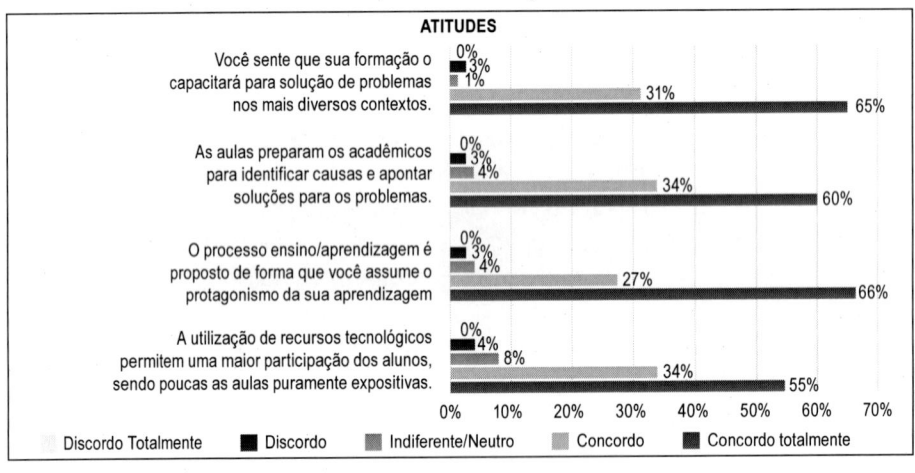

Gráfico 3 – Avaliação média do parâmetro atitudes

ATITUDES	Discordo Totalmente	Discordo	Indiferente/Neutro	Concordo	Concordo totalmente
Você sente que sua formação o capacitará para solução de problemas nos mais diversos contextos.	0%	3%	1%	31%	65%
As aulas preparam os acadêmicos para identificar causas e apontar soluções para os problemas.	0%	3%	4%	34%	60%
O processo ensino/aprendizagem é proposto de forma que você assume o protagonismo da sua aprendizagem	0%	3%	4%	27%	66%
A utilização de recursos tecnológicos permitem uma maior participação dos alunos, sendo poucas as aulas puramente expositivas.	0%	4%	8%	34%	55%

Fonte: dados do estudo (2019).

Certo de que nada vale conhecimento e habilidade sem a ação correspondente que os coloquem em prática, Gramigna (2007) compara a atitude com a raiz de uma arvore, considerando que ela é o principal componente da competência, pois garante a determinação da pessoa em conseguir os melhores resultado, buscando para tanto o conhecimento necessário e o desenvolvimento das habilidades requeridas.

A atitude corresponde a ação, determinando assim o comprometimento e envolvimento do indivíduo com uma tarefa (GRAMIGNA, 2007). Depreende-se do Gráfico 3 que a metodologia utilizada pela IES na formação dos médicos é apropriada impulsionar o exercício das habilidades e conhecimento com vistas a entrega do resultado almejado por aqueles que buscam pelos serviços de saúde.

Conselho Nacional de Educação compreende que a graduação na área da saúde dever conceber profissionais cujo perfil de competências se enquadre nas preconizações dos Pareceres e Diretrizes vigentes, que definem dentre seus objetivos o direcionamento de currículos que atendam as expectativas contemporâneas de formação médica, para maior qualidade do serviço prestado, e assim determinem um atendimento seguro, integral, humanizado e adequado a todos que busquem pelos serviços de saúde, seja qual for o problema, a condição ou contexto (CONSELHO NACIONAL DE EDUCAÇÃO, 2001).

Como informa Moran (2018) metodologias são grandes diretrizes que orientam os processos de ensino e aprendizagem e que se concretizam em estratégias, abordagens e técnicas concretas, específicas e diferenciadas", a par disso, as metodologias tradicional e ativa refere-se a formas diferentes de desenvolvimento do processo ensino/aprendizagem, na primeira o professor é o dono do saber e transmissor do conhecimento, já o método ativo, numa postura diferenciada, tem foco no aluno e sua atuação como protagonista de sua aprendizagem (BERBEL, 1999).

As últimas décadas evidenciam uma mudança no perfil dos alunos, e isso exige modificações nas instituições de ensino e na forma dos educadores conduzirem o processo de ensino/aprendizagem, a fim de formar cidadãos e profissionais que atendam as expectativas do contexto socioeconômico contemporâneo. Especialmente no caso da educação técnica e superior, que exigem uma capacidade, desenvoltura e segurança do profissional para atuar diante das complexidades que se apresentam (BARBOSA; MOURA, 2013).

Esse cenário trouxe a necessidade de reinventar a educação e adequar o modelo tradicional às demandas de uma sociedade inclusiva, democrática, que prima pelo conhecimento multi, inter e transdisciplinar. O modelo tradicional de ensino, consolidado até o século XIX, já não atende as expectativas do novo século, e isso destaca os métodos ativos como melhor opção para o desenvolvimento das competências requeridas aos alunos (MORAN, 2018).

As Diretrizes Curriculares que subsidiam a formação dos médicos no Brasil preconizam a competência como a capacidade de mobilizar conhecimentos, habilidades e atitudes, com emprego dos recursos disponíveis, e manifestando-se em iniciativas e atuações que exprimem desempenhos capazes de solucionar, com pertinência, oportunidade e sucesso, os desafios que se apresentam à prática profissional, em diversas conjunturas do trabalho em saúde, demonstrando a excelência da prática médica, prioritariamente nos cenários do Sistema Único de Saúde (SUS) (MINISTÉRIO DA EDUCAÇÃO, 2014).

A competência traduz a capacidade do profissional em provocar os resultados esperados, ela sustenta indivíduos proativos que atuam estrategicamente na solução dos problemas e busca dos resultados almejados (ZARIFIAN, 2001). Conforme Severiano (2002) a competência é uma técnica inflige umas condições epistemológicas, lógicas e metodológicas, é por meio dela que se detecta a capacidade de entender, para que além de sua transparência epistemológica, a informação é continuamente uma exultante da trama das relações socioculturais.

Os resultados obtidos da análise condensada dos níveis de concordância para os componentes da competência são expostos no Quadro 3:

Quadro 3 – Tabulação de resultados para os níveis de concordância para os componentes da competência

NÍVEL DE CONCORDANCIA	CONHECIMENTOS	HABILIDADES	ATITUDES
Concordo totalmente	82,14%	68,83%	61,36%
Concordo	13,96%	26,62%	31,49%
Indiferente/ Neutro	1,95%	2,92%	4,22%
Discordo	1,95%	1,62%	2,92%
Discordo Totalmente	0,00%	0,00%	0,00%

Fonte: Dados do estudo, 2019.

Pelo revelado, depreende-se que o ensino oferecido pelo UniAtenas, por meio das metodologias ativas, alinha conhecimentos, habilidades e atitudes, com vistas no desenvolvimento das competências necessárias aos médicos, tal como estipulado pela Resolução CNE/CES nº 3/2014, como bem ilustra o Gráfico 19:

Gráfico 4 – Análise final da competência

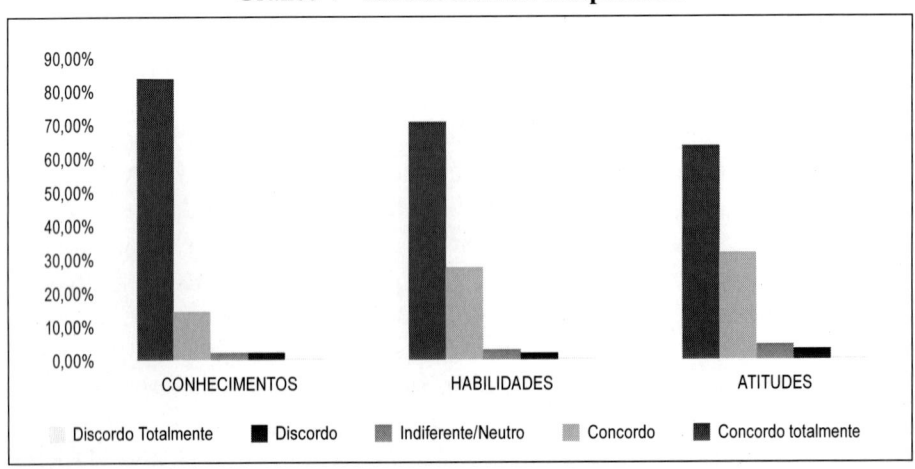

Fonte: dados do estudo (2019).

A importância das metodologias ativas nos cursos da área da saúde é evidenciada por diversos estudos, que em suma ratificam a necessidade de um melhor preparo dos acadêmicos para que no desenvolvimento de sua profissão amparem um cuidado integral a saúde. É o que defendem Machado, Machado e Vieira (2011) ao avaliarem os projetos Político-Pedagógicos dos cursos de graduação na área da saúde que incorporam metodologias ativas de ensino--aprendizagem e observarem o quanto eles são coerentes com as exigências do cenário contemporâneo, que exige profissionais aperfeiçoados, capazes de pensar, aprender, criticar a aplicar conhecimentos, aperfeiçoando continuamente suas habilidades e multiplicando suas possiblidades de sucesso profissional.

Nota-se que as metodologias ativas, com a proposta de ensino voltada a melhor capacitação do profissional, subsidiando uma formação autônoma e independente (FARIAS, MARTIN; CRISTO, 2015), são utilizadas pelo UniAtenas e subsidiam uma formação integral dos acadêmicos, fomentada no trinômio conhecimento, habilidades e atitudes, que garante a ideal competência dos profissionais.

5. Considerações finais

Por meio da uma pesquisa descritiva, com procedimentos técnicos estabelecidos em pesquisa de campo e bibliográfica o trabalho propôs avaliar a contribuição das metodologias ativas no desenvolvimento dos conhecimentos, habilidades e motivação das atitudes dos acadêmicos de medicina de uma IES do Noroeste de MG.

O cenário contemporâneo elevou o destaque das questões em torno da competência, especialmente por considerar que dela depende o bom desempenho do indivíduo, algo bastante estimado diante da competitividade do mundo globalizado, que impulsiona a importância na competência das pessoas para as organizações e para a sociedade, pois pessoas competentes desenvolvem trabalhos de maior qualidade e agregam mais valor aos serviços prestados.

Durante muitos anos acreditou-se que o modelo de ensino tradicional, com a centralização do processo no professor, e em aulas puramente expositivas sem espaço para participação dos alunos, era ideal e suficiente para qualificar os alunos e afiançar sua competência profissional. O que não se manteve após os avanços tecnológicos e intensa globalização, que acirraram a competitividade e forçaram a maior competência dos profissionais, para entrega de produtos e serviços hábeis a atender as expectativas de clientes/usuários e das organizações.

Diante disso, a gestão de competências ganhou destaque, e alavancou os estudos na área da competência e a alteração dos métodos de ensino tradicionais como forma de atender as exigências do cenário moderno, no caso do curso de Medicina, a alteração das metodologias é indispensável para atender as próprias Diretrizes Curriculares, que dentre outras coisas estabelecem as competências necessárias aos acadêmicos para atender as demandas da sociedade e efetivar o direito à saúde.

Com isso estimulou-se a alteração das propostas pedagógicas do ensino superior, alterando os papéis exercidos por alunos e professores, onde aqueles passam a assumir maiores responsabilidades e protagonizar sua aprendizagem, e com isso tonam-se mais competentes ao aprender a aprender, incitando a inovação, a criatividade e a solução prática dos problemas, mesmo quando a princípio não se tenha o conhecimento ou habilidade, pois sua graduação ou capacitou à formação autônoma e continua, e ele, então, é capaz de buscar ativamente pelas soluções aos problemas apresentados em diversos contextos e situações.

Ademais, o protagonismo e autonomia estimulam a ação, motivam o egresso a ofertar serviços de saúde que atendam as expectativas da população, especialmente a parcela que utiliza os serviços públicos de saúde. Neste sentido a atitude é um elemento importante que além fundamental à competência requerida do acadêmico nos ditames das Diretrizes Curriculares do Curso de Medicina, é apontando por administradores como a base principal da competência, por referir-se à aplicação prática dos conhecimentos e habilidades, que se não transformados em ação não têm qualquer serventia.

A pesquisa se mostrou bastante produtiva para disseminar a importância da formação de profissionais competentes entre alunos e corpo docente da UniAtenas, apresentando pra docentes e discentes a imperiosidade de desenvolver as conhecimentos, habilidades e atitudes que permitam aos alunos se tornarem profissionais competentes, capazes de atuar nas mais diversas situações e realidades, especialmente considerando todas as peculiaridades e dificuldades da área da saúde em que não somente o problema/doença deve ser considerado, mas sim todo o contexto em torno do paciente e motivações para as interferências em sua saúde e qualidade de vida.

Considerando que a competência se consubstancia na tríade conhecimentos, habilidades e as atitudes, o trabalho teve o objetivo precípuo de avaliar a contribuição das metodologias ativas no desenvolvimento dos conhecimentos, habilidades e motivação das atitudes dos acadêmicos de medicina de uma IES do Noroeste de Minas Gerais. Os resultados obtidos permitem afirmar que a UniAtenas utiliza os métodos ativos e indicam os grandes benefícios oriundos desse método para potencializar o desenvolvimento na competência dos acadêmicos de medicina.

Enfim, é preciso destacar que o trabalho não teve pretensão de esgotar a temática, ao contrário a intenção é justamente demonstrar a importância do desenvolvimento da competência nos acadêmicos e dos melhores métodos para que esse escopo seja conseguido, de forma a impulsionar mais estudos e pesquisas atinentes a matéria em torno da utilização das metodologias ativas na formação adequada dos médicos.

REFERÊNCIAS

ABREU, José Ricardo Pinto de. **Contexto atual do Ensino Médico**: metodologias tradicionais e ativas: necessidades pedagógicas dos professores e da estrutura das escolas. 2009. 105 f. Dissertação (Mestrado em Ciências da Saúde) – Universidade Federal do Rio Grande do Sul. Porto Alegre, 2009.

BACICH, Lilian; MORAN, José (org.). **Metodologias ativas para uma educação inovadora**: uma abordagem teórico-prática. Porto Alegre: Penso, 2018.

BARBOSA, Eduardo Fernandes; MOURA, Dácio Guimarães de. Metodologias ativas de aprendizagem na educação professional e tecnológica. **B. Tec. Senac**, Rio de Janeiro, v. 39, n. 2, p. 48-67, maio/ago. 2013.

BELTRÃO, André Luís Ferreira. **Estratégias pedagógicas no ensino de design**: por uma metodologia ativa. 2016. 184 f. Dissertação (Mestrado em Design) – Pontifícia Universidade Católica do Rio de Janeiro, 2016.

BERBEL, N. A. N. **Metodologia da problematização**: Fundamentos e aplicações. Londrina: Ed. INP/UEL, 1999.

CALDWELL, B. J.; SPINKS, J. M. **Beyond the self-managing school**. London: Falmer Press, 1998.

CONSELHO NACIONAL DE EDUCAÇÃO. Câmara de Educação Superior. Parecer CNE/CES nº 116/2014. Diretrizes Curriculares Nacionais do Curso de Graduação em Medicina. **Diário Oficial da União**: seção 1, p. 17, Brasília, 6 jun. 2014. Disponível em: http://portal.mec.gov.br/index.php?option=com_docman&view=download&alias=15514-pces116-14&category_slug=abril-2014-pdf&Itemid=30192. Acesso em: dez. 2019.

CONSELHO NACIONAL DE EDUCAÇÃO. Câmara de Educação Superior. Parecer CNE/CES nº 1.133/2001. Diretrizes Curriculares Nacionais dos Cursos de Graduação em Enfermagem, Medicina e Nutrição. Disponível em: http://portal.mec.gov.br/cne/arquivos/pdf/2001/pces1133_01.pdf. Acesso em: dez. 2019.

CONSELHO NACIONAL DE EDUCAÇÃO. Câmara de Educação Superior. **Resolução CNE/CES 4/2001**. **Diário Oficial da União**: seção 1, p. 38, Brasília, 9 nov. 2001b. Disponível em: http://portal.mec.gov.br/cne/arquivos/pdf/CES04.pdf. Acesso em: dez. 2019.

FARAGO, Priscila Moreira; MATOS, Adriano Teles de; GUIMARÃES, Nilza Nascimento. Metodologia de ensino tradicional versus metodologias de aprendizagem baseada em problemas no nível universitário. *In*: CONGRESSO DE CIÊNCIA E TECNOLOGIA, 2., 2016, Goiânia, GO. **Anais** […]. Goiânia, GO: PUC Goiás, 2016. Disponível em: http://pucgoias.edu.br/ucg/prope/pesquisa/anais/2016/. Acesso em: jun. 2019.

FARIA, M. J. S. S. *et al*. Os desafios da educação permanente: a experiência do curso de Medicina da Universidade Estadual de Londrina. **Revista Brasileira de Educação Médica** [on-line], v. 32, n. 2, p. 248-253, abr./jun. 2008, Disponível em: http://www.scielo.br/pdf/rbem/v32n2/a13v32n2.pdf. Acesso em: jun. 2019.

FARIAS, P. A. M. de; MARTIN, A. R. de; CRISTO, C. S. Aprendizagem Ativa na Educação em Saúde: Percurso Histórico e Aplicações. **Revista Brasileira de Educação Médica** [on-line], v. 39, n. 1, p. 143-158, 2015. Disponível em: http://www.scielo.br/pdf/rbem/v39n1/1981-5271-rbem-39-1-0143.pdf. Acesso em: jun. 2019.

LOPES, Antônia Osima. Aula expositiva: superando o tradicional. *In*: VEIGA, Ilma Passos de Alecantro (org.). **Técnicas de ensino**: por que não? 11. ed. Campinas: Papirus, 2000.

MACEDO, Kelly Dandara da Silva; ACOSTA, Beatriz Suffer; SILVA, Ethel Bastos da; SOUZA, Neila Santini de; BECK, Carmem Lúcia Colomé; SILVA, Karla Kristiane Dames da. Metodologias ativas de aprendizagem: caminhos possíveis para inovação no ensino em saúde. **Escola Anna Nery**, v. 22, n. 3, p. 1-9, 2018

MACHADO, José Lúcio Martins; MACHADO, Valéria Menezes; VIEIRA, Joaquim Edson. Formação e Seleção de Docentes para Currículos Inovadores na Graduação em Saúde. **Revista Brasileira de Educação Médica**; v. 35, n. 3, p. 326-333, 2011.

MINISTÉRIO DA EDUCAÇÃO. Resolução CNE/CES nº 3, de 20 de junho de 2014. Institui Diretrizes Curriculares Nacionais do Curso de Graduação em Medicina e dá outras providências. **Diário Oficial da União**: seção 1, p. 8-11, Brasília, 23 jun. 2014 Disponível em: http://portal.mec.gov.br/index.php?option=com_docman&view=download&alias=15874-rces003-14&category_slug=junho-2014-pdf&Itemid=30192. Acesso em: dez. 2019.

MINISTÉRIO DA SAÚDE. Resolução nº 466, de 12 de dezembro de 2012: trata das diretrizes e normas regulamentadoras de pesquisas envolvendo seres humanos. Disponível em: https://bvsms.saude.gov.br/bvs/saudelegis/cns/2013/res0466_12_12_2012.html. Acesso em: dez. 2019.

MORAN, José. Metodologias ativas para uma aprendizagem mais profunda. *In*: BACICH, Lilian; MORAN, José (org.). **Metodologias ativas para uma educação inovadora**: uma abordagem teórico-prática. Porto Alegre: Penso, 2018. p. 1-25.

PERRENOUD, P. **Construir as competências desde a escola**. Porto Alegre: Artes Médicas, 1999.

PRADO, Marta Lenise do; VELHO, Manuela Beatriz; ESPÍNDOLA, Daniela Simoni; SOBRINHO, Sandra Hilda; BACKES, Vânia Marli Schubert. Arco de Charles Maguerez: refletindo estratégias de metodologia ativa na formação de profissionais de saúde. **Esc. Anna Nery**, Rio de Janeiro, v. 16, n. 1, 2012, p. 172-177.

PRODANOV, Cleber Criastiano; FREITAS, Ernani Cesar. **Metodologia do trabalho científico**: métodos e técnicas da pesquisa e do trabalho acadêmico. 2. ed. Novo Hamburgo: Feevale, 2013.

VALENTE, José Armando. A sala de aula invertida e a possibilidade do ensino pesonalizado: uma experiência com a graduação em midialogia. *In*: BACICH, Lilian; MORAN, José (org.). **Metodologias ativas para uma educação inovadora**: uma abordagem teórico-prática. Porto Alegre: Penso, 2018. p. 26-43.

VIEIRA, Kelmara Mendes; DALMORO, Marlon. Dilemas na construção de escalas tipo likert: o número de itens e a disposição influenciam nos resultados? *In*: ENCONTRO DA ANPAD, 22., 2008, Rio de Janeiro. **Anais** […]. Rio de Janeiro: ANPAd, 2008. Disponível em: http://www.anpad.org.br/admin/pdf/EPQ-A1615.pdf. Acesso em: jul. 2019.

XAVIER, Laudicéia Noronha; OLIVEIRA, Gisele Lopes de; GOMES, Annatália de Amorim; MACHADO, Maria de Fátima Antero Souza; ELOIA, Suzana Mara cordeiro. Analisando as metodologias ativas na formação dos profissionais de saúde: uma revisão integrativa. **SANARE**, Sobral, v. 13, n. 1, 2014, p. 76-83.

CAPÍTULO 6

RISCOS OPERACIONAIS E LEGAIS NO CONTEXTO DA EDUCAÇÃO

Tiago Martins da Silva
João Batista de Camargo Junior

1. Introdução

O presente capítulo busca relacionar os seguintes temas no ambiente educacional: os riscos operacionais e legais no ingresso de alunos no ensino superior, bem como suas características e o gerenciamento destes riscos. De uma forma geral os riscos podem ser demonstrados como sendo uma possibilidade de perda. Risco é uma ameaça que venha afetar a empresa impedindo-a em atingir seus objetivos e dificultando suas estratégias de negócios, estando presentes em diferentes áreas da vida humana e sendo inerentes a qualquer atividade econômica (TOLEDO, 2017).

Diversas empresas, incluindo as organizações de ensino superior, estão sujeitas a vários tipos de riscos, que podem ser gerados pela própria atividade ou provocados por eventos externos (ABNT, 2018). O risco no ambiente educacional tem despertado atenção e se destacado no âmbito das gestões acadêmicas. Como consequência, várias atividades avaliativas são desenvolvidas para a verificação dos processos de gestão de risco e em sua grande maioria para as Instituições de Ensino Superior (IES) (SOUSA, 2018).

Para a realização de todas estas atividades é de suma importância o entendimento da gestão como um todo e suas vertentes no âmbito escolar. Baseada nesta importância crescente da gestão de risco, pode se observar que o tema se desponte como um importante papel nas escolas, considerando-se os diversos perigos potenciais no alcance dos objetivos das instituições de ensino superior (JEBAILI, 2016).

2. Os riscos e suas características

Derivada do latim – *resecare* – a palavra risco significa cortar, separar com uma pedra. A tradução original vem da noção de perigo que os marinheiros tinham ao navegar perto das rochas perigosas e pontiagudas (LIMA, 2018). O risco é definido como a variabilidade de resultados inesperados de fonte diversa, dentre elas, aqueles provocados pelas atitudes dos homens ao realizar seus negócios, devido à inflação, o desejo de retornos altos, das mudanças políticas dos governos e até mesmo através da guerra (PEREIRA; FIANI; WESTERNBERG, 2014).

O risco pode surgir das incertezas de cenários imprevistos, tais como as crises econômicas, as alterações nas regulamentações das operações nacionais e do cenário econômico mundial. Assim, fica claro que risco é um fenômeno global e suas consequências refletem nas mais variadas formas e em todos os tipos de instituições (LIMA, 2018).

De modo empírico, o risco é a possibilidade de algo dar errado ou como sinônimo de perigo. O risco é uma opção, pois há de considerar as mudanças adversas, o que indica um impacto sobre um ativo ou alguma característica de valor que possa surgir a partir de alguns processos ou eventos futuros (BRASIL, 2017).

Partindo deste pressuposto, o risco é inerente às atividades do homem e pode ser positivo ou negativo de acordo com os resultados esperados ou de interesse das empresas (OLIVA, 2015). O risco é a possibilidade de ocorrência de um evento que venha a ter impacto no cumprimento dos objetivos. Pode ser uma oportunidade ou uma ameaça aos objetivos da empresa de modo que um pode afetar o outro tanto negativo, quanto positivamente (MONTEIRO, 2017).

O risco se apresenta como possibilidade de algo não dar certo e é inerente a qualquer atividade limitadora, mas também como uma oportunidade de crescimento porque, a partir de sua compreensão, melhor se conhece o negócio, e as decisões tomadas consequentemente terão maior chance de sucesso. Desse modo as empresas acabam assumindo a relação do risco e o retorno do investimento (IBGC, 2017). A noção de risco está atrelada a três componentes inter-relacionados: a causa, o evento e o impacto. Isto significa que cada risco possui ao menos um fator de risco impulsionador do seu acontecimento, isto é, para um risco se materializar, é necessário algum evento específico que gerará determinada perda ou ganho, seja ela financeira ou não, para a empresa (PEREIRA; FIANI; WESTERNBERG, 2014).

Toda essa conceituação sobre riscos e a diferenciação que ela sugere entre incerteza e risco, leva a conclusão de que uma melhor conceituação para o termo seria aceitar que risco é o efeito das probabilidades sobre os resultados e, neste sentido, é fundamental gerenciá-los (GOMES; GOMES, 2019). O Ministério da Educação (MEC) define risco como a possibilidade de ocorrência de um evento que tenha impacto negativo no atingimento dos objetivos da organização (BRASIL, 2018, portaria 234).

A Associação Brasileira de Normas Técnicas (ABNT) conceitua risco como efeito da incerteza nos objetivos. Um efeito é um desvio em relação ao esperado, pode ser positivo, negativo, ou ambos e, pode abordar, criar ou resultar em oportunidades e ameaças. Os objetivos podem possuir diferentes aspectos e categorias, e podem ser aplicados em diferentes níveis. Em síntese, risco é normalmente expresso em termos de fontes de risco, eventos potenciais, suas consequências e suas probabilidades e, necessitam ser identificados (ABNT, 2018).

2.1. Histórico sobre os riscos

Desde os primórdios, as atividades humanas e organizacionais estão intrinsecamente ligadas ao potencial de riscos. As atividades de caça e pesca essenciais à sobrevivência do homem primitivo, já apresentavam riscos de acidentes que não só podiam impedir o seu êxito (o alcance do resultado da caça ou da pesca), mas também diminuíam a capacidade produtiva devido a lesões físicas, o que o impediria de colaborar com a tribo quanto aos objetivos de sobrevivência (RUPPENTHAL, 2013). Conhecer os perigos, encontrar maneiras de controlar as situações de risco, desenvolver técnicas de proteção, aplicar os conhecimentos adquiridos à filosofia de preservação, foram passos importantes que caracterizaram a evolução humana ao longo da sua existência. O estudo da relação do homem com o trabalho e os riscos derivados dessa relação teve início, de forma mais ampla, com o médico italiano Bernardino Ramazzini (RUPPENTHAL, 2013).

Posteriormente, o homem desenvolveu ferramentas, novas técnicas e atividades, mas, ainda assim, esteve sempre acompanhado de novos e diferentes riscos que podiam afetar os seus objetivos de bem-estar e de saúde pessoal. O registro mais antigo sobre a observação de um risco nas atividades humanas, consta no documento egípcio denominado o papiro Anastácius V, o qual alerta sobre as condições de trabalho de um pedreiro: Se trabalhares sem vestimenta, teus braços se gastam e tu te devoras a ti mesmo, pois, não tens outro pão que os seus dedos. Nota-se que o homem evoluiu a partir da agricultura e o pastoreio alcançou a fase do artesanato e atingiu a era industrial, porém os mais diferentes riscos sempre estiveram presentes (RUPPENTHAL, 2013).

Em termos populares, se algo pode dar errado e afetar o alcance do objetivo, este algo, juntado ao objetivo impactado, é considerado um risco negativo. O artesão citado no papiro egípcio se expunha ao risco de ficar impossibilitado de realizar o seu trabalho de "ganha pão" ou qualquer outro objetivo por ter os seus "braços gastos" devido ao fato de trabalhar sem vestimenta (FRAPORTI, 2018). Provavelmente, por uma mera sapiência anciã, o autor do conselho do papiro Anastácius V parecia prever com certeza as consequências do cenário ao qual o pedreiro estava exposto. Mas existem outras situações em que não se obtém tanta certeza dos resultados, como por exemplo, os jogos de investimentos financeiros e até mesmo da rotina diária (FRAPORTI, 2018).

O risco é um divisor de águas na história do homem: antes, os humanos acreditavam que o futuro dependia apenas do desejo dos deuses e suas predições eram baseadas em oráculos e adivinhos. Depois do trabalho de alguns pensadores, a sociedade começou a compreender o risco e avaliá-lo, aprendeu-se a ter uma noção de quando valia a pena enfrentá-lo (IBGC, 2017; LIMA, 2018). A teoria do risco é o que libertou o homem e possibilitou que ele tivesse acesso às diversas coisas, trazendo a possibilidade de a sociedade evoluir, mesmo diante de crises em todos os segmentos corporativos (LIMA, 2018).

Apesar de ter ocorrido inúmeras crises mundiais, as mudanças e inconstância do mercado financeiro mundial produziram efeitos duradouros em longo prazo em todos os setores produtivos e foi a partir daí que as empresas perceberam a necessidade de minimizar os riscos, principalmente os riscos operacionais e financeiros (IBGC, 2017). Irwin Mehr e Bob Atkinson Hedges, conhecidos como os pais da gestão de riscos, publicaram um livro de referência para abordar o assunto de gerenciamento de riscos de negócios em 1963, intitulado Gerenciamento de riscos na empresa. Os autores explicam como o gerenciamento de riscos eficaz poderia maximizar a eficiência e resultar maior produtividade em uma empresa e também consideram que, na medida do possível, todos os riscos operacionais devem ser gerenciados de maneira abrangente. Observou-se também que, se apenas os riscos são para serem segurados, os corretores de seguros devem se chamar gerentes de gestão de risco. Assim, a visão modernista de risco incorpora resultados positivos e negativos dos eventos. Isso contrasta com a era pré-moderna, onde os riscos eram considerados apenas como algo ruim (ALBASTEKI; SHAUKAT; ALSHIRAWI, 2019).

No início do século XXI, não havia nenhum trabalho acadêmico importante na área de risco e risco de gestão. Diz-se que a referência mais antiga conhecida sobre a gestão de riscos apareceu em 1956 em um artigo de Russel Caltgar na *Harvard Business Review*. Em tempos remotos, o termo risco era amplamente utilizado em vez de perigos, ameaças ou danos. Essa definição indica uma predisposição do risco como um resultado negativo, resultado de uma ameaça ou perigo. O desenvolvimento de cálculos de probabilidade no mercado de seguros durante a revolução industrial impactou nas ideias de gestão de riscos. Economistas desenvolveram essa ideia de incerteza para lidar com situações onde a probabilidade não estava disponível (ALBASTEKI; SHAUKAT; ALSHIRAWI, 2019). Essa visão do risco persiste em entendimento diário de que, na linguagem comum, bem como no contexto dos negócios, os riscos são definidos como a variabilidade imprevisível ou volatilidade dos retornos, incluindo o potencial de retornos piores que o esperado (ALBASTEKI; SHAUKAT; ALSHIRAWI, 2019).

2.2. Classificação dos riscos

As empresas de todos os tipos e tamanhos enfrentam influências e fatores internos e externos que tornam incerto estabelecer-se, e quando é possível atingir os objetivos institucionais (TOLEDO, 2017). Os riscos que uma empresa está submetida são os mais variados, possuem naturezas diversas e estão diretamente ligados ao alcance dos objetivos e podem ser classificados ainda de acordo com a natureza: a) econômica; b) ambiental; c) social; d) operacional; e) legal/regulamentar; f) imagem/reputação; g) financeiro/orçamentário. De acordo com essa classificação não existe um padrão de riscos para ser aplicado em todas as empresas (BARRETO, 2018).

O risco operacional é a possibilidade de ocorrência de perdas resultantes de falha, deficiência ou inadequação de processos internos, pessoas e sistemas. Esta definição inclui o risco legal, que é o risco associado à inadequação ou deficiência em contratos firmados pela empresa, bem como a sanções em razão do descumprimento de dispositivos legais e as indenizações por danos a terceiros decorrentes das atividades desenvolvidas pela empresa (SANTOS; CASTRO, 2018). Os riscos associados à reputação da empresa, ou a sua imagem, não configuram um tipo de risco especificamente, mas uma consequência de um gerenciamento de riscos, porém isso acontece quando o erro se torna público (FRAPORTI, 2018).

Sousa (2018) descreve que todo tipo de organização está sujeita a esses riscos e deve preocupar-se não somente com a sua imagem, mas também com a de seus colaboradores, pois a reputação desses pode relacionar-se a imagem da organização. Já Goulart e Pinheiro (2018) dizem que no risco de reputação, não há um consenso mínimo, no momento, que permita sua mensuração e nem metodologias robustas que permitam sua apuração de modo confiável.

Sousa (2018) acrescenta dois tipos de riscos: I) riscos de conformidade: eventos que possam acarretar o descumprimento de leis e regulamentos aplicáveis; II) riscos de integridade: eventos que abalem a probidade da gestão dos recursos públicos e de suas atividades, e que podem ser causados pela ausência de honestidade e de desvios éticos.

3. Os riscos operacionais

Toda instituição de ensino está sujeita aos riscos operacionais, os quais podem ser devido à utilização indevida de informações pessoais coletadas no momento das inscrições e matrículas dos alunos; a falta do cumprimento, pelos seus colaboradores, dos procedimentos padrões determinados pela IES; a não execução por parte dos colaboradores dos processos relativos ao ingresso do candidato (divulgação, captação, efetivação da matrícula, relacionamento e fidelização do cliente); inserção errônea de dados no sistema (*software*); cessação de políticas governamentais, tais como bolsas de auxílio para os candidatos; repasse de informações confidenciais dentre outros (SUM; SAAD, 2017).

Riscos operacionais são aqueles associados às atividades realizadas pela faculdades e/ou unidades administrativas para implementar estratégias universitárias, conduzir a universidade atividades de aprendizado, ensino e pesquisa e gerenciar as operações e os recursos das mesmas. Os riscos podem ser comuns a várias faculdades ou unidades ou podem ser específicos a um corpo docente ou unidade individual (SUM; SAAD, 2017).

Os riscos operacionais envolvem perdas que podem ser por erros de funcionários, falhas de computadores, documentações irregulares, fraudes, dentre outras. O risco operacional é o risco decorrente da perda de inadequações ou falhas de processos internos, pessoas e sistemas. Neste contexto, o risco operacional está relacionado à escolha das decisões tomadas, cujas consequências podem ser tanto de ganhos quanto de perdas para as empresas (LIMA, 2018). Os riscos operacionais estão relacionados à eficácia e eficiência das operações e atividades diárias da empresa. Este tipo de risco trata de perdas significativas que foram resultantes de sistemas inadequados, falhas de gestão, controles viciosos, fraude e erro humano (WEBER; DIEHL, 2014).

Outro exemplo de risco operacional é a inadequação de processos internos. No mercado corporativo, poucas instituições conseguem quantificar adequadamente o risco operacional utilizando métodos estatísticos para adotar algum tipo de estratégia. Isso se deve, em grande parte, à dificuldade na obtenção de base de dados confiáveis, devido a própria cultura das empresas em não se preocuparem com o recolhimento de informações sobre o histórico de perdas causadas pelo risco operacional (PEREIRA; FIANI; WESTERNBERGER, 2014). Deste modo, é importante classificar a natureza de cada risco, pois isso permite que todos os fatores de riscos sejam organizados em área ou nível organizacional ao qual pertencem. Os fatores de riscos podem pertencer a uma natureza somente, ou a mais de uma (FRAPORTI, 2018).

A definição do risco operacional é extensa, pois não existe uma única definição, mas pode-se dizer que está relacionado com a possibilidade da ocorrência de alguns problemas que afetam o alcance dos objetivos das empresas. Ademais, risco operacional é definido como a possibilidade de ocorrência de perda resultante de falha, deficiência ou inadequação de quaisquer processos internos envolvendo pessoas ou sistemas (SANTOS; CASTRO, 2018).

Noutro viés, o risco operacional também está relacionando a problemas e deficiências tecnológicas, à capacidade dos sistemas de uma organização de processarem as informações de forma precisa e dentro do prazo adequado. Esse tipo de risco considera a capacidade física de processamento dos equipamentos de informática, pois pode ocorrer sempre que a tecnologia existente deixar de funcionar adequadamente, ou os sistemas de apoio falham (SANTOS; CASTRO, 2018). As empresas devem considerar o risco operacional com seriedade, pois ele abrange perdas inesperadas resultantes de operações incorretas de pessoal, de falta de sistema, controle inadequado, atividade não autorizada. Há também que considerar os processos internos que decorrem dos eventos externos e nem sempre a organização pode controlá-los (OLIVEIRA; SOARES, 2018).

Esta atividade deve considerar os seguintes elementos fundamentais para o sucesso ou não: I) as pessoas – que são consideradas a causa. Estes riscos vão desde as falhas na comunicação, que podem trazer prejuízos por ser uma ameaça, até a eficiência na execução das atividades, que pode trazer inúmeros benefícios por ser uma oportunidade; II) a reputação – que se apresentam em todos os fatores de riscos; III) a organização – as empresas que passam por uma organização ineficiente, administração inconsistente e sem objetivos de longo prazo bem definidos, fluxo de informações interno e externo deficientes, responsabilidades mal definidas, fraudes, acesso a informações internas por parte de concorrentes; IV) a operação – são problemas como sobrecargas em sistemas de telefonia, elétrico ou computacional, processamento e armazenamento de dados passíveis de fraudes e erros, confirmações incorretas ou sem verificação criteriosa (FRAPORTI, 2018; GOULART; PINHEIRO, 2018; SANTOS; CASTRO, 2018).

3.1. Identificação dos riscos operacionais corporativos

Os objetivos das empresas podem ser afetados, de forma negativa ou positiva, por uma infinidade de fatores de riscos geralmente relacionados a todas as áreas da empresa, envolvendo atividades e processos que vão desde a operação das rotinas operacionais, até os projetos e iniciativas estratégicas de gestão. Dessa forma, uma empresa que conhece seus fatores de risco, conhece profundamente o seu negócio, assim como uma empresa que conhece o seu negócio aumenta as chances de conhecimento dos seus riscos (FRAPORTI, 2018).

Uma das formas mais preocupantes de risco nas empresas que tem sido trabalhada de forma crescente é a mensuração e o controle de riscos operacionais. A maior parte dos desastres financeiros ocorridos mundialmente pode ser atribuída a uma exposição a riscos de mercado e de crédito aliada a algum tipo de falha nos controles internos. Esses problemas são característicos do risco operacional (LIMA, 2018). Não existe um padrão de classificação de riscos para ser aplicado em todas as empresas. A classificação, categorização e identificação desses riscos devem ser realizadas de acordo com a gestão e características de cada empresa, considerando seu ramo de atuação, o mercado, os concorrentes, a clientela e todos os agentes ou elementos que podem representar fatores de riscos (FRAPORTI, 2018).

O risco operacional pode ser entendido pelo conjunto de incidentes possíveis na cadeia de operações e manipulações necessárias para materializar o posicionamento no mercado. Envolve o colapso de controles internos e do domínio corporativo. Tais colapsos podem acarretar perdas financeiras por meio de erros, fraudes, deficiência de desempenho oportuno de atividades dentre outros (PINHEIRO; OLIVEIRA, 2018).

Os riscos operacionais são oriundos da falta de segurança na guarda e no transporte de ativos, da insuficiência de controles e informações, de processamento e controles inadequados, de quebra de sigilo, da possibilidade de fraudes dentre outros, que também se desdobram em riscos de crédito, liquidez, preço/taxa, ou gerar perdas diretas por dolo ou descontrole. Inclui-se nessa categoria os riscos resultantes do processamento de dados e transmissão de informações, tanto por meio de rede de teleprocessamento quanto pela manipulação de dados contábeis podendo atingir a empresa de inúmeras formas (PINHEIRO; OLIVEIRA, 2018).

Diversas mudanças ocorridas nos últimos anos, tais como a globalização, as alterações nas regulamentações legais e a inovação tecnológica acelerada, mudaram o perfil de risco nas empresas. Neste sentido um consenso sobre o conceito de risco operacional é considerado razoável uma vez que a realidade demonstra que ainda há muito a ser feito para consolidar uma metodologia para a mensuração destes riscos (GOULART; PINHEIRO, 2018). O grau de amplitude, inter-relação e complexidade do risco operacional, aliado a um baixo nível de dados históricos confiáveis, criou um cenário ainda muito difuso no que diz respeito às metodologias para sua avaliação (GOULART; PINHEIRO, 2018).

É fato que os modelos para gerenciamento do risco operacional têm se desenvolvido rápido, devido ao cumprimento das legislações e a sofisticação dos sistemas tecnológicos que exigem uma avaliação mais criteriosa em relação a este tipo de risco, aumentando a solidez dos processos empresariais. No entanto, além de aumentar a solidez e a eficiência dos processos comerciais e da gestão dos riscos operacionais, pode representar novas oportunidades financeiras para a organização (OLIVEIRA; SOARES, 2018). Segundo Oliveira e Soares (2018) existem seis processos para um eficaz gerenciamento de riscos operacionais corporativos, que serão demonstrados no Quadro 1.

Quadro 1 – Identificação e gerenciamento do risco operacional corporativo

Identificação do risco	Gerenciamento do risco
Identificar o perigo	A experiência, o bom senso, e ferramentas analíticas específicas ajudam a identificar riscos
Avaliar o risco	Aplicação de medidas quantitativas e qualitativas para determinar o nível de risco.
Analisar medidas de controle de risco	Investigar estratégias e ferramentas que auxiliam na diminuição dos riscos.
Tomar decisões de controle	Identificar o responsável adequado para a tomada de decisões, pois ele deve escolher o melhor controle ou uma combinação de controles, com base na análise do 3º processo.
Implementar controles de risco	A administração deve formular um plano para aplicar os controles que foram selecionados e fornecer materiais e pessoal necessário para colocar essas medidas em prática.
Supervisionar e Revisar	Uma vez que os controles estão no lugar, o processo deve ser reavaliado periodicamente para garantir sua eficácia.

Fonte: Adaptado de Oliveira e Soares (2018).

Os processos de identificação, análise e avaliação dos riscos operacionais realizados pela especificação AS/NZ 4360 podem ser estendidas a diversas áreas, assim como a norma ISO 31000, mostrando a similaridade entre as duas. Seguindo neste contexto, as normas AS/NZ 4360 e ISO 31000 apresentam o processo de gestão de riscos operacionais por meio de sete elementos principais, sendo eles: comunicar e consultar, estabelecer o contexto, identificar os riscos, analisar os riscos, avaliar os riscos, tratar os riscos, monitorar e rever os riscos (BRASIL, 2018).

Logo, a globalização torna os riscos operacionais corporativos cada vez mais complexos e difíceis de serem tratados, aumentando consideravelmente os níveis de vulnerabilidade, os quais as organizações estão sujeitas. Diante deste novo cenário, as empresas são compelidas a buscar alternativas que possibilitem o monitoramento efetivo dos riscos a que estão sujeitas e aprimorem o gerenciamento e a estrutura de controles corporativos dos seus processos (PEREIRA; FIANI; WESTENBERGER, 2014).

3.2. Riscos operacionais no ambiente educacional

Todas as organizações correm riscos, e com as empresas que atuam no mercado educacional não é diferente. Para a descrição do risco, deve-se pensar nos fatores de risco que impediram o objetivo ser alcançado, daí se faz necessário analisar a causa e a consequência do evento que constitui o fator de risco. No cenário atual, o Brasil apresenta um crescimento importante nas empresas que ofertam ensino, principalmente no ramo das empresas privadas (TOLEDO, 2017). O INEP – Instituto Nacional de Estudos e Pesquisas demonstra que no Brasil há 87,9% instituições de ensino superior privadas, o montante de 12,1% é dividido em 4,5% federais, 5,1% estaduais e apenas 2,6% são municipais (BRASIL, 2017).

As instituições de ensino superior estão colocadas em um espaço onde a competitividade é fator de grande inquietação. As atividades de controladoria desempenhadas nessas instituições devem sustentar decisões dos gestores não somente voltadas para resultados, mas também para riscos (SOARES; CATAPAN; MEZA, 2019). Para diagnosticar as ameaças e os riscos operacionais que oferecem perigo à empresa, nas instituições de ensino, por exemplo, cabe analisar e identificar os possíveis riscos facilitando assim, o alcance de resultados positivos no negócio (OLIVEIRA; SOARES, 2018).

Neste sentido é relevante que as empresas educacionais façam a análise de riscos dando ciência a todos na organização sobre o nível de segurança e o risco do negócio, fornecendo meios para a implementação, administração e monitoramento dos eventos que podem atingir a organização da empresa (MASSAINI; FRANCO; OLIVA, 2017). Biazon (2017) fala sobre as instituições de ensino superior, tratando de entidades responsáveis pelo ensino, pesquisa e extensão, sendo organismos que atraem interesse de toda coletividade, estando expostas aos mais variados tipos de riscos. As entidades precisam estar atentas quanto ao gerenciamento de riscos para possibilitar o alcance de suas metas e suas estratégias. Entretanto, para alcançar as suas metas, é necessário um adequado sistema de controle, a iniciar na captação daquele que lhe garante a maior receita, o aluno.

4. Riscos legais

No universo do Direito, não muito distante da academia da Administração, os riscos em uma empresa são tratados com atos normativos e respeitando a legislação vigente, fazendo-se a *compliance*, termo em inglês que significa cumprir, executar, satisfazer, realizar o que foi imposto (SANTOS; CASTRO, 2018). O *compliance* envolve um conjunto de processos e atividades que servem para garantir o cumprimento de todas as normas legais e regulamentares, a execução de todas as políticas e diretrizes estabelecidas para o negócio e para as atividades empresariais envolvidas e para identificar, tratar e, se possível, evitar qualquer desvio ou inconformidade que possa acontecer. Assim, via de regra, cabe a pessoa jurídica ser responsável em responder pelo negócio da empresa (FRAPORTI, 2018).

Para Gonçalves (2017), a pessoa jurídica é uma entidade constituída por um grupo de pessoas que a legislação atribui personalidade jurídica para atuar junto à sociedade, sendo sujeito de direitos e de obrigações, assim como são as pessoas físicas. O referido autor ainda ressalta que mesmo sendo formada por pessoas, a responsabilidade dessas não se mistura com a da entidade que tem sua personalidade própria independent a dos seus componentes. A união dessas pessoas pode ou não ter finalidade lucrativa. No caso de interesse em obter lucro, a união pode ser para constituir uma empresa ou uma sociedade. No caso de não haver interesse em obter lucro, pode ser uma associação beneficente, um grupo de assistência social, ou até mesmo para cultuar alguma religião. A pessoa jurídica nada mais é do que um grupo de pessoas que se forma a fim de constituir uma unidade orgânica com individualidade própria e distinta das pessoas físicas que a compõem (STOCO, 2014).

Para Stoco (2014), a formação da pessoa jurídica é repleta de solenidades, dependendo do preenchimento de alguns requisitos para a sua constituição, **tais como**:

a) *Vontade humana criadora:* é a intenção dos integrantes da pessoa jurídica de criarem uma pessoa jurídica própria de identidade diversa dos membros que a compõem. Ela se materializa na constituição, que pode se dar através de um estatuto, no caso das associações; de um contrato social, no caso das sociedades; e, por fim, por escritura pública ou testamento, no caso das fundações;

b) *Observância das condições legais:* Finalizado o ato constituído, este deverá ser levado a registro para dar origem à pessoa jurídica. Se não registrar a pessoa jurídica ela será uma mera sociedade de fato sem personalidade jurídica. O órgão que procederá o registro irá alterar-se conforme se trate de associação, sociedade ou fundação. Em se tratando de sociedade empresária, o registro deverá ser na Junta Comercial. No caso de associação, sociedade simples ou fundação o registro proceder-se-á no Cartório de Registro Civil das Pessoas Jurídicas. Caso, porém, a sociedade simples seja composta por advogados somente poderá ser registrada na Ordem dos Advogados do Brasil. Há pessoas jurídicas, por sua vez, que para se constituírem, além do registro, necessitam de autorização ou aprovação do poder Executivo, como as seguradoras, as instituições financeiras e as instituições de ensino que são delegatárias de serviço público (VENOSA, 2015);

c) *Licitude de seus objetivos:* para poder se constituir validamente, a pessoa jurídica deverá possuir como finalidade precípua uma atividade lícita. Caso assim não seja e seus objetivos recaiam sobre objetivos ilícitos ou nocivos à sociedade, a pessoa jurídica será imediatamente extinta, conforme expressa o artigo 69, do Código Civil, a saber: Tornando-se ilícita, impossível ou inútil a finalidade a que visa a fundação, ou vencido o prazo de sua existência, o órgão do Ministério Público, ou qualquer interessado, lhe promoverá a extinção, incorporando-se o seu patrimônio, salvo disposição em contrário no ato constitutivo, ou no estatuto, em outra fundação, designada pelo juiz, que se proponha a fim igual ou semelhante (VENOSA, 2015).

Quanto à classificação, as pessoas jurídicas classificam-se, de acordo com o artigo 40, do Código Civil, em pessoa jurídica de direito público, podendo esta ser de direito público interno ou externo (internacional), e pessoa jurídica de direito privado, como é o exemplo das IES particulares (DINIZ, 2016). Enquanto pessoas jurídicas prestadoras de serviços a uma gama de pessoas, as IES estão sujeitas a riscos indeterminados e bastantes, dentre eles os legais, podendo surgir o dever de indenizar. Na forma retro, diz que para se caracterizar a responsabilidade civil é necessário que se reúnam quatro elementos, a saber: a ação ou omissão do agente, a culpa ou o dolo do agente, a relação ou o nexo de causalidade e o dano (GRINOVER, 2017).

Nesta linha, Grinover (2017) expôs que a responsabilidade civil contratual, modelo adotado pelas IES ocorre pela presença de um contrato existente entre as partes envolvidas: agente (IES) e o contratado (discente). Deste modo, este último ao reunir os quatro elementos da responsabilidade civil, tais como citados anteriormente, em relação ao contratante, em razão do vínculo jurídico que lhes cerca, poderá invocar para si a chamada Responsabilidade Civil Contratual. Em relação à responsabilidade civil extracontratual, o agente não tem vínculo contratual com a vítima, mas, tem vínculo legal, uma vez que, devido ao descumprimento de um dever legal, o agente por ação (agir) ou omissão (deixa de agir), com nexo de causalidade (correlação) e culpa (acidente) ou dolo (intenção), causará à vítima um dano (DINIZ, 2016).

Ambas as figuras de responsabilidade civil estão alicerçadas em alguns elementos caracterizadores, os quais são essenciais para imputar a alguém o dever de reparar um dano sofrido. Tais elementos, segundo Grinover (2017) são verificáveis na legislação, entre outros dispositivos, no art. 186 do Código Civil, estabelecendo que: aquele que por ação ou omissão voluntária, negligência ou imprudência violar direito e causar dano a outrem, ainda que exclusivamente moral, comete ato ilícito. Além do mais, Venosa (2015), esclarece que enquanto prestadoras de serviços, as IES sujeitam-se as normas do Código de Defesa do Consumidor, para o qual o fornecedor de serviços responde, independentemente da existência de culpa, pela reparação dos danos causados aos consumidores por defeitos relativos à prestação dos serviços, bem como por informações insuficientes ou inadequadas sobre sua fruição e riscos. O mesmo diploma legal ainda ressalta que o fornecedor de serviços só não será responsabilizado quando provar que, tendo prestado o serviço, o defeito inexiste ou a culpa é exclusiva do consumidor ou de terceiros.

4.1. Identificação dos riscos legais no contexto da educação

Dentre os diversos tipos de riscos, destaca-se o risco legal ou jurídico, definido como a possibilidade de ocorrência de perdas decorrentes de multas, penalidades ou indenizações resultantes de ações de órgãos de supervisão e controle bem como perdas decorrentes de decisão desfavorável em processos judiciais ou administrativos (MAIA, 2017). Os riscos legais, de modo geral, são devidos a possibilidade de perdas decorrentes da inobservância de dispositivos legais ou regulamentares, da mudança da legislação ou de alterações na jurisprudência aplicáveis às transações da organização. No contexto educacional pode-se citar como exemplos de riscos legais a indenização por danos a terceiros, autuações de órgãos reguladores e incapacidade de cumprimento de leis trabalhistas (BALTAZAR; BALTAZAR; NICOLICH, 2018).

Maia (2017) cita, por exemplo, que os riscos legais nas empresas do campo da educação podem advir: I) Na execução dos contratos, controle das diretrizes operacionais estabelecidas – conferência do estrito cumprimento das cláusulas do contrato no que tange à documentação prevista, atendimento de prazos e fluxos de pagamentos; II) Fiscalização efetiva dos registros de execução dos contratos; III) na promoção da formalização do fluxo de comunicação entre os envolvidos de toda e qualquer medida que possa implicar em alguma modificação na dinâmica contratual ou que revele o possível descumprimento das obrigações contratuais asseguradas.

É importante destacar que o estabelecimento de um fluxo de comunicação entre a empresa (universidade/faculdade) e seus interlocutores (alunos) de maneira clara, formal e com propósito, se constitui de estratégia significativamente eficaz para resguardar os interesses da empresa e prevenir responsabilidades e litígios (MAIA, 2017). O risco legal na educação traduz a possibilidade de ocorrência de perdas pelo fato de um contrato não ter aplicabilidade legal, incluindo riscos resultantes de documentação insuficiente e de poderes reduzidos da contraparte. Esse risco ocorre com a possibilidade de uma perda em função da não execução de uma operação provocada pela incapacidade de uma das partes de cumprir os compromissos assumidos ou por não existir uma fiscalização clara ou não se ajustar ao marco legal estabelecido (PINHEIRO; OLIVEIRA, 2018).

O risco legal na educação também ocorre quando uma contraparte não tem autoridade legal ou regulamentária para realizar uma transação e pode resultar em conflitos entre os alunos e a instituição de ensino, que sofrem, dessa forma, perdas relevantes. Estes riscos podem desdobrar-se em: a) risco jurídico que é o risco de que uma operação não cumpra com as leis e os regulamentos aplicáveis e, portanto, de que a empresa fique exposta a possíveis penalidades civis, criminais ou administrativas, assim como à publicidade desfavorável; b) risco de responsabilidade oriunda do processo, multa, advertência ou censura por falha de atuação de ações equivocadas, bem como pelo fato de a empresa ter praticado procedimentos que podem ser considerados não ortodoxos (PINHEIRO; OLIVEIRA, 2018).

Os riscos legais na empresa educacional, de acordo com Baltazar, Baltazar e Nicolichi (2018) podem ser resultantes da incapacidade de cumprimento de leis trabalhistas, da incapacidade de cumprimento de contratos com alunos, das autuações de órgãos reguladores, das autuações de autoridades tributárias, da indenização por danos aos colaboradores, da indenização por danos aos alunos e do uso de informações de terceiros sem devida autorização. Deste modo, fica evidente a relevância de se investir na gestão dos riscos legais na instituição de ensino, uma ferramenta imprescindível não somente para dar suporte e respaldo à regularidade do cumprimento das obrigações assumidas, mas especialmente para contribuir com a maximização das receitas e em última instância, com o sucesso da organização (MAIA, 2017).

O risco legal também surge decorrente da relação com o Ministério da Educação uma vez que o MEC condiciona as ações das IES, influenciando fortemente sua atuação e, consequentemente, os riscos decorrentes de sua atividade (MASSAINI; FRANCO; OLIVA, 2017).

5. Consequências dos riscos operacionais nos riscos legais

A cultura de risco operacional é, talvez, o maior empecilho a ser ultrapassado. Como os eventos de perda operacional são decorrentes de falhas, traduzindo-se geralmente em prejuízos, uma postura punitiva pode levar os participantes a esconder essas falhas ao invés de evidenciá-las, impossibilitando o enfrentamento e tratamento dos problemas existentes (GOULART; PINHEIRO, 2018). Para descrever as consequências dos riscos operacionais nos riscos legais é necessário compreender que o risco legal é uma operação que não cumpre com as leis e os regulamentos aplicáveis e, portanto, deixa a empresa exposta a possíveis penalidades civis, criminais ou administrativas, assim como à publicidade desfavorável (PINHEIRO; OLIVEIRA, 2018).

A partir desta ameaça, surge o risco da responsabilidade oriundo do processo, como: multa, advertência ou censura por falha de atuação de ações equivocadas, bem como pelo fato da empresa ter praticado procedimentos que podem ser considerados não ortodoxos. Outro risco oriundo destas falhas é o risco fiscal que são os riscos de que a empresa venha a ser acusada de praticar ou colaborar ativamente para a evasão fiscal. Ainda há o risco operacional que pode levar a empresa ao risco legal (PINHEIRO; OLIVEIRA, 2018). O risco legal ou jurídico, por sua vez, se enquadra no conceito de risco operacional, tido como a possibilidade de ocorrência de perdas resultantes de falha, deficiência ou inadequação de processos internos, pessoas ou sistemas, decorrentes de fraudes ou eventos externos, incluindo-se o risco legal e excluindo-se os riscos decorrentes de decisões estratégicas e à reputação da instituição (MAIA, 2017).

Por outro lado, Baltazar, Baltazar e Nicolich (2018) afirmam que a reputação da empresa caracteriza como riscos de imagem e devem ser analisados com critério pela empresa educacional, pois engloba os aspectos visuais do campus. A associação do nome da IES em atos ilícitos, a má conduta de professores ou colaboradores, as reclamações nos órgãos de defesa do consumidor, as reclamações por outras vias (redes sociais, boca a boca etc.) e a divulgação de notícias afetam negativamente a credibilidade da IES. Assim, é fundamental para a sustentabilidade das organizações que a tomada de ações seja precedida de uma avaliação das variáveis a que a empresa estará exposta em cada hipótese, especialmente no que diz respeito ao alinhamento destas decisões às exigências legais e às obrigações previamente assumidas (MAIA, 2017).

Neste contexto, a gestão de riscos legais se apresenta como uma ferramenta valiosa para consecução dos objetivos da empresa, qual seja: na mitigação das possibilidades de perdas decorrentes do descumprimento de normas ou no acompanhamento dos processos produtivos, mediante o gerenciamento de projetos, contratos e garantias, evitando tolerâncias com relação ao descumprimento de prazos, entregas de documentos e alterações de condições contratuais preestabelecidas sem a devida formalização (MAIA, 2017). Eventuais negligências com relação a esses controles, aparentemente singelos, podem colocar em risco operações inteiras, expondo a organização a conflitos com os interlocutores, demandas judiciais e desequilíbrios no fluxo de caixa. A gestão eficaz dos riscos jurídicos deverá ser feita por profissionais experientes e qualificados e contemplará medidas adequadas à área de atuação da empresa e às especificidades do mercado em que ela está inserida (MAIA, 2017).

6. Considerações finais

As IES estão inseridas em um mercado altamente competitivo e cada vez mais dinâmico. Por possuírem características peculiares e enfrentarem riscos específicos, as IES necessitam de um sistema de controle e gestão de riscos adequados à sua realidade com o intuito de realizar um melhor planejamento de suas metas, aumentando, assim, as chances de atingirem seus objetivos e, consequentemente, aumentarem a segurança da sua gestão.

Percebe-se que o risco existe, deve ser entendido e mensurado para que possa ser identificado a fim de minimizar suas consequências ou até mesmo extirpá-lo. Para tal medida utilizam-se normas de identificação e mensuração através dos órgãos regulatórios e do gerenciamento de riscos. Existem variadas formas de identificar os riscos em um projeto e, para isso é necessária uma análise que pode começar com uma metodologia durante o próprio planejamento do projeto. Essa análise permite, ainda de forma global, instigar uma série de variáveis antes da execução a fim de identificar o risco ao destrinchar os fatores gerais ao identificá-los.

A gestão de riscos operacionais leva a identificação de falhas na execução de tarefas, a estimação das perdas financeiras resultante dessas falhas, a relevância de cada falha e de cada perda em relação ao total, a integração das mensurações de risco e a flexibilização para a alocação de capital. Como visto nesse capítulo, risco é a possibilidade de ocorrência de um evento adverso para uma determinada situação esperada. As diversas formas de se fazer a mensuração de risco resultaram na gestão de risco. O gerenciamento de riscos corporativos, um processo contínuo que trata de riscos e oportunidades que afetam a geração de valor, é de responsabilidade do conselho de administração e diretoria, e as ações decorrentes dele devem ser conduzidas pelos gestores e demais empregados por todos os níveis da organização.

As estratégias devem ser estabelecidas para identificar, em toda a organização, os eventos que possam afetá-la de forma potencial, além de administrar os riscos de modo a mantê-los compatíveis com o apetite a risco da organização e possibilitar garantia razoável do cumprimento dos seus objetivos.

REFERÊNCIAS

ALBASTEKI, O.; SHAUKAT, A.; ALSHIRAWI, T. Enterprise Risk Management (ERM): Assessment of Environmental and Social Risks from ERM Perspective. *In*: ANNUAL PWR DOCTRAL SYMPOSIUM 2018–2019, KnE Social Sciences, 2019, Bahrein. **Proceedings** […]. Bahrein: KnE Social Sciences, 2019. p. 128–151.

ASSOCIAÇÃO BRASILEIRA DE NORMAS TÉCNICAS. **ISO 31000:2009**. Gestão de riscos: princípios e diretrizes. Rio de Janeiro: ABNT, 2018. 17 p.

ASSOCIAÇÃO BRASILEIRA DE NORMAS TÉCNICAS. **ISO 9001:2015**. Sistema de Gestão da Qualidade: Requisitos. Rio de Janeiro: ABNT, 2015. 66 p.

BALTAZAR, T. P. V.; BALTAZAR, M. C. P.; NICOLICH, N. S. Análise sobre gestão de riscos em duas instituições de ensino superior da cidade de Maceió. *In*: ENCONTRO NACIONAL DE ENGENHARIA DE PRODUÇÃO: A Engenharia de Produção e suas contribuições para o desenvolvimento do Brasil, 38., 2018, Maceió. **Anais** […]. Maceió: Abepro, 2018. Disponível em: http://www.abepro.org.br/biblioteca/TN_WIC_265_523_35171.pdf. Acesso em: set. 2019.

BARRETO, J. S. Campos de aplicação da gestão de riscos. *In*: FRAPORTI, Simone. Gerenciamento de riscos. Porto Alegre: SAGAH, 2018. p. 115-122.

BIAZON, V. V. **A comunicação de mercado no contexto da indústria do ensino superior privado no Brasil e a mercantilização de um sonho**: um estudo do grupo Kroton Educacional. 2017. Dissertação (Tese de Doutorado) – Universidade Metodista de São Paulo, São Bernardo do Campo, 2017. 249 p.

BRASIL. INEP. Instituto Nacional de Pesquisas Educacionais. **Censo da Educação Superior**. Notas Estatísticas. Brasília: Diretoria de Estatísticas Educacionais (DEED). Ministério da Educação, 2017. 28 p.

BRASIL. **Lei nº 10.406, de 10 de janeiro de 2002**. Institui o Código Civil. Brasília, DF: Presidência da República, 2002. Disponível em: http://www.planalto.gov.br/ccivil_03/LEIS/2002/L10406.htm Acesso em: nov. 2019.

BRASIL. **Lei nº 8.078, de 11 de setembro de 1990**. Institui o Código de Defesa do Consumidor. Brasília, DF: Presidência da República, 1990.

Disponível em: http://www.planalto.gov.br/ccivil_03/leis/l8078.htm. Acesso em: nov. 2019.

BRASIL. **Lei nº 12.846, de 1º de agosto de 2013**. Dispõe sobre a responsabilização administrativa e civil de pessoas jurídicas pela prática de atos contra a administração pública, nacional ou estrangeira, e dá outras providências. Brasília, DF: Presidência da República, 2013. Disponível em: http://www.planalto.gov.br/ccivil_03/_ato2011-2014/2013/lei/l12846.htm Acesso em: out. 2019.

BRASIL. Ministério da Educação. **Portaria nº 234, 15 de março de 2018**. Brasília, DF: Ministério da Educação, 2018. Disponível em: http://www.in.gov.br/materia/-/asset_publisher/Kujrw0TZC2Mb/content/id/6848798/do1-2018-03-16-portaria-n-234-de-15-de-marco-de-2018-6848794. Acesso em: set. 2019.

DINIZ, M. H. **Curso de Direito Civil Brasileiro**: responsabilidade civil. 25. ed. São Paulo: Saraiva, 2016. v. 7.

FRAPORTI, S. **Gerenciamento de riscos**. Porto Alegre: SAGAH, 2018.

GOMES, L. F. A. M.; GOMES, C. F. S. **Princípios e métodos para tomada de decisão**: enfoque multicritério. 6. ed. São Paulo: Atlas, 2019. 158 p.

GONÇALVES, C. R. **Direito Civil brasileiro**: responsabilidade civil: 12. ed. São Paulo: Saraiva, 2017. v. 4.

GOULART, C. P.; PINHEIRO, J. L. Risco Operacional. *In*: PINHEIRO, J. L. P.; OLIVEIRA, V. I. O. (org.). **Gestão de riscos no mercado financeiro**: uma abordagem prática e contemporânea para as empresas. São Paulo: Saraiva Educação, 2018. Pp. 214-221.

GRINOVER, A. P. **Código de Defesa do Consumidor**: comentado pelos autores do anteprojeto. 11. ed. Rio de Janeiro: Forense Universitária, 2017.

INSTITUTO BRASILEIRO DE GOVERNANÇA CORPORATIVA. **Código das Melhores Práticas de Governança Corporativa**. 5. ed. São Paulo, SP: IBGC, 2015. 108 p.

JEBAILI, Paulo. Estratégias para melhorar a captação e a retenção de alunos. **Educação** [on-line], [*s. l.*], 19 dez. 2016. Disponível em: https://www.

revistaeducacao.com.br/estrategias-para-melhorar-captacao-e-retencao-de-alunos/. Acesso em: set 2019.

LIMA, F. G. **Análise de riscos**. 2. ed. São Paulo: Atlas, 2018.

MAIA, F. A gestão de riscos jurídicos como ferramenta de apoio para o seu negócio. **Poletto & Possamai**, [s. l.], 2017. Disponível em: http://poletto.adv.br/a-gestao-de-riscos-juridicos-como-ferramenta-de-apoio-para-o-seu-negocio-por-dra-fabiana-maia/. Acesso em: 1 set. 2018.

MASSAINI, A. O.; FRANCO, V. R.; OLIVA, F. L. Identificação de Riscos Corporativos no Ambiente de Valor de Instituições de Ensino Superior Privadas (IES). **Revista Administração em Diálogo**, v. 19, n. 1, p. 89-111, 2017.

MONTEIRO, M. S. **A importância da gestão de riscos**. Belém: CONACI, 2017.

OLIVA, F. L. A maturity model for enterprise risk management: a research for Brazilian companies. International Journal of Production Economics, v. 173, p. 66-79, 2015. In: OLIVA, F. L. ALBUQUERQUE, M.; COUTO, M. H. G. Identificação e análise dos riscos corporativos associados ao ambiente de valor do negócio de cacau da Cargill. **Caderno EBAPE.BR**, v. 17, n. 1, Rio de Janeiro, jan./mar. 2019. Disponível em: http://www.scielo.br/pdf/cebape/v17n1/1679-3951-cebape-17-01-156.pdf. Acesso em: out. 2019.

OLIVEIRA, L. C. S.; SOARES, G. F. Gestão de riscos operacionais e controles internos: um estudo em um banco em Goiás. **Revista de Contabilidade da UFBA**, Salvador, BA, v. 12, n. 1, p. 227-249, jan./abr. 2018. Arquivo digital em PDF.

PEREIRA, M. R.; FIANI, R.; WESTENBERGER, R. **O gerenciamento de riscos empresariais como forma de agregar valor às organizações**. 2014. Monografia (Graduação em Economia) – Universidade Federal do Rio de Janeiro, Rio de Janeiro, 2014. Disponível em: https://pantheon.ufrj.br/bitstream/11422/1666/1/MRPereira.pdf. Acesso em: set. 2019.

PINHEIRO, J. L. P.; OLIVEIRA, V. I. O. (org.). **Gestão de riscos no mercado financeiro**: uma abordagem prática e contemporânea para as empresas. São Paulo: Saraiva Educação, 2018. p. 48-67.

RUPPENTHAL, J. E. **Gerenciamento de Riscos**. Santa Maria: Universidade Federal de Santa Maria: Colégio Técnico Industrial de Santa Maria: Rede e-Tec Brasil, 2013. ISBN 978-85-63573-44-5.

SANTOS, M. F. O.; CASTRO, F. A. O gerenciamento do risco operacional no ambiente organizacional. **Revista Ciência Contemporânea**, v. 1, n. 3, p. 140-163, 2018.

SOARES, E. J.; CATAPAN, A.; MEZA, M. L. F. G. A utilização e a importância da matriz de risco no planejamento estratégico dos institutos federais de educação do Brasil. **ConTexto**, Porto Alegre, v. 19, n. 42, p. 1-12, maio/ago. 2019. Disponível em: https://repositorio.ufsc.br/handle/123456789/198251. Acesso em: set 2019.

SOUSA, M. R. B. D. **Gestão de riscos nas universidades federais brasileiras**. 2018. Dissertação (Mestrado Profissional em Administração Universitária) – Universidade Federal de Santa Catarina, Florianópolis, 2018. 303 p.

STOCO, R. **Tratado de Responsabilidade Civil**: doutrina e jurisprudência. 10. ed. São Paulo: Revista dos Tribunais, 2014.

SUM, R.; SAAD, Z. Risk management in universities. *In*: 3rd INTERNATIONAL CONFERENCE ON QALB-GUIDED LEADERSHIP IN HIGHER EDUCATION INSTITUTIONS, 3., [*s. l.*], 2017. **Proceedings** […]. [*S. l.: s. n.*], Disponível em: https://www.researchgate.net/profile/Rabihah_Mdsum/publication/321746840_Risk_Management_in_Universities/links/5a2f6963aca2726d0bd6cfc4/Risk-Management-in-Universities.pdf. Acesso em: mar. 2020.

TOLEDO, F. L. B. (org.). **Plano de Gestão de Riscos Metodologia de Implantação**. Brusque: Ministério da Educação. Secretaria de Educação Profissional e Tecnológica. Instituto Federal de Educação, Ciência e Tecnologia Catarinense, 2017.

VENOSA, S. S. **Direito Civil**: responsabilidade civil. 15. ed. São Paulo: Atlas, 2015. v. 4.

WEBER, E. L.; DIEHL, C. A. gestão de riscos operacionais: um estudo bibliográfico sobre ferramentas de auxílio. **Revista de Contabilidade do Mestrado em Ciências Contábeis da UERJ**, Rio de Janeiro, v. 19, n. 3, p. 41-58, set/dez. 2014. ISSN 1984-3291.

BLOCO C
ADMINISTRAÇÃO NA SAÚDE

CAPÍTULO 7

MARKETING EM SAÚDE E MOTIVAÇÃO NO AMBIENTE HOSPITALAR

Luzimar Bruno Ferreira
Pollyanna Ferreira Martins Garcia Pimenta
Thel Augusto Monteiro
Rosana Borges Zaccaria

1. Introdução

O objetivo desse capítulo tem como investigar se existe, de fato, relação entre a motivação do colaborador da área de saúde e o desempenho de suas tarefas profissionais na empresa em que trabalha. Também analisar a eficácia do uso das mídias sociais para o marketing em saúde. Afirma- se que toda busca pelo marketing nas redes sociais, viabiliza a prospecção de pacientes. Evidencia-se também como elementos para o aprimoramento profissional no ambiente Hospitalar o treinamento periódico entre funcionários, e o *feedback* com seus coordenadores.

2. Marketing e endomarketing

A preocupação em oferecer uma melhor qualidade de vida à população, órgãos competentes têm oferecido aos pacientes e colaboradores de instituições hospitalares uma melhor qualidade de vida e ambientes mais humanos. As organizações têm se preocupado em estabelecer essa meta colocando nas Instituições a Política Nacional de Humanização.

Desta forma, a população fica bem assistida e motivada em comparecer nas unidades, trazendo satisfação e confiança nos atendimentos. Isso proporciona ao paciente uma melhora clínica mais espontânea e com mais eficácia. Esse marketing nas Instituições hospitalares tem trazido bons resultados, gerando melhor resposta ao tratamento e diminuição no tempo de permanência hospitalar. Outro aspecto que tem sido muito evidenciado nas Instituições de Saúde é a preocupação com os colaboradores.

O Endomarketing tem sido uma das ferramentas importante para esse processo. Sua finalidade é de promover aos colaboradores o comprometimento rumo a humanização, à motivação e a satisfação, gerando assim, grande desempenho dos funcionários e aprimorando conhecimentos através de capacitações, adequações de comportamento, resiliência, evidenciando uma nova visão holística tanto na instituição, quanto nos colaboradores. O endomarketing basicamente possui 4 fundamentos:

- **Definição**: São ações direcionadas a todos os colaboradores que estão internamente na empresa.
- **Conceito**: Informações bem alinhadas
- **Objetivos**: ter do colaborador uma condição de forma que a sua relação seja de cumplicidade e troca.
- **Função**: Apresentar de forma sistemática e frequente a relação de cliente e fornecedor interno entre os departamentos.

É importante ressaltar que toda empresa deve ter uma sólida base de informação e comunicação, todos os colaboradores devem assumir a responsabilidade de disseminar as informações. Essas informações de forma eficiente eficientes são necessárias para um grande diferencial estratégico. Entretanto, para que se tenha essa reciprocidade entre empresa e colaborador, é necessário que os colaboradores tenham um conhecimento dos objetivos da organização.

No momento em que os colabores tiverem consciência de que existem clientes e fornecedores internos, aos quais deverá atender com a mesma eficiência, passará a ter uma melhoria na qualidade dos seus produtos e serviços o que acarretará na fidelização e satisfação dos seus clientes externos.

2.1. Motivação

As organizações precisam de pessoas motivadas, pois assim seus colaboradores executam ativamente suas atividades, fazendo com que haja altos níveis de produção satisfazendo seus usuários externos. Para isso é necessário que as empresas provoquem a satisfação dos seus próprios funcionários.

A palavra motivar quer dizer "mover uma ação", ou seja, é o que move uma pessoa para uma determinada ação. A motivação impulsiona o homem a agir de determinada forma, por isso é tão importante sua presença no ambiente de trabalho para que todos possam trabalhar em equipe, harmonia, alcançando metas e cumprindo objetivos traçados.

A partir de 1990 a administração hospitalar iniciou o processo de interesse de formação dos responsáveis pela formação dos profissionais que atuam na instituição. O hospital é uma empresa de grande complexidade e colaboradores motivados podem ajudar a resolver problemas encontrados como nas demais atividades econômicas, exigindo planejamento e gestão eficientes. A organização hospitalar tem a administração de recursos humanos como uma das áreas mais importantes das que compõem sua estrutura organizacional, pois o Hospital é um prestador de serviços que depende de pessoas, qualificadas e motivadas. Seus colaboradores tratam diretamente dos pacientes e cujos cuidados não permitem margem de erros. Com essa abordagem das relações humanas surgiram as teorias motivacionais, as quais podem ser extrínseca e intrínseca.

2.2. Motivação Extrínseca

A motivação extrínseca é aquela que vem de fora, tais como o salário, relacionamento interpessoais, segurança. Entretanto, não se pode dizer que a presença desses fatores seja o que motiva as pessoas, pois os fatores extrínsecos impactam em curto praz. Temos o exemplo de um aumento salarial, que em primeiro momento traz um resultado motivacional e após um certo tempo já acostumado com o valor, o colaborador depara com a necessidade de aumento. Ou seja, fatores extrínsecos são reforçados de comportamento, e têm efeito passageiro.

2.3 Motivação Intrínseca

Já a motivação denominada intrínseca é aquela que cada pessoa leva em consideração no seu interior. Assim a satisfação ou insatisfação às necessidades fazem parte de cada pessoa. Sendo assim as organizações são constituídas por pessoas com personalidades diferentes. É notório nas organizações quando o colaborador não atinge uma realização profissional, o reconhecimento pelo seu trabalho, não consegue vislumbrar perspectivas de promoção as condições no ambiente de trabalho se tornam precárias e quando presentes elevam a satisfação pessoal.

2.4. Marketing e Motivação na Saúde

O marketing na área de saúde necessita ter criatividade, percepção e inovação. Ir a um hospital não é uma experiência agradável, com isso a qualidade do atendimento deve estar sempre junto aos colaboradores para que seus clientes possam ter o desejo de retorno à Instituição e ao mesmo tempo levar consigo novos clientes.

Os colaboradores, portanto, devem ter novas ideias, criar tendências, melhorar sua imagem de um modo geral e assim transmitirá competência, confiança e segurança mantendo relacionamentos duradouros. Por meio do Marketing os colaboradores precisam perceber que se faz necessário conhecer muito bem o mercado, para que possam criar os seus pontos diferenciais competitivos.

3. Método de pesquisa

A presente Pesquisa foi empírica de Campo, realizada através de um estudo de caso único sobre os fatores motivacionais que podem interferir no desempenho dos funcionários do hospital neste setor em questão. A abordagem escolhida, quanto à natureza da pesquisa, foi qualitativa, perpassando também, pela quantitativa.

Segundo Triviños (1987), o significado é a preocupação essencial na abordagem qualitativa; o significado que as pessoas dão aos fenômenos. Essa posição justifica a escolha desse tipo de pesquisa, pois busca analisar a motivação dos funcionários da instituição pesquisada segundo o ponto de vista dos mesmos. A amostra foi formada pelos Colaboradores que atuam no hospital objeto desse estudo.

Segundo Bittar (1996), pode-se afirmar que a administração de recursos humanos é a área mais importante entre as que compõem sua estrutura organizacional, sobretudo por ser o hospital um prestador de serviços que depende de pessoas qualificadas, que tratam diretamente dos pacientes e cujos cuidados não permitem margem de erros.

A classificação da pesquisa é descritiva, porque teve como objetivo primordial a descrição das características de determinada população ou fenômeno ou estabelecimento de relações entre as diversas variáveis.

O tipo de pesquisa escolhido foi um estudo de caso único. A unidade de análise foi o setor de unidade de terapia intensiva neonatal e pediátrica do referido hospital filantrópico no interior de Minas Gerais.

4. Resultados e análises

A coleta de dados foi realizada com a aplicação de um questionário por intermédio de seus gestores contendo dezessete perguntas que buscavam obter informações sobre o objeto dessa pesquisa para serem respondidas pelos colaboradores da instituição em questão, os quais não receberam nenhuma espécie de influência e nem indução, visto que, ao recolher os questionários, foi tomado o devido cuidado para garantir o anonimato dos sujeitos e o sigilo das suas respostas, devido à complexidade e magnitude do conteúdo contido nele. Os dados coletados foram interpretados e analisados pelo pesquisador à luz das teorias que embasaram a presente pesquisa.

Houve a adesão e a participação de todos os 49 funcionários que trabalham na unidade de Terapia Intensiva Neonatal e Pediátrica do Hospital no qual essa pesquisa foi realizada. Vale ressaltar que os referidos funcionários são contratados pela CLT (Consolidação das Leis do Trabalho) e outros por Pessoa Jurídica. Portanto, todos os questionários foram devidamente entregues e recolhidos pelo pesquisador, garantindo a contribuição de todos os sujeitos envolvidos nesse estudo, dessa forma, não houve extravio de nenhum questionário.

4.1. Dados relacionados com o objeto da pesquisa

a) Através de elogios de seus coordenadores e superiores, você se sente uma pessoa motivada.
Percebe-se que 55% dos colaboradores da unidade frequentemente se sentem motivados e 28,7% às vezes se sentem motivados através dos elogios recebidos pelos seus coordenadores e superiores. Constatou-se que o ato de elogiar precisa fazer parte do dia a dia de todas as Instituições para manter a equipe motivada.

b) O reconhecimento do seu trabalho te faz uma pessoa motivada?
Em concordância 69,39% dos colaboradores da unidade de terapia intensiva neonatal e pediátrica reforçam que o reconhecimento do seu trabalho te faz uma pessoa motivada.

c) Seus coordenadores mais próximos oferecem condições favoráveis (condição de trabalho, ambiência, recursos materiais, entre outros) para sua motivação diária?
Percebe-se que 51,02% frequentemente sentem que essa relação existe. Entretanto, 44,90% dos colaboradores às vezes sentem-se motivados por esses fatores.

d) Você faz treinamentos periódicos na Instituição?
Percebe-se que 32,65% frequentemente fazem treinamento, e 40,82% as vezes fazem treinamento, 20,41% raramente fazem treinamento, e 6,12% nunca fizeram o treinamento.

e) Você acredita que esses treinamentos são necessários para o seu melhor desempenho?
Mostra que 79,51% acreditam que esses treinamentos são necessários para o seu melhor desempenho.

f) Você sabe qual é a visão, missão, princípios e valores da Instituição na qual trabalha?
No que tange sobre o conhecimento da visão, missão e valores da Instituição na qual os colaboradores trabalham, 40,81% já ouviram falar, mas esqueceram e 40,81% disseram sim, com profundidade. É um dado muito relevante para a Instituição, pois a visão, missão e valores de uma empresa são de extrema importância para o norteamento de uma Instituição.

g) Você se sente um colaborador motivado?
Percebe-se que 42,86% frequentemente se sentem motivados, 42,86% às vezes se sentem motivados e 12,25% raramente se sentem motivados.

h) Você se sente motivado com sua remuneração mensal?
Os dados mostraram que a maioria dos colaboradores não se sente motivada com a remuneração do seu trabalho, visto que houve a predominância das seguintes respostas: 18 pessoas nunca sentiram motivação com os seus salários, 10 raramente e 19 às vezes se sentem motivadas quando recebem no final do mês trabalhado. Apenas 02 pessoas ficam motivadas com a sua recompensa salarial.

i) As instalações da Instituição te dão satisfação dentro do ambiente de trabalho melhorando a sua motivação?
Os dados acima apresentados coincidem com o que foi encontrado na literatura, mostram um percentual favorável de satisfação desses profissionais com o ambiente físico, esse fator é de grande importância para os profissionais da saúde, pois eles se encontram sempre com pacientes que estão enfermos. Entretanto, os colaboradores que demonstraram insatisfação, apesar de fazerem parte de um percentual menor, esse descontentamento pode estar associado mais ao ambiente em que a pessoa trabalha do que à própria natureza do emprego, por sentirem dificuldades de estarem satisfeitos em um local que resulta em muita tensão e concentração.

j) Meu trabalho me traz felicidade e me sinto realizado profissionalmente?
Observa-se que 67,35% dos colaboradores frequentemente sentem felicidade no seu trabalho e realizados profissionalmente. Já 28,57% às vezes possuem esse sentimento de realização.

k) Tenho satisfação de estar juntos com os meus colegas de trabalho?
Apresenta-se 73,47% dos colaboradores têm satisfação de estarem juntos com seus colegas de trabalho e 24,49 às vezes apresentam essa satisfação.

l) Tenho satisfação de estar próximo aos meus coordenadores?
Percebe-se que 48,98% dos colaboradores frequentemente têm satisfação de estar próximos dos seus coordenadores, 30,61% às vezes apresentam essa satisfação e 16,33% raramente possuem essa satisfação.

m) Você se sente satisfeito e está motivado?
Analisou-se que 49,98% dos colaboradores frequentemente se sentem satisfeitos e motivados e 44.90% às vezes se sentem satisfeitos e motivados. Sabe-se que a satisfação do colaborador promove uma boa

comunicação entre gestores e clientes, promove também um incentivo às iniciativas e participações, potencializa o poder de decisões, estimula treinamento, facilita o desenvolvimento de trabalhos em equipe.

n) Você tem um feedback (retorno, avaliação) de seus supervisores para ampliar o seu desempenho na Instituição?

Evidencia-se que 38,76% frequentemente têm um feedback de seus supervisores para ampliar o seu desempenho na Instituição, 28,57% às vezes e 26,53% raramente possuem esse feedback.

o) Você percebe que o seu desempenho contribui para o crescimento dessa Instituição?

Nota-se que 59,18% dos colaboradores percebem que o seu desempenho contribui para o crescimento da instituição, mas 28,57% às vezes possuem esse pensamento. Por isso que a avaliação de desempenho é uma forma sistemática de analisar o desempenho do indivíduo no cargo e o seu potencial de desenvolvimento.

p) Seu desempenho na Instituição gera compromisso e responsabilidade?

Considera-se que 89,80% responderam que seu desempenho na instituição gera compromisso e responsabilidade.

q) Você periodicamente tem uma avaliação de desempenho dos Recursos Humanos (RH) da Instituição?

Relatou-se 34,70% nunca tiveram avaliação periódica de desempenho de recursos humanos (RH) da Instituição. Frequentemente 28,57% têm avaliação periódica de desempenho dos recursos humanos. É importante salientar que avaliação de desempenho dos colaboradores já faz parte de uma rotina antiga das organizações.

Pontes (1999) constatou que as organizações que eram estruturadas verticalmente, orientadas para o poder; incorporavam conceitos rígidos, desde o planejamento, controle e processo de trabalho, usavam sistema de informações para melhorar a eficiência, propunham economia de escala e focalizava o indivíduo como custo de produção. Após as reestruturações, passaram a ter estruturas horizontais, cada unidade funcionando como centro de negócios e orientada para a realização, respiram flexibilidade incorporada em todos os processos, usa a tecnologia de informações como força de transformações e adota o senso de oportunidade.

Entretanto, percebe-se que a avaliação sistemática do desempenho das pessoas na execução de suas tarefas funcionais é bastante recente, pois é difícil a implementação, visto que exige investimentos constantes na formação e treinamentos de avaliadores e avaliados. Vale ressaltar que a avaliação de desempenho tem sido uma prioridade em ascensão nas organizações.

5. Considerações finais

A metodologia aplicada contribuiu para alcançar os objetivos propostos. O que possibilitou observar a realidade daquele local de trabalho e mensurar os dados que foram coletados a partir do instrumento que foi utilizado. Aplicou-se um questionário aos colaboradores assegurando-lhes o sigilo da identidade, mas revelando as nuances que perpassam o cotidiano de cada profissional que atua na referida unidade.

Como elementos que favorecem o aprimoramento profissional, foram citados o treinamento periódico, o feedback dos seus coordenadores que são importantes para o desempenho do seu trabalho e para aumentar a sua contribuição na instituição na qual trabalham. Ficou evidenciado o compromisso e a responsabilidade que são gerados pelo bom desempenho da equipe.

Foi possível também observar que o marketing digital vem se destacando como estratégia essencial para empresas e/ou profissionais da saúde, que almejam ter sucesso na publicidade online no intuito da expansão da divulgação e o fortalecimento da marca e/ou serviços.

Evidenciou-se a necessidade de reforçar quais são os valores, a visão e a missão dessa organização possibilitando que todos unam esforços para atingir os objetivos norteadores, que justificam o propósito de ser dessa renomada instituição que cuida com excelência da saúde dos pacientes com grande responsabilidade e competência.

REFERÊNCIAS

ANDRADE, Luciene Miranda de *et al.* Atendimento humanizado nos serviços de emergência hospitalar na percepção do acompanhante. **Revista Eletrônica de Enfermagem** [on-line], 2009. Disponível em: http://www.fen.ufg.br/revista/v11/n1/pdf/v11n1a19.pdf. Acesso em: 22 set. 2011.

BEKIN, Saul Faingaus. **Endomarketing**: como praticá-lo com sucesso. São Paulo: PrenticeHall, 2004.

BERGAMINI, Cecilia Whitaker. **Motivação nas Organizações**. São Paulo: Atlas, 1997.

BITTAR, O. Metodologia para avaliação da produtividade em hospitais. **O Mundo**, Saúde, São Paulo, v. 20, p. 238-242, ago. 1996.

LACOMBE, Francisco Jose Masset. **Recursos Humanos**: Princípios e Tendências. São Paulo: Saraiva, 2005.

RAMOS, M. **Curso de Marketing e gerenciamento para consultórios e clínicas-apontamentos**. Cuiabá: [*s. n.*], 1998.

RUTHES, R. M.; CUNHA, I. C. K. O. Os desafios da administração hospitalar na atualidade. Current hospital management challenges. **RAS**, v. 9, n. 36, jul./set. 2007.

TAMAYO, Álvaro; PASCHOAL, Tatiane. A Relação da Motivação para o Trabalho com as Metas do Trabalhador. **RAC**, v. 7, n. 4, p. 33-54, out./dez. 2003. Disponível em: http://www.scielo.br/pdf/rac/v7n4/v7n4a03.pdf. Acesso em: 12 maio 2013.

CAPÍTULO 8

GESTÃO ESTRATÉGICA NO SISTEMA ÚNICO DE SAÚDE/SUS:
estudo de caso em hospital de médio porte, na Região Noroeste de Minas Gerais

Priscilla Itatianny de Oliveira Silva
Ana Paula Gimenez da Cunha Buzinaro
Maria Imaculada de Lima Montebello

1. Introdução

Este capítulo tem por objetivo apresentar o relato de um estudo de caso que buscou identificar os impactos da eficácia operacional, viabilizada pelo modelo de gestão de um hospital de médio porte, no interior do estado de Minas Gerais, na região Noroeste, considerando o âmbito público-privado do SUS, com foco na proposição de estratégia organizacional aplicada ao setor de saúde; correlacionando com a contribuição do Residente de Medicina de Família e Comunidade na Estratégia Saúde da Família em um município do Noroeste de Minas Gerais, sob o enfoque da gestão estratégica. O capítulo está organizado em seis tópicos: Introdução; Referencial teórico; Método de Pesquisa; Considerações Finais; e Questões para reflexão.

2. Referencial teórico

Didaticamente, a história da saúde brasileira pode ser entendida de forma paralela à retrospectiva da formação econômico-política do país, pois todas as evoluções estiveram voltadas às mudanças que aconteceram para impulsionar a economia (FIGUEIREDO; TONINI, 2011).

O sistema médico-previdenciário imperou até então de forma excludente na prestação de assistência à saúde para a população, pois favorecia os trabalhadores, e possuía um caráter curativista e hospitalocêntrico (BRASIL, 2002).

A 8ª Conferência Nacional de Saúde (CNS), convocada pelo ministro Carlos Santanna (Decreto n. 91.466, de 23/07/85), realizada em 1986, marca o momento em que as mudanças ganham contornos claros; o temário da conferência era composto pelos itens saúde como direito; reformulação do Sistema Nacional de Saúde e financiamento do setor (BRASIL, 2009). Na ocasião, houve algo até então não visto nas outras conferências, a presença da população, sendo o evento realizado com as portas abertas, e teve o intuito de apresentar o Sistema Único Descentralizado de Saúde (SUDS), uma proposta revolucionária, com características totalmente diferentes da política de saúde vigente na ocasião, voltada para todos, e em um caráter preventivo.

Segundo Chagas e Torres (2018), a convocação da 8ª CNS ocorreu durante um conflito entre o Ministério da Saúde e o Ministério da Previdência e Assistência Social. Uma das propostas do movimento sanitário era levar o INAMPS para dentro do Ministério da Saúde, de forma que a assistência à saúde, restrita até então aos previdenciários, pudesse ser estendida a todos.

O SUS é fruto do reconhecimento do direito à saúde no Brasil com caráter federativo. Assim, determina o dever de todos os municípios, dos estados e da União, de atuar para a promoção, a prevenção, a recuperação e a reabilitação da saúde, com autonomia de cada esfera de governo para a gestão descentralizada do Sistema nos limites de seu território. Então é delegada uma autonomia para as demais esferas. O comando, entretanto, é único, do Estado (VIEGAS; PENNA, 2013).

Os princípios do SUS que regem toda a estrutura e funcionamento se dividem em dois tipos: os doutrinários, que buscam a materialização de toda a essência proposta pelo sistema; e os organizativos, que traçam como essas ações de saúde serão prestadas. Os princípios doutrinários são a universalidade que garante a assistência à saúde a todos os brasileiros, como é dito na CF 88 "A saúde é um direito de todos [...]"; a integralidade, que busca o atendimento ao paciente em todos os níveis de complexidade; e a equidade, que consiste em prestar a assistência conforme a necessidade de cada pessoa (MATTOS, 2009). Estes princípios foram forjados no interior de um processo de luta, travada pelo movimento da Reforma Sanitária desde o final dos anos setenta. Tal movimento, embora não homogêneo, produziu um amplo consenso em torno de princípios básicos que deveriam nortear a construção de um sistema de saúde, sendo estes os elementos centrais que comumente chamamos de princípios e diretrizes do SUS.

Para a garantia do funcionamento, o SUS baseia-se em princípios organizativos que norteiam o desenvolvimento de ações de saúde em um país heterogêneo, e de grandes diversidades culturais e socioeconômicas. Dessa forma, as ações e serviços públicos de saúde passaram a integrar "uma rede regionalizada e hierarquizada", no qual dividiu-se o país em regiões para garantia de atendimento em todos os níveis de complexidade, porém de forma organizada e ordenada, ou seja, um sistema descentralizado, com autonomia aos demais entes federativos. Entretanto, com comando único na esfera Federal. E, por fim, a participação social, que garante a intervenção da população na criação das políticas públicas de saúde, por meio das Conferências e Conselhos de Saúde (VIEGAS; PENNA, 2013).

A partir dos princípios doutrinários e organizativos, cabe às três esferas, de maneira conjunta, definir mecanismos de controle e avaliação dos serviços de saúde, como também monitorar o nível de saúde da população, elaborar normas para regular, de forma complementar, a contratação de serviços privados, gerenciar recursos orçamentários, definir políticas de recursos humanos, realizar o planejamento de curto e médio prazos, e promover a articulação de políticas e planos de saúde (BRASIL, 2016b).

O SUS, mesmo estruturado ideologicamente, atua com valores dominantes na sociedade brasileira, e tende mais para a diferenciação, o individualismo e a distinção do que para a solidariedade, a coletividade e a igualdade. Assim, esse aspecto negativo é agravado pelas limitadas bases sociais e políticas do SUS, que não contam com a força de partidos, nem com o apoio de trabalhadores organizados em sindicatos e centrais para a defesa do direito à saúde, inerentes à condição de cidadania. Então, na maioria das vezes, os interesses particulares se sobrepõem aos coletivos, o que dificulta o funcionamento de excelência, como é escrito na política (PAIM, 2018).

A rede assistencial de saúde é responsável pela atenção integral, para garantir ao usuário o direito ao atendimento, desde o primeiro contato com a equipe até encaminhamentos e atendimentos em Serviços de que o usuário necessite. É válido ressaltar a importância de as equipes e os profissionais terem uma visão mais abrangente do indivíduo, ou seja, holística em vários aspectos, do individual ao coletivo, dentro de suas condições de vida e de suas reais necessidades em saúde, para lhe ofertar ações e serviços que respondam às suas demandas (VIEGAS; PENNA, 2013).

Investigar a relação da média complexidade com a atenção básica à saúde, em especial no que se refere à caracterização da demanda por especialidades e emergências hospitalares, constitui premissa importante para a organização de sistemas de saúde pautados pela equidade e regionalização. Afinal, parcela significativa da população busca assistência nos pronto-atendimentos públicos. Nesses locais, eminentemente hospitalares, conforma-se uma demanda de usuários sobre a qual se necessita informações acerca do perfil socioeconômico desses usuários, o problema de saúde referido, o motivo da procura, os procedimentos realizados, e a relação desses com a atenção básica (PIRES et al., 2010).

Segundo Noronha e Pereira (2013), para a efetivação estratégica do SUS é necessário que a política de saúde seja reorientada para interferir em prol de uma proteção social que defenda os interesses públicos. Para isso, é preciso uma política que proteja os objetivos do SUS, que mesmo mantendo mesclado o sistema de saúde brasileiro, o torne mais voltado para as necessidades de uma proteção social solidária e menos desigual, considerando os interesses particulares, de forma complementar.

A rede assistencial de saúde é responsável pela atenção integral, para garantir ao usuário o direito ao atendimento, desde o primeiro contato com a equipe até encaminhamentos e atendimentos em Serviços de que o usuário necessite. É válido ressaltar a importância de as equipes e os profissionais terem uma visão mais abrangente do indivíduo, ou seja, holística em vários aspectos, do individual ao coletivo, dentro de suas condições de vida e de suas reais necessidades em saúde, para lhe ofertar ações e serviços que respondam às suas demandas (VIEGAS; PENNA, 2013).

Para o atendimento de forma integral, conforme é proposto no princípio doutrinário, o SUS deve enfrentar um duplo desafio: primeiro abrir as portas do sistema para garantir o atendimento à população historicamente desassistida em saúde e, ao mesmo tempo, implantar redes de atenção à saúde que possam dar conta das necessidades de atendimento, lembrando que as desigualdades de acesso são muito significativas entre as diferentes regiões do país (BRASIL, 2007).

A estrutura da assistência à saúde no SUS consiste em uma articulada rede entre a atenção primária ou básica, de média e de alta complexidade, e é caracterizada pela centralidade dos procedimentos médico-hospitalares sobre a promoção da saúde, preponderantemente. Esta característica é fruto de um modelo de atenção marcado pela hegemonia dos interesses da corporação médica, das indústrias e serviços privados em saúde, que por muitos anos imperaram no Brasil (PIRES *et al.*, 2010).

Uma ferramenta para a concretização das ações de saúde é o Mapa da Saúde, que consiste em um instrumento de inteligência sanitária georreferenciada que disponibiliza as principais informações sobre o SUS, as características de seus usuários e das populações cobertas por seus serviços, e foi elaborada no âmbito do Decreto nº 7.508, de 2011, oferecendo uma descrição regional de recursos humanos, de serviços de saúde, e de ações programáticas. As informações disponíveis envolvem os serviços do SUS e os serviços privados (BRASIL, 2016).

A Atenção Primária adquire ainda função de coordenação das Redes de Atenção à Saúde (RAS), objetivando a efetivação da atenção integral a partir da gestão de serviços organizados em Redes, conforme a Portaria 2488/11. O processo de trabalho das Unidades de Atenção Básica (AB) prevê: a territorialização; a implementação dos princípios da Programação em Saúde; o acolhimento com escuta qualificada, e classificação dos riscos; bem como a avaliação de necessidades/vulnerabilidades; ações educativas, domiciliares e Inter setoriais (MACEDO; MARTIN, 2014).

Brasil (2017) indica que a AB é o conjunto de ações de saúde voltadas para os contextos individuais, familiares e coletivos, que envolvem promoção, prevenção, proteção, diagnóstico, tratamento, reabilitação, redução de danos, cuidados paliativos e vigilância em saúde, efetivados pelas práticas de cuidado integrado e de gestão qualificada. Oficialmente, a AB é a principal porta de entrada e centro de comunicação da RAS.

Nos anos 1970 inicia-se o pioneirismo no desenvolvimento da Medicina de Família e Comunidade (MFC) no Brasil, com programas de residência em MFC no Rio Grande do Sul, Rio de Janeiro e Pernambuco. Neste período, gestores e até mesmo o meio acadêmico, pouco apoiaram essas iniciativas, o que posteriormente dificultou a implantação, a partir de 1994, do Programa Saúde da Família (PSF) de forma robusta, devido à carência de profissionais com essa formação (TRINDADE; BATISTA, 2016).

A MFC é uma especialidade médica reconhecida pela Associação Médica Brasileira (AMB) e pelo Conselho Federal de Medicina (CFM) é eminentemente clínica e desenvolve, práticas de promoção, proteção e recuperação da saúde dirigidas a pessoas, famílias e comunidades. É o contato mais direto a realidade do paciente (CAVALCANTE NETO; LIRA; MIRANDA, 2009).

A Medicina de Família e Comunidade consiste na especialidade médica que presta assistência de forma continuada, integral e abrangente para as pessoas, suas famílias e comunidade em geral, além do acesso do médico ao domicílio, o que permite um contato maior com o contexto socioeconômico (GUSSO; LOPES, 2012).

Assim, a formação acadêmica do médico está ligada diretamente ao ensino das competências necessárias ao profissional que inicia sua prática profissional, e tem como principal campo de oferta de trabalho a Estratégia Saúde da Família (ESF) (CASTRO; NÓBREGA-THERRIEN, 2009).

Segundo Mello *et al.* (2009) no geral, o médico do PSF tem uma autoimagem profissional positiva e grande identificação com sua clínica; porém, sujeito a alguns ressentimentos comuns como excesso de carga de trabalho; baixa remuneração e baixo *status* social e profissional; precariedade de vínculos trabalhistas; baixa integração com os demais níveis de complexidade; dificuldade de trabalho em equipe multiprofissional e na delimitação dos próprios papéis.

A atenção primária em saúde (APS) tem sido considerada imprescindível para a efetividade dos sistemas de saúde e para a garantia de melhorias nas condições de saúde da população. Vários estudos comprovam que países que possuem sistemas organizados a partir da APS apresentam menores taxas de incidência de doenças e de internação, redução de taxas de mortalidade prematura por causas evitáveis, menores custos, e maior equidade na oferta de serviços (CUNHA; GIOVANELLA, 2011).

Quanto a estas evidências positivas nos serviços prestados nas redes de atenção no sistema de saúde, Lavras (2011) apresentaram os seguintes impactos sociais como evidências do impacto das redes de atenção nos sistemas de saúde; reduzem a fragmentação da atenção; melhoram a eficiência global do sistema; evitam a multiplicação de infraestrutura e serviços; respondem melhor às necessidades e às expectativas das pessoas; melhoram o custo efetividade dos serviços de saúde; reduzem hospitalizações desnecessárias; diminuem o tempo de permanência hospitalar; produzem economias de escala e de escopo; aumentam a produtividade do sistema; melhoram a qualidade da atenção; produzem uma oferta balanceada de atenção geral e especializada; a continuidade da atenção gera maior efetividade clínica; facilitam a utilização dos diferentes níveis de atenção pelas pessoas; aumentam a satisfação dos usuários; facilitam o autocuidado pelas pessoas (LAVRAS, 2011).

3. Método de pesquisa

O presente estudo constitui uma pesquisa descritiva com abordagem qualitativa, que utilizou a estratégia de estudo de caso único; as técnicas de coletas de dados foram entrevistas, pesquisa bibliográfica e análise documental e para a análise dos dados foi aplicada a técnica de análise de conteúdo.

Segundo Marconi e Lakatos (2010) pesquisa descritiva consiste em investigações cujo objetivo é o mapeamento e o diagnóstico de um problema ou um fato social, bem como a ambientação do pesquisador, tornando assim mais claros os conceitos acerca do assunto.

Os sujeitos dessa pesquisa foram os gestores: diretor administrativo, diretor clínico, diretor técnico e responsável técnica de enfermagem de um hospital de médio porte, na região Noroeste de Minas Gerais, visto que estes estão à frente do processo gerencial, contribuindo assim para traçar uma linha da estratégia de gestão utilizada e, concomitantemente, correlacioná-la com os impactos na eficácia operacional. E no cenário da Atenção Básica os sujeitos dessa pesquisa foram os usuários da Estratégia Saúde da Família da cidade de Paracatu-MG, no bairro Bela Vista unidade, que possui residentes atuantes do Programa de Medicina Família e Comunidade.

Como cenário o estudo foi realizado em um hospital de médio porte, na região Noroeste de Minas Gerais. Este foi escolhido como objeto de estudo por representar o único hospital público do município de Paracatu e referência para atendimento da região em que está situado, apresentando assim uma relevância de atendimento, e sendo passível de uma análise da estratégia organizacional.

O Hospital Municipal de Paracatu (HMP) localizado na Avenida Olegário Maciel, 166, bairro: Centro, Paracatu/ Minas Gerais, CEP: 38.600-208 (BRASIL, 2019a). O município possui uma população estimada em 84.718 habitantes, e está localizado na região Noroeste do Estado de Minas Gerais, cujos limites territoriais são ao norte município de Unaí-MG; ao Sul Vazante--MG e Guarda-Mor-MG; a Leste João Pinheiro-MG e Lagoa Grande-MG; e a Oeste: Cristalina-GO (IBGE, 2019). A prestação de serviços no HMP ocorre por meio da demanda espontânea, regulação SUSFACIL (UTI) Central de Leitos do Estado de Minas Gerais, atendimento de urgência e emergência para adultos, crianças e gestantes, com funcionamento 24 horas por dia, todos os dias da semana, e que inclui internação em Clínica Médica, Clínica Cirúrgica, Pediatria, Ginecologia, Obstetrícia e Terapia Intensiva Adulto. Além disso, há o atendimento de urgência e emergência obstétrica e Ginecológica.

Foi aplicado um questionário aos sujeitos dessa pesquisa usuários da ESF Bela Vista, no município de Paracatu-MG, no período de funcionamento da Unidade da manhã de 07:00 às 11:00 horas e tarde 13:00 às 17:00 horas, para os pacientes que está marcado para atendimento no mês de outubro de 2019, situado a rua da Boa Vista, 629-705, Paracatu/MG, 38600-000; unidade que possuem residentes atuantes do Programa de Medicina Família e Comunidade.

Os dados foram analisados pelo método qualitativo, a partir da realização da entrevista semiestruturada, sendo a interpretação destes confrontada com os elementos identificados na revisão da literatura.

Os resultados obtidos estão sintetizados por meio de frequência relativa. O número de entrevistados (n) correspondeu a um total de 4 entrevistas realizadas com os gestores do HMP.

4. Resultados da pesquisa

Em relação à faixa etária (Questão 1), houve uma maior concentração de respondentes com idades na faixa e 30 a 39 anos (75%), seguidos pela faixa de 40 a 60 anos (25%), o que representa uma tendência brasileira na indicação de cargos de chefia para pessoas com mais idade, e sugere a esperança de um desempenho com maior experiência e maturidade profissional (SANTOS; CASTRO, 2010). O grau de instrução dos gestores, no qual é evidenciado o nível de pós-graduação para todos os gestores, caracterizando a valorização da formação profissional para a ocupação dos cargos de gestão.

Tabela 1 – Caracterização dos respondentes (n=4)

Variável	Nível	Frequência Relativa
Idade (anos)	30 a 39	75%
	40 a 60	25%
Escolaridade	Pós-graduação	100%

Fonte: Elaborado pelas autoras.

Entende-se que com a globalização e revolução administrativa, onde as competências gerenciais são de extrema importância, conclui-se que é cada vez mais importante o desenvolvimento das habilidades de gestão. Porém, não podemos deixar "via de regra" a correlação entre a escolaridade e aptidão gerencial, visto que a capacidade de liderança depende de fatores particulares como proatividade e conhecimento organizacional (SILVA; MOURÃO, 2015).

Assim, observa-se que no setor público pautado por interesses políticos, muitas vezes há o comprometimento na ocupação de cargos de gestão, visto que são comissionados, deixando-se o critério de escolha para situações oportunistas da gestão geral.

Os participantes da pesquisa são os gestores do hospital em estudo. Conforme Tabela 2 todos estão na linha de frente e são contemplados e representados todos os serviços prestados.

Conforme Lorenzetti *et al.* (2014), nas instituições contemporâneas, o hospital é percebido como um dos mais impermeáveis às mudanças devido ao baixo grau de interação entre as profissões e departamentos, fragmentação da prática clínica, grande subordinação dos usuários aos serviços, e pouco governo dos gestores para atuar sobre as corporações. Assim, a eficácia operacional fica enfraquecida, visto que a comunicação interligada favorece muito na tomada de decisões.

Tabela 2 – Gestores, cargos e atribuições

GESTORES	CARGOS	ATRIBUIÇÕES
1	DIRETOR ADMINISTRATIVO	Responsável pelo controle das operações, planejamento, estratégias e todos os demais aspectos relacionados às atividades hospitalares.
2	DIRETOR TÉCNICO	Responsável por atribuições de controle administrativo e clínico relacionados às atividades hospitalares.
3	DIRETOR CLÍNICO	Responsável pelo corpo clínico do hospital.
4	RESPONSÁVEL TÉCNICO DE ENFERMAGEM	Responsável pela equipe de Enfermagem do hospital.

Fonte: Elaborado pelas autoras.

Questionado sobre a aplicabilidade dos princípios doutrinários dos SUS (Questão 3), que consiste na essência do funcionamento dos serviços, e os organizativos, que desenham a estrutura e organização da assistência, os gestores participantes da pesquisa foram unânimes, conforme o Gráfico 1, em reconhecer que o hospital em estudo na prestação de atendimentos comtempla todos os princípios do SUS.

Com a criação do SUS, objetivou-se alterar a situação de desigualdade na assistência à saúde da população, tornando obrigatório o atendimento público a qualquer cidadão, ofertando serviços na atenção primária, secundária e terciária. E assim, a partir dos seus princípios, esse sistema aponta para a ampliação das ações dos profissionais de saúde, com o objetivo de torná-los capazes de assegurar assistência de qualidade para todos, com competência técnica e humana, e de acordo com as diretrizes do sistema. Além disso, busca-se o estabelecimento de vínculo com os usuários, garantindo a sua participação na tomada de decisões nos serviços de saúde. Tais desafios exigem do profissional de saúde consonância com os preceitos doutrinários e operacionais do sistema, além de construções simbólicas que deem suporte a tais ações. Então o hospital, como membro da atenção secundária que recebe o fluxo da atenção primária, deve ser altamente resolutivo e possuir aplicabilidade dos princípios do SUS, a fim de garantir uma assistência de excelência (PONTES; OLIVEIRA; GOMES, 2014).

Gráfico 1 – Princípios doutrinários e organizativos do
SUS contemplados na assistência do hospital

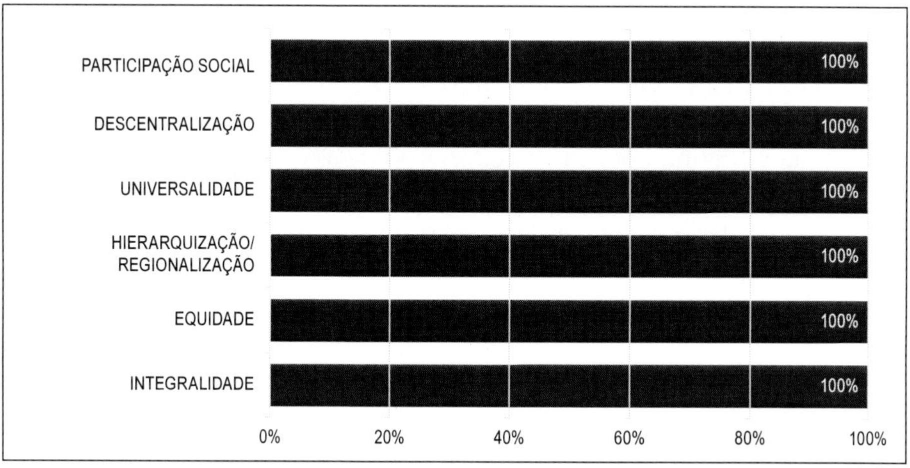

PARTICIPAÇÃO SOCIAL	100%
DESCENTRALIZAÇÃO	100%
UNIVERSALIDADE	100%
HIERARQUIZAÇÃO/ REGIONALIZAÇÃO	100%
EQUIDADE	100%
INTEGRALIDADE	100%

Fonte: elaborado pelas autoras.

Para delinear a eficácia operacional do hospital em estudo foram perguntadas algumas afirmativas e utilizadas respostas através do grau de concordância, atribuindo-se: 1) quando concorda totalmente; 2) concorda; 3) indiferente/neutro; 4) discorda; e 5) discorda totalmente.

Ao se perguntar se "Ocorre o desenvolvimento das competências administrativas/gerenciais no hospital" os gestores na totalidade consideram que sim (Gráfico 2). No SUS não é comum a capacitação e treinamento continuado para os profissionais no intuito do desenvolvimento das competências de liderança, porém no hospital em estudo observa uma mudança nessa tendência quando observa-se que os gestores afirmam que existe sim essa capacitação.

Gráfico 2 – Desenvolvimento das competências administrativas/gerenciais

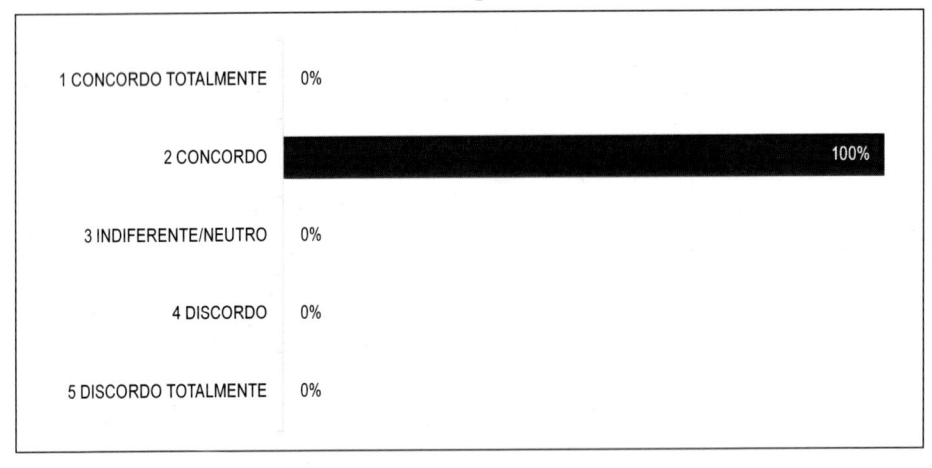

1 CONCORDO TOTALMENTE	0%
2 CONCORDO	100%
3 INDIFERENTE/NEUTRO	0%
4 DISCORDO	0%
5 DISCORDO TOTALMENTE	0%

Fonte: elaborado pelas autoras.

A noção de competência é comumente utilizada para se referir a uma capacidade que é exigida de alguém para realizar determinada atividade ou tarefa. O desafio para a nova administração pública que se coloca é como transformar estruturas burocráticas e hierarquizadas em organizações flexíveis, adaptáveis e empreendedoras. Assim, a gestão com base nas competências apresenta-se como um modelo gerencial alternativo aos instrumentos tradicionalmente utilizados pelas organizações dentre os diversos modelos de gestão encontrados na literatura e aplicados nas organizações públicas e privadas. Com a finalidade de tornar a gestão de pessoas mais estratégica, observa uma tendência da utilização do modelo de gestão de pessoas por competência para se manterem neste novo universo competitivo e nas instituições públicas não é diferente (SOUSA; BARBOSA, 2018).

Sobre a afirmativa "A missão e os objetivos deste hospital são comtemplados", 50% dos gestores acreditam que o funcionamento hospitalar está totalmente de acordo com o que foi proposto, ou seja, o motivo pelo qual ele foi concebido e projetado. Já 25% concordam, e outros 25% estão indiferentes/neutros (Gráfico 3). Segundo informado pelos diretores a missão hospital em estudo é "Oferecer excelência de qualidade no âmbito da saúde, da geração do conhecimento e da responsabilidade social oportunizando o trabalho médico, como forma de evidenciar a contribuição da comunidade e suas necessidades sociais"; a visão "Ser o sistema modelo de promoção e assistência integral à saúde que, através do cooperativismo, preserve a dignidade, a integridade em benefício comum de todos" e os valores "qualificação profissional, relação médico x paciente, ética, cooperativismo, transparência, valorização do trabalho, parceria, comunidade e qualidade" não existe de forma pública a determinação da missão, visão e objetivos do hospital em estudo, mas que eles já tem esses determinados no processo de sua gestão.

Ao se definir a missão, a organização se posiciona perante a sociedade, o mercado, os clientes, colaboradores e fornecedores. E são estes preceitos que evidenciam as diretrizes da instituição quanto ao seu planejamento estratégico e visão de futuro, então a gestão deve contemplar ou buscar da efetivação da missão a fim de garantir a concretização dos objetivos.

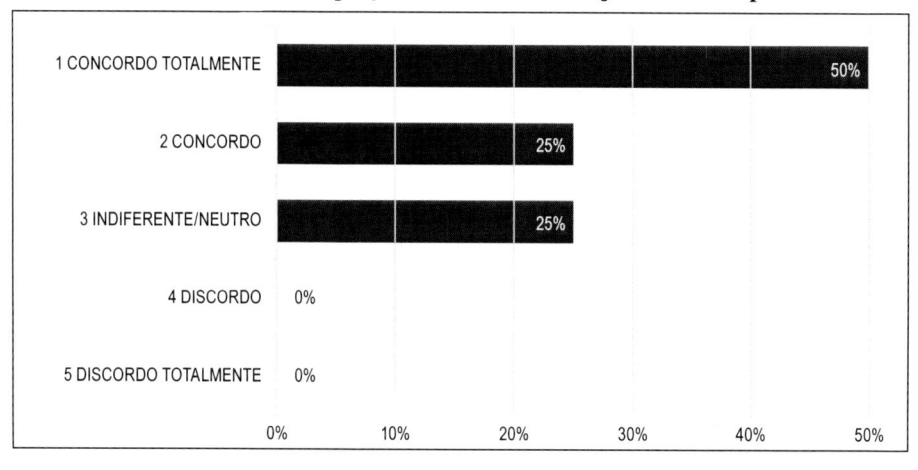

Gráfico 3 – Contemplação da missão e os objetivos do hospital

1 CONCORDO TOTALMENTE	50%
2 CONCORDO	25%
3 INDIFERENTE/NEUTRO	25%
4 DISCORDO	0%
5 DISCORDO TOTALMENTE	0%

Fonte: elaborado pelas autoras.

Conforme Irigaray, Cunha e Harten (2016), a missão organizacional ocupa o topo da hierarquia, sendo o ponto de partida da formulação estratégica do negócio e a síntese de seu propósito fundamental. A partir daí todos os envolvidos em seus processos também devem guiar-se por esta missão, buscando alcançar os resultados almejados pela empresa em curto, médio e longo prazo

Em relação "As estratégias e ações definidas para sua área de atuação refletem as suas necessidades de gestão", na totalidade os gestores concordam (Gráfico 4) que no seu processo gerencial existe um plano estratégico que contribui para a tomada de decisões, porém como observamos na Escola do Planejamento, as estratégias devem resultar de um processo controlado e consciente de planejamento formal, decomposto em etapas distintas, cada uma delineada por *checklists* e apoiada por técnicas, e assim é necessário que ocorra concordância total de que há estratégias e que refletem o processo gerencial, para que aconteça gestão plena.

Gráfico 4 – As estratégias e ações definidas para sua área de atuação

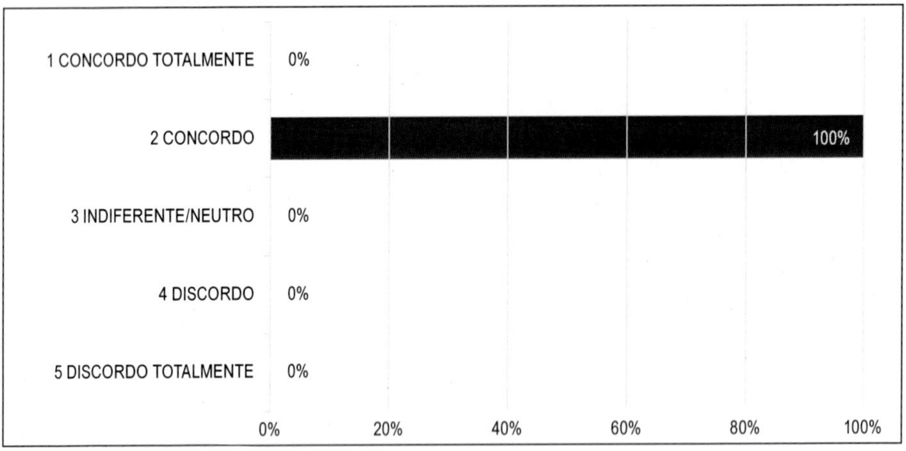

Resposta	Percentual
1 CONCORDO TOTALMENTE	0%
2 CONCORDO	100%
3 INDIFERENTE/NEUTRO	0%
4 DISCORDO	0%
5 DISCORDO TOTALMENTE	0%

Fonte: elaborado pelas autoras.

Pode-se pensar que a solução para estas questões parece ser um tanto quanto ampla e subjetiva; tal solução deve ter, como escopo, fomentar uma cultura que seja inovadora, permitindo iniciativas próprias e flexibilidade que premiem os valores grupais, no sentido de buscar identidade e integração dos grupos de trabalho em torno de objetivos comuns; que possibilitem, ao mesmo tempo, a atribuição de responsabilidades, linhas de poder e descrição clara das funções, para a boa ordem das coisas; e que ainda permita o estabelecimento de processos de planejamento e controle, de visão centrada em resultados, e estabilidade das atividades capazes de conduzir a empresa ao cumprimento de sua missão com eficácia, garantindo a sua continuidade (CROZATTI, 1998).

Conforme Brito *et al.* (2017) os hospitais brasileiros são considerados pouco eficientes, principalmente os de pequeno e médio porte. Em estratégia, a visão baseada em recursos propõe que a vantagem competitiva sustentada e o consequente desempenho superior ao dos concorrentes derivam da construção de recursos internos utilizando o modelo VRIO (Valor, Raridade, Imitabilidade e Organização). O hospital apresenta-se na realidade brasileira, porém possui um recurso valioso por ocupar a posição do único hospital público no município, apresentando assim um potencial para se estruturar a gestão na busca da excelência.

Ao perguntar se "O processo decisório no hospital pode ser caracterizado como ágil e pouco burocrático" foi observada uma discordância, pois 25% afirmam que concordam, 50% discordam e 25% discordam totalmente (Gráfico 5). No país utilizamos o modelo Federalista na gestão e no SUS não é diferente, no hospital em estudo os diretores são responsáveis pela tomada de decisão pertinente aos assuntos de competência do hospital, porém o sistema de saúde apesar de descentralizado também é hierarquizado o que necessita da validação das instâncias superiores e assim, compromete a agilidade do processo e o torna burocrático.

Gráfico 5 – Resolução dos problemas de competência do hospital

Resposta	Percentual
1 CONCORDO TOTALMENTE	0%
2 CONCORDO	25%
3 INDIFERENTE/NEUTRO	0%
4 DISCORDO	50%
5 DISCORDO TOTALMENTE	25%

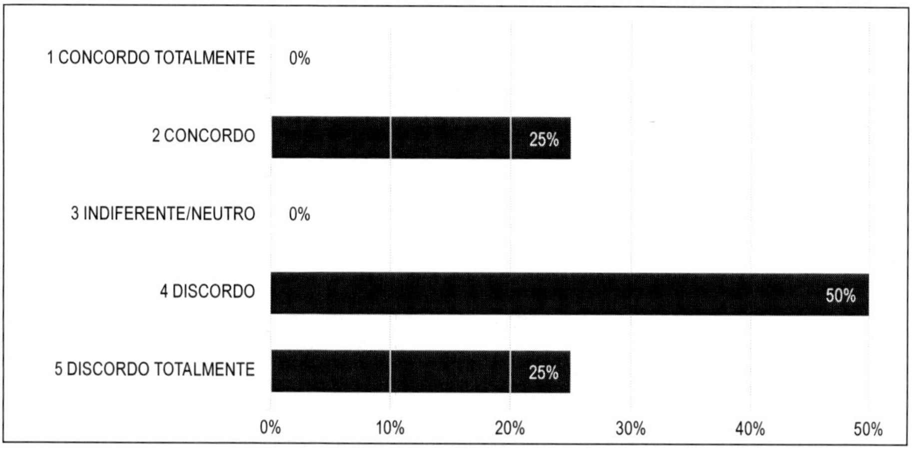

Fonte: elaborado pelas autoras.

O SUS, apesar de apresentar uma estrutura organizacional hierarquizada, não se pode deixar que o excesso de burocracia, arraigado à nossa formação histórica, prejudique a agilidade dos processos. Segundo Lorenzetti *et al.* (2014), a gestão/administração em saúde pode ser definida como o conhecimento aplicado no manejo do complexo das organizações de saúde, envolvendo a gerência de redes, esferas públicas de saúde, hospitais, laboratórios, clínicas e demais instituições e serviços de saúde. Assim, essa complexidade deve ser estruturada, contemplando uma estratégia organizacional para a prestação de assistência à saúde de excelência para o paciente.

Para finalizar, foi questionado que "Considerando o hospital uma área de atuação da média complexidade, este resolve de forma eficaz os problemas que são de sua competência para uma assistência de qualidade ao público-alvo", sendo que 50% dos gestores concordam totalmente, 25% concordam, e 25% indiferentes.

A média complexidade recebe o paciente que teoricamente necessita de um atendimento mais especializado, ou que está com uma condição clínica agudizada; então muitas vezes é necessário se suprir uma deficiência da assistência prestada pela atenção primária, de forma a resolver o problema, e deixar prosseguir para a alta complexidade apenas o que realmente é de competência deste nível.

Gráfico 6 – O processo decisório no hospital

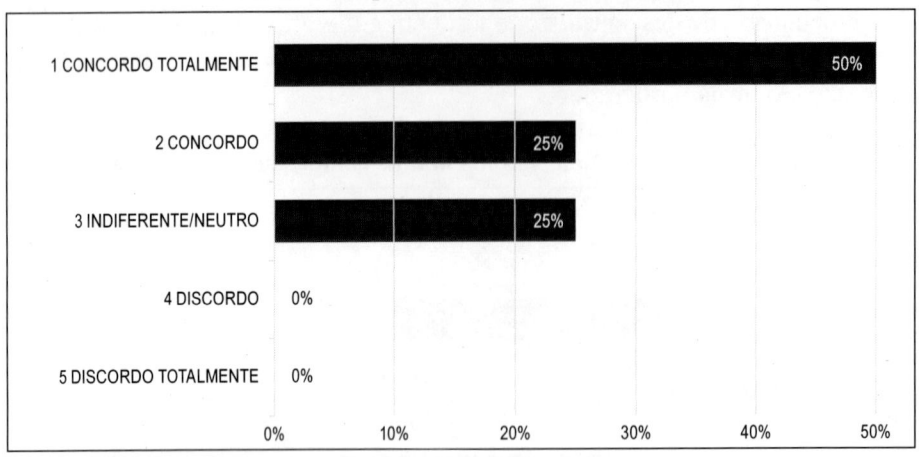

Resposta	Percentual
1 CONCORDO TOTALMENTE	50%
2 CONCORDO	25%
3 INDIFERENTE/NEUTRO	25%
4 DISCORDO	0%
5 DISCORDO TOTALMENTE	0%

Fonte: elaborado pelas autoras.

Assim, evidencia-se a busca de alinhamento entre as práticas de recursos humanos e as estratégias empresariais, enfatizando as pessoas como recurso diferencial para o sucesso, tornando o processo gerencial imprescindível (MELO; SILVA, 2019).

Com o intuito de associar o impacto da atenção básica no funcionamento do hospital em estudo visto que é a porta de entrada do SUS e consegue resolver os problemas diminuindo de menor complexidade diminuindo a demanda hospitalar, foi aplicado um questionário em uma amostra voluntária de (n) que correspondeu a um total de 100 questionários realizados com os usuários (n=100) da Estratégia Saúde da Família da cidade de Paracatu-MG, no bairro Bela Vista. Em relação à faixa etária (Questão 9), houve uma maior concentração de respondentes com idades na faixa e 41 a 60 anos (35%), seguidos pela faixa de 30 a 40 anos (24%), de 18 a 29 anos (21%) e acima de 60 anos (20%) (Tabela 3). Observa-se uma busca crescente dos pacientes adultos a assistência à saúde.

Tabela 3 – Caracterização da amostra de usuários – estratégia Saúde da Família da cidade de Paracatu, MG, bairro Bela Vista

Variável	Nível	Frequência Relativa
Idades (anos)	18 a 29	21%
	30 a 40	24%
	41 a 60	35%
	Acima de 60	20%
Gênero	Feminino	83%
	Masculino	17%

continua...

continuação

Variável	Nível	Frequência Relativa
Tempo de cadastro ESF (ano)	Menos de 1	5%
	1 a 3	23%
	Acima de 3	72%

Fonte: elaborado pelas autoras.

Em relação ao gênero, 83% são do sexo feminino, e 17% masculino (Tabela 3), o que comprova que as mulheres utilizam mais os serviços de saúde do que os homens. Isso ocorre por diversos fatores, sendo um relacionado diretamente ao fato de o horário de funcionamento ser o mesmo da jornada de trabalho.

Os homens não têm suas especificidades reconhecidas e não fazem parte das populações usualmente mais assistidas nos serviços de atenção básica; o uso dos serviços de saúde pelos homens difere daquele feito pelas mulheres, concentrando-se na assistência a agravos e doenças, em que a busca por atendimento de emergência e/ou em nível especializado ou de urgência (MOURA *et al.*, 2014).

A associação observada entre o sexo e a procura por serviço de saúde mostra o sexo feminino como uma das características demográficas mais associadas ao uso de serviços de saúde. Assim, o fato de os homens utilizarem menos os serviços de saúde acarreta diagnósticos tardios, cujas doenças poderiam ser controladas ou tratadas. Além disso, historicamente existe uma visão (de senso comum) de que o homem é um ser forte, que dificilmente adoece. Válido ressaltar que a mulher muitas vezes procura o atendimento por outros motivos, como por exemplo, atendimento a filhos e aproveitam a oportunidade para consultar. Neste modelo preventivo é necessário que se estimule a utilização por parte de todos da assistência primária à saúde (MOURA *et al.*, 2014).

Quando perguntado quanto tempo de cadastro na ESF Bela Vista, 72% informaram que é 5 anos ou mais, 23% de 1 a 3 anos, e 5% menor que um ano (Tabela 3). O tempo de vínculo é muito importante, pois um dos princípios da atenção primária é a proximidade da equipe com a população, para gere um estabelecimento de confiança e facilite a toma de decisões mediante as condutas clínicas.

No âmbito do SUS, a APS é fundamental para a construção de um modelo assistencial na garantia de resultados positivos à saúde, com eficácia, eficiência e equidade. Assim, este nível de atenção definido por um conjunto de valores e princípios estruturantes do sistema de saúde tem como atributos essenciais: o acesso de primeiro contato, a longitudinalidade, a integralidade da atenção e a coordenação do cuidado. De forma complementar, considera a Atenção à Saúde centrada na família, a orientação comunitária e a competência cultural como atributos derivados. E quando se destacam a longitudinalidade, o acompanhamento das pessoas durante todas as fases da vida permite a caracterização das necessidades de saúde daquela população adscrita (KESSLER *et al.*, 2018).

No Brasil, com o movimento da reforma sanitária, que desembocou na criação do SUS, como um dos princípios organizativos é a descentralização automaticamente os municípios assumiram progressivamente a prestação de cuidados básicos para seus cidadãos, com o intuito da mudança do foco para medidas preventivas, as ações de atenção começaram a ser realizadas e ofertadas por estas unidades, progressivamente denominadas de unidades básicas de saúde (UBS). Além de que as propostas de acolhimento e os conceitos de vínculo também vão ganhando espaço, como pode ser visto nas formulações da política de humanização preconizada pelo SUS (CECILIO et al., 2012).

Ao perguntar se a assistência à saúde prestada pela ESF Bela Vista é importante para você e sua família, 89% concordam totalmente, 6% concordam e 5% discordam totalmente (Gráfico 7).

Gráfico 7 – A importância da assistência à saúde prestada pela ESF Bela Vista

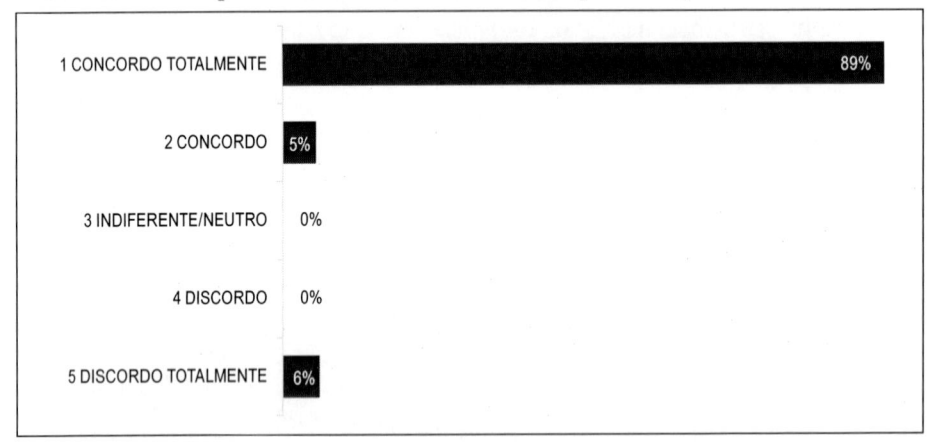

1 CONCORDO TOTALMENTE	89%
2 CONCORDO	5%
3 INDIFERENTE/NEUTRO	0%
4 DISCORDO	0%
5 DISCORDO TOTALMENTE	6%

Fonte: elaborado pelas autoras.

Nos dias atuais, mesmo com pouco tempo de funcionamento do SUS, grandes avanços já aconteceram, tais como a conscientização de que precisamos prevenir doenças ao invés de curar. Pode-se observar tal fato quando 89% acreditam na importância do atendimento da Atenção Primária. Nos processos de reestruturação, fortalecimento e racionalização dos sistemas públicos de saúde, tem sido reservado um papel de protagonismo essencial à atenção primária em saúde, como se consolidou denominar os cuidados ofertados pela ampla rede de serviços básicos do SUS. Tal tarefa deve ser cumprida por equipes de saúde dispostas em unidades básicas de saúde distribuídas por territórios definidos, e com clientela adscrita, com a missão de facilitar o acesso e fazer o uso apropriado de tecnologias e medicamentos que proporcionem o cuidado necessário à saúde das pessoas e coletividades, garantindo uma assistência de qualidade (CECILIO; REIS, 2018).

Quando indagado se tem conhecimento que a consulta médica do ESF Bela Vista é realizada pelos Residentes de Medicina de Comunidade e Família, 56% concordam totalmente, 34% concordam, 7% são indiferentes/neutros, 2% discordam, e 1% discorda totalmente (Gráfico 8).

A ampliação dos Programas de Residência Médica em MFC que ocorre no Brasil, acompanhando a expansão da Atenção Primária em Saúde, resultou no surgimento de experiências que trazem questões para reflexão e debate no campo da formação em saúde, pois, nos dias atuais, é tão válida a inserção do residente nos atendimentos. Muitas vezes o paciente não sabe na totalidade da inserção destes nos atendimentos, visto que conseguem realizar a assistência sem deixar que aconteça qualquer tipo de preconceito, ao contrário, a população reconhece como algo positivo (CASTELLS; CAMPOS; ROMANO, 2016).

E assim, para atender às necessidades de saúde no Brasil, o residente deve ser capaz de diagnosticar e tratar as principais doenças com as quais vai lidar, daí o propósito de que ele adquira as competências das chamadas Especialidades Básicas (Clínica Médica, Pediatria, Ginecologia-Obstetrícia e Cirurgia Geral) para oferecer uma assistência de qualidade. Adicionalmente, ele necessita domínio das ações de promoção, prevenção e educação da saúde individual, familiar e comunitária (RODRIGUEZ; CASSIAS; KOLLING, 2008).

Gráfico 8 – Conhecimento da realização da consulta médica pelos Residentes de Medicina de Comunidade e Família

1 CONCORDO TOTALMENTE	56%
2 CONCORDO	34%
3 INDIFERENTE/NEUTRO	7%
4 DISCORDO	2%
5 DISCORDO TOTALMENTE	1%

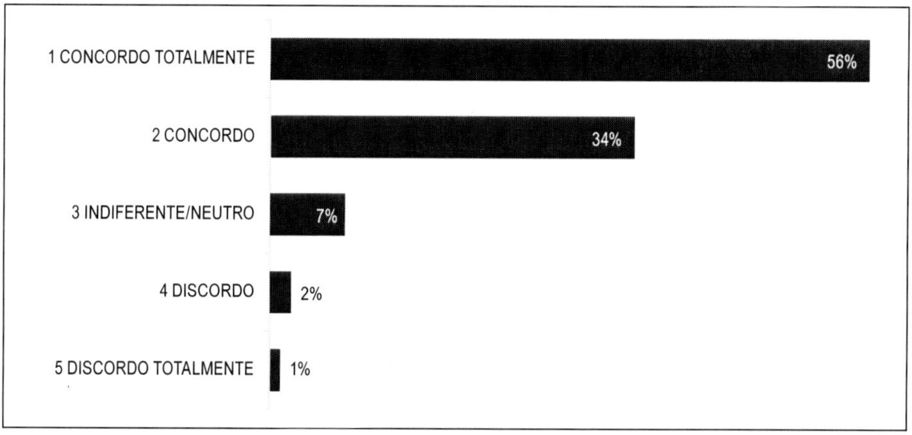

Fonte: elaborado pelas autoras.

Quando perguntados sobre a avaliação da efetividade do atendimento médico da ESF Bela Vista, 76% concordam totalmente, 16% concordam, 6% são indiferentes ou neutros, e 2% discordam totalmente (Gráfico 9).

Infelizmente ainda se observa uma visão hospitalocêntrica arraigada na população. Graças à mudança no perfil de atendimento, consegue-se mostrar a efetividade da assistência prestada pelas unidades básicas de saúde. Então, espera-se de um serviço de APS, para ser considerado efetivo, que cumpra um conjunto indissociável de atributos estruturantes do processo de atenção, denominados de essenciais, os quais compreendem: o acesso de primeiro contato, a longitudinalidade, a integralidade e a coordenação do cuidado. Por isso, quando associados aos atributos derivados de orientação familiar e comunitária, e competência cultural, qualificam-se as ações em saúde (CARRER *et al.*, 2016).

Gráfico 9 – O atendimento médico da ESF Bela Vista é efetivo

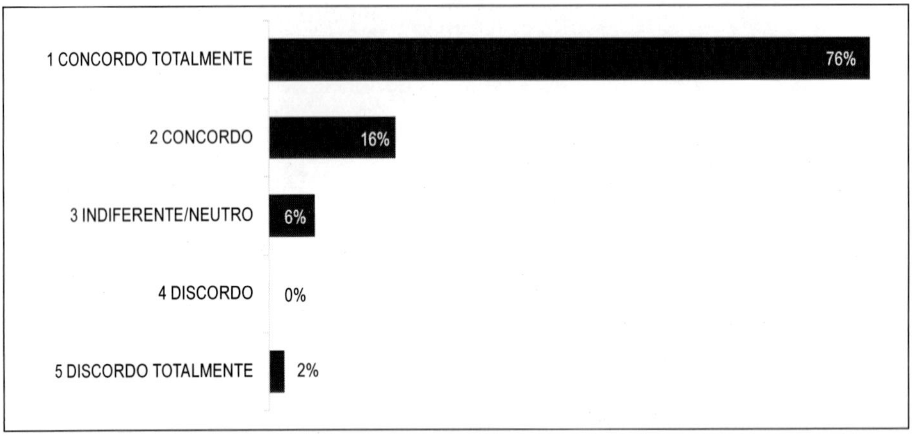

Resposta	Percentual
1 CONCORDO TOTALMENTE	76%
2 CONCORDO	16%
3 INDIFERENTE/NEUTRO	6%
4 DISCORDO	0%
5 DISCORDO TOTALMENTE	2%

Fonte: Elaborado pelas autoras

Segundo Moura *et al.* (2014) as unidades de ESFs têm como estratégia abordar o processo saúde/doença no contexto familiar e ambiental, tendo como ação básica a prevenção dos agravos mais frequentes à saúde, além da promoção da saúde de modo a possibilitar o acesso universal e contínuo a serviços de saúde de qualidade, conforme os princípios de universalização, equidade, descentralização, integralidade e participação da comunidade – mediante o cadastramento e a vinculação dos usuários. Assim, garantir uma excelência na assistência à saúde prestada ao paciente.

5. Considerações finais

O presente trabalho buscou identificar os impactos da eficácia operacional, viabilizada pelo modelo de gestão de um hospital de médio porte, no interior do estado de Minas Gerais, na região Noroeste, considerando o âmbito público-privado do SUS, com foco na proposição de estratégia organizacional aplicada ao setor de saúde; correlacionando contribuição do Residente de

Medicina de Família e Comunidade na Estratégia Saúde da Família em um município do Noroeste de Minas Gerais, sob o enfoque da gestão estratégica.

Para isso, utilizou-se como instrumento de mensuração entrevistas que objetivam traçar um perfil gerencial no hospital em estudo. Verificou-se, por meio da realização das entrevistas, que estas fornecem informações importantes para os gestores do hospital estudado. E questionário que objetiva traçar o nível satisfação dos usuários do ESF Bela Vista. Verificou-se, por meio de sua realização, que o questionário fornece informações importantes para a unidade de saúde e os residentes estudados.

Respondendo ao problema de pesquisa que procurou compreender quais os impactos na eficácia operacional de um hospital de médio porte, na região Noroeste de Minas Gerais, o estudo demonstrou que devido ao hospital ser regido pelas leis do sistema público, a gestão possui alguns gargalos como por exemplo, a forma de contratação que ocorre por indicação, o que muitas vezes dificulta a ocupação dos cargos de gestão por competências; além do processo de tomada de decisões burocrático hierarquizado, que torna dificultosa a capacidade gerencial do sistema.

Os resultados apontaram para uma nova fonte de ideias que são necessários aos serviços hospitalares. As respostas das entrevistas levaram a considerações fundamentais, constatando que a gestão em saúde ainda está ancorada em métodos e estratégias tradicionais, oriundas da teoria clássica da administração. E que construir novas formas de gestão na área da saúde, fundadas na participação, práticas cooperativas e interdisciplinares, onde trabalhadores e usuários atuem como sujeitos ativos, permanece como desafio. Além de compreender a contribuição do Residente de Medicina de Família e Comunidade na Estratégia Saúde da Família em um município do Noroeste de Minas Gerais, considerando-se os aspectos da estratégia de negócios, o estudo demonstrou que além de uma prestação de assistência de qualidade, o residente consegue materializar a essência da Atenção Primária garantindo um atendimento efetivo.

No mundo contemporâneo, o processo de globalização caracteriza-se por profundas mudanças econômicas, políticas, sociais e tecnológicas, que se intensificam por meio da informação e comunicação. Essas transformações geram incertezas e indefinições, e implicam em desafios para as organizações públicas e privadas. A gestão de pessoas é uma das áreas que mais têm passado por transformações nos últimos anos. Observa-se que as instituições públicas, a exemplo de outras organizações, buscam adaptar-se a esse novo contexto.

Dessa maneira, os resultados apresentados neste trabalho poderão trazer à luz novos estudos, pois a busca pela inserção dos princípios da administração a gestão do SUS perpassa por todos os impasses de gerir com eficácia um setor público no qual os interesses particulares quase sempre sobrepõem ao coletivo; e produzir o resultado de assistência, de forma humanizada.

Os resultados demonstraram o quanto é oportuna a existência da residência de Medicina de Família e Comunidade. As respostas dos questionários comprovaram que a assistência não é prejudicada, ao contrário, recebe vários benefícios, pois em virtude de serem especialistas, conseguem colocar em prática na totalidade as diretrizes propostas pela Ministério da Saúde no que a respeito à Atenção Básica.

Por fim, o presente trabalho cumpriu seu objetivo quanto à identificação dos impactos na eficácia operacional do SUS. De forma a atender a estrutura organizacional, o presente estudo por meio dos resultados, apontaram para gargalos importantes na gestão do hospital, principalmente quanto operacionalização gerencial, que é prejudicada por uma formação histórica tradicional e pouco flexível; e contribuição do Residente de

Medicina de Família e Comunidade na Estratégia Saúde da Família. De forma a atender o nível de satisfação dos usuários da unidade estudada, o presente estudo, por meio dos resultados, demostrou que os pacientes entendem e reconhecem o quanto o atendimento dos residentes é efetivo e contribui para uma maior adesão dos serviços de níveis básicos pela população.

REFERÊNCIAS

BRASIL. Ministério da Saúde. **O Sistema Público de Saúde Brasileiro**. Seminário Internacional Tendências e Desafios dos Sistemas de Saúde nas Américas. São Paulo: Ministério da Saúde, 2002. Disponível em: http://bvsms.saude.gov.br/bvs/publicacoes/sistema_saude.pdf. Acesso em: 31 mar. 2019.

BRASIL. Ministério da Saúde. Conselho Nacional de Secretários de Saúde. **Assistência de Média e Alta Complexidade no SUS**. Brasília: CONASS, 2007. Disponível em: http://bvsms.saude.gov.br/bvs/publicacoes/colec_progestores_livro9.pdf. Acesso em: 16 jun. 2019.

BRASIL. Ministério da Saúde. Conselho Nacional de Secretários de Saúde. **As Conferências Nacionais de Saúde**: Evolução e perspectivas. Brasília: CONASS, 2009. Disponível em: https://www.conass.org.br/conassdocumenta/cd_18.pdf. Acesso em: 15 maio 2019.

BRASIL. Ministério da Saúde. **Constituição da República Federativa do Brasil**: texto constitucional promulgado em 5 de outubro de 1988, com as alterações determinadas pelas Emendas Constitucionais de Revisão nos 1 a 6/94, pelas Emendas Constitucionais nos 1/92 a 91/2016 e pelo Decreto Legislativo no 186/2008. Brasília: Senado Federal, Coordenação de Edições Técnicas, 2016.

BRASIL. Ministério da Saúde. Fundação Oswaldo Cruz. **Manual de planejamento no SUS**. 1. ed. rev. Brasília: Ministério da Saúde: Fundação Oswaldo Cruz. 2016b. 138 p. (Série Articulação Interfederativa, v. 4). Disponível em: http://bvsms.saude.gov.br/bvs/publicacoes/articulacao_interfederativa_v4_manual_planejamento.pdf. Acesso em: 16 maio 2019.

BRASIL, Ministério da Saúde. Portaria nº 2.436, de 21 de setembro de 2017. **Diário Oficial da União**: seção 1, n. 183, p. 68, 22 set. 2017. Disponível em: http://www.in.gov.br/materia/-/asset_publisher/Kujrw0TZC2Mb/content/id/19308123/do1-2017-09-22-portaria-n-2-436-de-21-de-setembro-de-2017-19308031. Acesso em: 16 jun. 2019.

BRITO, L. A. L. *et al*. Práticas de gestão em hospitais privados de médio porte em São Paulo, Brasil. **Cad. Saúde Pública**, Rio de Janeiro, v. 33, n. 3, e00030715, 2017. Disponível em: http://www.scielo.br/scielo.php?script=sci_arttext&pid=S0102-311X2017000305006&lng=en&nrm=iso. Acesso em: 22 out. 2019.

CARRER, A. *et al*. Efetividade da Estratégia Saúde da Família em unidades com e sem Programa Mais Médicos em município no oeste do Paraná, Brasil. **Ciênc. saúde coletiva**, Rio de Janeiro, v. 21, n. 9, p. 2849-2860, set. 2016. Disponível em: http://www.scielo.br/scielo.php?script=sci_arttext&pid=S1413-81232016000902849&lng=en&nrm=iso. Acesso em: 13 out. 2019.

CASTELLS, M. A.; CAMPOS, C. E. A.; ROMANO, V. F. Residência em Medicina de Família e Comunidade: Atividades da Preceptoria. **Rev. bras. educ. med.**, Rio de Janeiro, v. 40, n. 3, p. 461469, set. 2016. Disponível em: http://www.scielo.br/scielo.php?script=sci_arttext&pid=S0100-55022016000300461&lng=en&nrm=iso. Acesso em: 12 out. 2019.

CASTRO, V. S. de; NOBREGA-THERRIEN, S. M. Residência de Medicina de Família e Comunidade: uma estratégia de qualificação. **Rev. bras. educ. med.**, Rio de Janeiro, v. 33, n. 2, p. 211-220, jun. 2009. Disponível em: http://www.scielo.br/scielo.php?script=sci_arttext&pid=S0100-55022009000200008&lng=en&nrm=iso. Acesso em: 12 jul. 2019.

CAVALCANTE NETO, P. G.; LIRA, G. V.; MIRANDA, A. S. de. Interesse dos estudantes pela medicina de família: estado da questão e agenda de pesquisa. **Rev. bras. educ. med.**, Rio de Janeiro, v. 33, n. 2, p. 198-204, jun. 2009. Disponível em: http://www.scielo.br/scielo.php?script=sci_arttext&pid=S010055022009000200006&lng=en&nrm=iso. Acesso em: 18 jul. 2019.

CECILIO, L. C. de O.; REIS, A. A. C. dos. Apontamentos sobre os desafios (ainda) atuais da atenção básica à saúde. **Cadernos de Saúde Pública** [on-line]. 2018, v. 34, n. 8, e00056917. Disponível em: https://doi.org/10.1590/0102-311X00056917. Acesso em: 12 out. 2019.

CECILIO, L. C. de O. *et al*. A Atenção Básica à Saúde e a construção das redes temáticas de saúde: qual pode ser o seu papel? **Ciênc. saúde coletiva**, Rio de Janeiro, v. 17, n. 11, p. 2893-2902, nov. 2012. Disponível em: http://www.scielo.br/scielo.php?script=sci_arttext&pid=S1413-81232012001100006&lng=en&nrm=iso. Acesso em: 14 out. 2019.

CHAGAS, J.; TORRES, R. Oitava Conferência Nacional de Saúde: o SUS ganha forma. Escola Politécnica de Saúde Joaquim Venâncio. **EPSJV/Fiocruz**, [*s. l.*], 2018 Disponível em: http://www.epsjv.fiocruz.br/printpdf/7622. Acesso em: 10 maio 2019.

CROZATTI, J. Modelo de gestão e cultura organizacional: conceitos e interações. **Cad. estud.**, São Paulo, n. 18, p. 1-20, ago. 1998.

Disponível em: http://www.scielo.br/scielo.php?script=sci_arttext&pid=S141392511998000200004&lng=en&nrm=iso. Acesso em: 12 out. 2019.

CUNHA, E. M. da; GIOVANELLA, L. Longitudinalidade/continuidade do cuidado: identificando dimensões e variáveis para a avaliação da Atenção Primária no contexto do sistema público de saúde brasileiro. **Ciênc. saúde coletiva**, Rio de Janeiro, v. 16, supl. 1, p. 1029-1042, 2011 Disponível em: http://www.scielo.br/scielo.php?script=sci_arttext&pid=S1413 81232011000700036&lng=en&nrm=iso. Acesso em: 12 ago. 2019.

GUSSO, G. L.; CERRATTI, J. M. (org.). **Tratado de medicina de família e comunidade**: princípios, formação e prática. Porto Alegre: Artmed, 2012.

IRIGARAY, H. A. R.; CUNHA, G. X.; HARTEN, B. A. Missão organizacional: o que a análise crítica do discurso revela? **Cad.EBAPE.BR**, Rio de Janeiro, v. 14, n. 4, p. 920-933, dez. 2016. Disponível em: http://www.scielo.br/scielo.php?script=sci_arttext&pid=S1679-39512016000400920&lng=en&nrm=iso. Acesso em: 11 out. 2019.

KESSLER, M. *et al.* A longitudinalidade na Atenção Primária à Saúde: comparação entre modelos assistenciais. **Rev. Bras. Enferm.**, Brasília, v. 71, n. 3, p. 1063-1071, May 2018. Disponível em: http://www.scielo.br/scielo.php?script=sci_arttext&pid=S0034-71672018000301063&lng=en&nrm=iso. Acesso em: 14 out. 2019.

LAVRAS, C. Atenção Primária à Saúde e a Organização de Redes Regionais de Atenção à Saúde no Brasil. **Saúde Soc.**, São Paulo, v. 20, n. 4, 2011. Disponível em: http://www.scielo.br/pdf/sausoc/v20n4/05.pdf. Acesso em: 9 fev. 2018.

LORENZETTI, J. *et al.* Gestão em saúde no Brasil: diálogo com gestores públicos e privados. **Texto contexto – enferm.**, Florianópolis, v. 23, n. 2, p. 417-425, jun. 2014. Disponível em: http://www.scielo.br/scielo.php?script=sci_arttext&pid=S0104-07072014000200417&lng=en&nrm=iso. Acesso em: 10 out. 2019.

MACEDO, L. M. de; MARTIN, S. T. F. Interdependência entre os níveis de atenção do Sistema Único de Saúde (SUS): significado de integralidade apresentado por trabalhadores da Atenção Primária. **Interface**, Botucatu, v. 18, n. 51, p. 647-660, dez. 2014. Disponível em: http://www.scielo.br/scielo.php?script=sci_arttext&pid=S1414-32832014000400647&lng=en&nrm=iso. Acesso em: 12 jul. 2019.

MARCONI, M. A.; LAKATOS, E. M. **Fundamentos de Metodologia Científica.** 7. ed. São Paulo: Atlas, 2010.

MATTOS, R. A. de. Princípios do Sistema Único de Saúde (SUS) e a humanização das práticas de saúde. **Interface**, Botucatu, v. 13, supl. 1, p. 771-780, 2000. Disponível em: http://www.scielo.br/scielo.php?script=sci_arttext&pid=S1414-32832009000500028&lng=en&nrm=iso. Acesso em: 21 maio 2019.

MELLO, G. A. *et al.* Médico de família: ser ou não ser? Dilemas envolvidos na escolha desta carreira. **Revista Brasileira de Educação Médica**, v. 33, n. 3, p. 475-482, 2009. Disponível em: http://www.telessaudeam.org.br/downloads/medico%20da%20familia.pdf. Acesso em: 14 jul. 2019.

MELO, F. G. O.; SILVA, G. Qualidades de Liderança para a Inovação em Organizações do Setor Público. **Revista Brasileira de Gestão e Inovação**, v. 6, n. 3, p. 121-143, 2019. Disponível em: http://www.spell.org.br/documentos/ver/53415/qualidades-de-lideranca-para-a-inovacao-em-organizacoes-do-setor-publico-. Acesso em: 21 out. 2019.

MOURA, E. C. de *et al.* Atenção à saúde dos homens no âmbito da Estratégia Saúde da Família. **Ciênc. saúde coletiva**, Rio de Janeiro, v. 19, n. 2, p. 429-438, fev. 2014. Disponível em: http://www.scielo.br/scielo.php?script=sci_arttext&pid=S1413-81232014000200429&lng=en&nrm=iso. Acesso em: 25 out. 019.

NORONHA, J. C.; PEREIRA, T. R. Princípios do sistema de saúde brasileiro. A saúde no Brasil em 2030 – prospecção estratégica do sistema de saúde brasileiro: organização e gestão do sistema de saúde [on-line]. Rio de Janeiro: Fiocruz/Ipea/Ministério da Saúde/Secretaria de Assuntos Estratégicos da Presidência da República, 2013. v. 3, p. 19-32. Disponível em: http://books.scielo.org/id/98kjw/pdf/noronha-9788581100173-03.pdf. Acesso em: 9 jun. 2019.

PAIM, J. S. Sistema Único de Saúde (SUS) aos 30 anos. **Ciênc. saúde coletiva**, Rio de Janeiro, v. 23, n. 6, p. 1723-1728, jun. 2018. Disponível em: http://www.scielo.br/scielo.php,script=sci_arttext&pid=S141381232018000601723&lng=en&nrm=iso. Acesso em: 16 maio 2019.

PIRES, M. R. G. M. *et al.* Oferta e demanda por média complexidade/SUS: relação com atenção básica. **Ciênc. saúde coletiva**, Rio de Janeiro, v. 15, supl. 1, p. 1009-1019, jun. 2010. Disponível em: http://www.scielo.br/scielo.php?script=sci_arttext&pid=S141381232010000700007&lng=en&nrm=iso. Acesso em: 16 jun. 2019.

PONTES, A. M. de; OLIVEIRA, D. C. de; GOMES, A. M. T. Os princípios do Sistema Único de Saúde estudados a partir da análise de similitude. **Rev. Latino-Am. Enfermagem**, Ribeirão Preto, v. 22, n. 1, p. 59-67, fev. 2014, Disponível em: http://www.scielo.br/scielo.php?script=sciarttext&pid=S0104-11692014000100059&lng=en&nrm=isso. Acesso em: 10 out. 2019.

RODRIGUEZ, C. A.; CASSIAS, A. L. de; KOLLING, M. G. Proposta de um programa para a formação do Residente em Medicina de Família e Comunidade. **Rev. bras. educ. med.**, Rio de Janeiro, v. 32, n. 1, p. 40-48, mar. 2008, Disponível em: http://www.scielo.br/scielo.php?script=sci_arttext&pid=S0100-55022008000100006&lng=en&nrm=iso. Acesso em: 14 out. 2019.

SANTOS, I. dos; CASTRO, C. B. Características pessoais e profissionais de enfermeiros com funções administrativas atuantes em um hospital universitário. **Rev. esc. enferm. USP**, São Paulo, v. 44, n. 1, p. 154-160, mar. 2010. Disponível em: http://www.scielo.br/scielo.php?script=sci_arttext&pid=S0080-62342010000100022&lng=en&nrm=iso. Acesso em: 11 out. 2019.

SILVA, N. de S. O. da; MOURÃO, L. A influência dos estilos de liderança sobre os resultados de treinamento. **Estud. pesqui. psicol.**, Rio de Janeiro, v. 15, n. 1, p. 260-283, abr. 2015. Disponível em: http://pepsic.bvsalud.org/scielo.php?script=sci_arttext&pid=S1808-42812015000100015&lng=pt&nrm=iso. Acesso em: 10 out. 2019.

SOUSA, M. G. T. O.; BARBOSA, M. F. N. A Aplicação da Gestão por Competências nos Processos de Gestão de Pessoas: Um Estudo com os Servidores Técnico-Administrativos no Centro de Ciências Jurídicas e Sociais/UFCG. **Reunir**: Revista de Administração, Contabilidade e Sustentabilidade, v. 8, n. 3, p. 31-46, 2018. Disponível em: http://www.spell.org.br/documentos/ver/52722/a-aplicacao-da-gestao-por-competencias-nos-processos-de-gestao-de-pessoas--um-estudo-com-os-servidores-tecnico-administrativos-no--centro-de-ciencias-juridicas-e-sociais-ufcg. Acesso em: 10 out. 2019.

TRINDADE, T. G.; BATISTA, S. R. Medicina de Família e Comunidade: agora mais do que nunca! **Ciência & Saúde Coletiva** [on-line], v. 21, n. 9, p. 2667-2669, 2016. Disponível em: https://doi.org/10.1590/1413-81232015219.18862016. Acesso em: 16 jun. 2019.

VIEGAS, S. M. da F.; PENNA, C. M. de M. O SUS é universal, mas vivemos de cotas. **Ciênc. saúde coletiva**, Rio de Janeiro, v. 18, n. 1, p. 181-190, jan. 2013, Disponível em: http://www.scielo.br/scielo.php?script=sci_arttext&pid=S1413-81232013000100019&lng=en&nrm=iso. Acesso em: 21 maio 2019.

BLOCO D
ADMINISTRAÇÃO NA GESTÃO PÚBLICA

CAPÍTULO 9
LOGÍSTICA DE DISTRIBUIÇÃO DE ÁGUA POTÁVEL DA CIDADE DE PARACATU/MG:
caracterização do sistema de gestão

Matheus Dias Ruas
Yeda Cicera Oswaldo

1. Introdução

No início da humanidade, as escolhas dos locais onde seriam implementadas as civilizações partiam do princípio de que houvesse lá, com abundância, os produtos principais para a sobrevivência. Alguns alimentos eram encontrados em certas regiões, sendo acessíveis em determinadas estações do ano. Consequentemente, nos primórdios, optava-se pela compra e estocagem do produto para consumo posterior. Contudo, devido à inexistência de sistemas desenvolvidos de transporte e armazenamento, o movimento das mercadorias limitava-se a aquilo que a pessoa conseguia fazer por suas próprias forças, e os bens perecíveis só podiam permanecer guardados por prazos muito curtos, normalmente obrigando as pessoas a viverem perto dos centros de produção, o que limitava o consumo a uma escassa gama de mercadorias.

A gestão de recursos hídricos no Brasil por um longo período esteve simplificada a somente avaliação quantitativa das reservas hídricas, especificamente com foco na produção energética, efeito do modelo de gestão centralizado em atividade, que basicamente volta todos os olhares para o setor de planejamento estratégico com foco em hidroeletricidade.

Segundo Muñoz (2000), a gestão de recursos hídricos no Brasil por um longo período esteve simplificada a somente avaliação quantitativa das reservas hídricas, especificamente com foco na produção energética, efeito do modelo de gestão centralizado em atividade, que basicamente volta todos os olhares para o setor de planejamento estratégico com foco em hidroeletricidade.

Julgando-se pelo elevado crescimento da civilização, a disponibilidade de regiões privilegiadas, onde haja existência de mananciais (utilizados para captação e distribuição de água), diminuiu consideravelmente. Como consequência, houve a necessidade de criação de um sistema de logística direcionado à captação, transporte, armazenagem e distribuição do produto (BALLOU, 2001).

À medida que os sistemas logísticos foram aperfeiçoados, o consumo e a produção passaram por uma separação geográfica. Algumas regiões se especializariam nas "*commodities*" para que sua produção seja realizada em melhores condições. Para Libânio (2004), com o aperfeiçoamento dos sistemas logísticos houve a necessidade de estudo e avaliação da distribuição dos setores impactados pelos recursos hídricos, e essas transformações produziram importantes efeitos, surgindo em alguns estados, inovadoras experiências de gestão de água. Como apresentado na Figura 1, o conjunto formado pela Gestão dos recursos hídricos, Saúde pública e Saneamento ambiental possui um importante valor para uma análise/conscientização do uso e distribuição de água.

Figura 1 – Interfaces do saneamento ambiental com a gestão de recursos hídricos e com saúde pública

GESTÃO DE RECURSOS HÍDRICOS
· Aqüicultura, Pesca
· Navegação
· Agricultura irrigada
· Geração de energia
· Outros

SAÚDE PÚBLICA
· Atendimento médico
· Vigilância sanitária
· Campanhas de imunização
· Outros

· Defesa civil

· Preservação/Recuperação de ambientes aquáticos

· Educação ambiental
· Abastecimento de água para consumo humano
· Tratamento de efluentes líquidos e esgotamento sanitário
· Drenagem urbana
· Controle da emissão de gases prejudiciais à saúde humana
· Coleta e tratamento/Disposição de resíduos sólidos

· Preservação/Recuperação de ecossistemas terrestres
· Controle da emissão de gases do efeito estufa
· Remediação de sítios contaminados
· Outros

SANEAMENTO AMBIENTAL

Fonte: Libânio (2004).

O Brasil encontra-se em um cenário econômico marcado pela globalização, aliado à crescente alta populacional, o que gera um ambiente de competitividade no qual vivemos. Para Campos (2010), o novo modelo brasileiro de gestão das águas, inspirado no modelo francês, pressupõe a gestão descentralizada (o que significa possuir pontos de coleta de produto em diversos locais estratégicos para melhoria do abastecimento), participativa (todos as vertentes que englobam o sistema de abastecimento trabalham de forma direta ou indireta para o progresso) e integrada (com o intuito de tirar o Brasil da rota da escassez coloca-se a população a par do valor consciente a ser pago pela água para que haja uma gestão adequada), que deixa de privilegiar um plano que visava somente o setor elétrico, vigente por muito tempo no país.

Dentro deste contexto, ao se observar a organização, percebe-se que os seus recursos possuem importância, uma vez que se não estiverem em quantidade e perfil aderentes à demanda empresarial, pode haver desperdício, ou falta de um determinado produto. Sendo assim, considerando-se o sistema de logística empresarial e seu vasto campo de atuação, internamente e externamente à organização, este exerce função primordial no que diz respeito à criação, controle e cumprimento de metas. Um sistema de logística efetivo consiste em entregar o produto certo, na quantidade certa, no local certo, na hora certa, e na qualidade certa (BALLOU, 2001). Assim, ao se considerar o sistema logístico de abastecimento de água, a existência de um plano de distribuição efetivo gera otimização neste processo, garantindo um fornecimento contínuo do produto, gerando a satisfação plena do cliente, característica principal que toda organização deve almejar (ALMEIDA,2012).

O município de Paracatu está localizado no Noroeste do estado de Minas Gerais, e apresenta uma área territorial de 8.229,595 km², com uma população estimada, no ano de 2015, de 92.386 habitantes (IBGE,2017), conforme Figura 2.

Figura 2 – Extensão territorial do município de Paracatu e sua população estimada

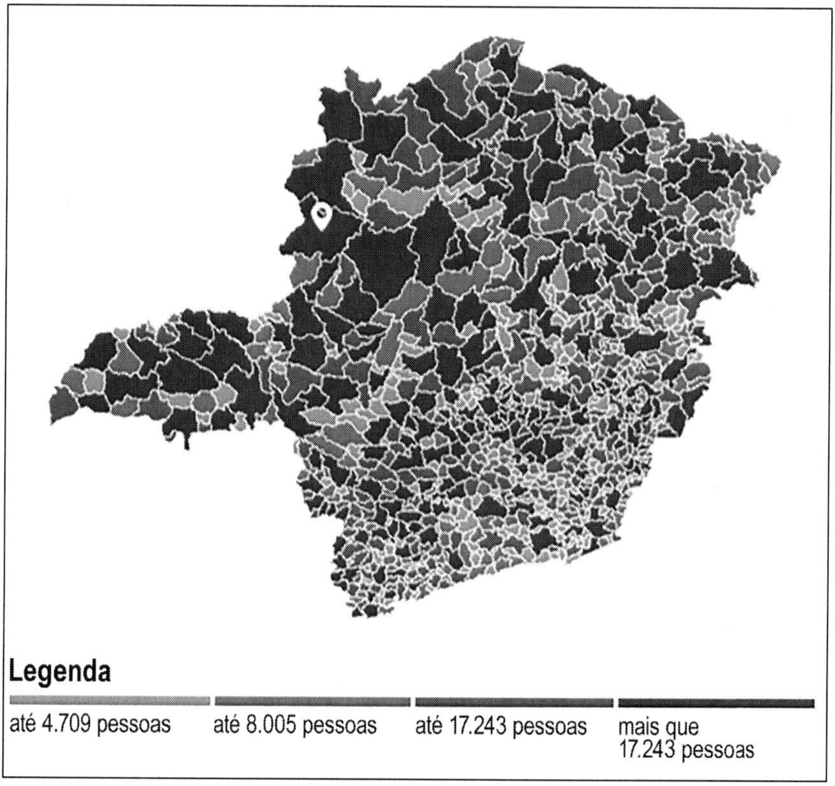

Legenda: até 4.709 pessoas | até 8.005 pessoas | até 17.243 pessoas | mais que 17.243 pessoas

Fonte: IBGE (2017).

A falta de água na cidade de Paracatu está ficando crescentemente complexa e preocupante. O município mineiro possui cerca de 91.027 habitantes (IBGE 2015), e está começando a sofrer com as baixas e desordenadas incidências de chuvas que estão prejudicando os mananciais, de onde são realizadas as coletas para abastecimento do município. No ano de 2017, a população vivenciou a maior crise hídrica da história, com um racionamento de água por cerca de aproximadamente três semanas. Como medida de fornecimento, foi divulgada pela Companhia de saneamento de Minas Gerais (COPASA) uma escala de abastecimento.

Uma das alternativas de abastecimento adotada pela concessionária de abastecimento da região (COPASA) foi de fornecer água potável através de caminhões pipa provindos da cidade vizinha, João Pinheiro. As discussões levantadas nas Câmaras Municipais das cidades de João Pinheiro e Paracatu, e pelos moradores/consumidores era se existiria algum tipo de plano de abastecimento emergencial para que não houvesse problemas futuros para ambas as cidades. A COPASA, companhia responsável pelo saneamento básico da cidade de Paracatu, através de uma nota pública, ressaltou que os mananciais que abastecem a cidade encontravam-se abaixo do nível permitido para coleta e abastecimento. Como forma de conscientização, foram realizadas campanhas educativas incentivando o racionamento e uso consciente da água. A concessionária criou um plano de racionamento para adoção de rodízio no abastecimento, conforme Resolução 68/2015 da Agência Reguladora dos Serviços de Abastecimento de Água e Esgotamento Sanitário de Minas Gerais (ARSAE MG), até que seja aprovado o projeto que propõe a implantação de novas fontes de captação.

A correta realização de um plano de logística de distribuição de água potável implica na qualidade de distribuição, pressão adequada e menores custos aos usuários, projetos estes que devem sofrer atualizações periódicas de acordo com o crescimento da demanda do produto.

2. Logística de distribuição de água

2.1. Disponibilidade e demanda

Fazendo-se uma análise generalizada, o sistema de gestão do setor de saneamento básico do Brasil ainda é fundamentado na gestão da oferta, ou seja, a expansão do atendimento é realizada através da exploração de mananciais, sejam eles distantes ou não. Se houver a disponibilidade de abastecimento, o mesmo será utilizado. Sendo assim, poderá acarretar elevados índices de perdas por vazamentos. O pouco interesse pelo plano efetivo do uso correto da água cria uma cultura nos domicílios de "bem material infinito", que gera desperdícios elevados. Apesar disso, a cada ano as cidades brasileiras se deparam com menos opções viáveis para extração da água para a expansão da oferta hídrica, principalmente nas regiões metropolitanas.

Segundo Faria *et al.* (2010), o conceito da gestão da demanda de água assemelha-se ao de Tecnologias Limpas, que nada mais é do que dar prioridade o exercício da conservação e do reuso, nos quais estão inclusos a otimização e a racionalização do uso, por intermédio da redução do consumo e da geração de efluentes e do reaproveitamento das águas. Ações como rapidez e agilidade em reparo de vazamentos representam, em grande parte das ocorrências, boas práticas operacionais, tais como:

a) Substituição/adequação de equipamentos;
b) Mudanças de procedimentos;
c) Mudanças de condições operacionais.

A gestão da demanda pode também ser demonstrada por intermédio de medidas estruturais e não estruturais. No que diz respeito aos sistemas públicos de abastecimento de água, as medidas estruturais versam sobre o uso de alternativas tecnológicas, de modo a promover a redução do consumo de água e melhoria do controle e operação, tal como das redes de distribuição de água. As medidas não estruturais baseiam-se em estímulos econômicos, leis, regulamentos e educação ambiental, de modo a transformar a conduta dos usuários das águas (VIEIRA; RIBEIRO, 2005).

Gleick (1996) aconselha um o volume de aproximadamente 50 L/hab. dia para atendimento às necessidades básicas (necessidades de higiene, bebida e limpeza). No entanto, o consumo nos domicílios não se limita somente às necessidades básicas, devendo ser contemplado o volume necessário para atender outros desejos da população, que não podem ser desconhecidos. Em contrapartida, a demanda dos sistemas de abastecimento de água possui outros usuários tais como, comércios e indústrias, que devem ser considerados.

2.2. Logística de distribuição

De acordo com Ballou (1993), parte das atividades da logística são consideradas primárias por elas contribuírem com a maior parcela do custo total, ou ainda são essenciais para a coordenação e o cumprimento da tarefa Logística. A logística é um sistema que está em constante desenvolvimento, entretanto o sistema logístico não era bem estruturado porque as mercadorias que as pessoas desejavam não eram produzidas no local onde elas gostariam de consumi-las, ou não eram acessíveis quando as desejavam. As atividades econômicas eram desenvolvidas com o intuito apenas de garantir as necessidades de sobrevivência das populações locais. Os produtos de consumo, alimentos ou bens materiais, eram geralmente produzidos em lugares específicos, e disponibilizados em quantidades suficientes, somente em determinadas épocas do ano. Não havia uma ampla variedade de produção.

Courtois *et al.* (2007), por sua vez, consideram que a cadeia de abastecimento é o processo global de satisfação dos clientes através da criação de uma cadeia de valores que integra, de forma otimizada, todos aos "autores" que estão na origem da execução de um produto ou de uma família de produtos. Baseado nos referidos autores, este é um processo que começa no "fornecedor do fornecedor" e termina no "cliente do cliente".

Estudos apresentados pela OMS (2014) abordam que o saneamento básico, um dos elementos do sistema de uma infraestrutura planejada, é definido como o conjunto de serviços, bases e instalações operacionais interligadas ao abastecimento de água, esgotamento sanitário, limpeza urbana e manejo de resíduos sólidos, e drenagem e manejo das águas pluviais urbanas (Lei nº 11.445/2007). Portanto, integrado ao conceito de obtermos um ambiente saudável e com condições favoráveis à habitação, a implementação geral de um Sistema de Saneamento Básico possibilita o desenvolvimento da sociedade como um todo em um ambiente favorável à sua melhora da qualidade de vida, impedindo enfermidades provindas de uma perda de qualidade de produto, de forma a contribuir com a evolução social e econômica da população.

Tsutyia (2006) retrata os componentes das etapas de distribuição do sistema de abastecimento de água (Figura 3), que são utilizados para a criação de um plano de Logística de abastecimento, e responsáveis pela coleta do produto até o fornecimento ao consumidor:

a) Manancial;
b) Captação;
c) Estações Elevatórias;
d) Adução;
e) Tratamento;
f) Reserva;
g) Distribuição.

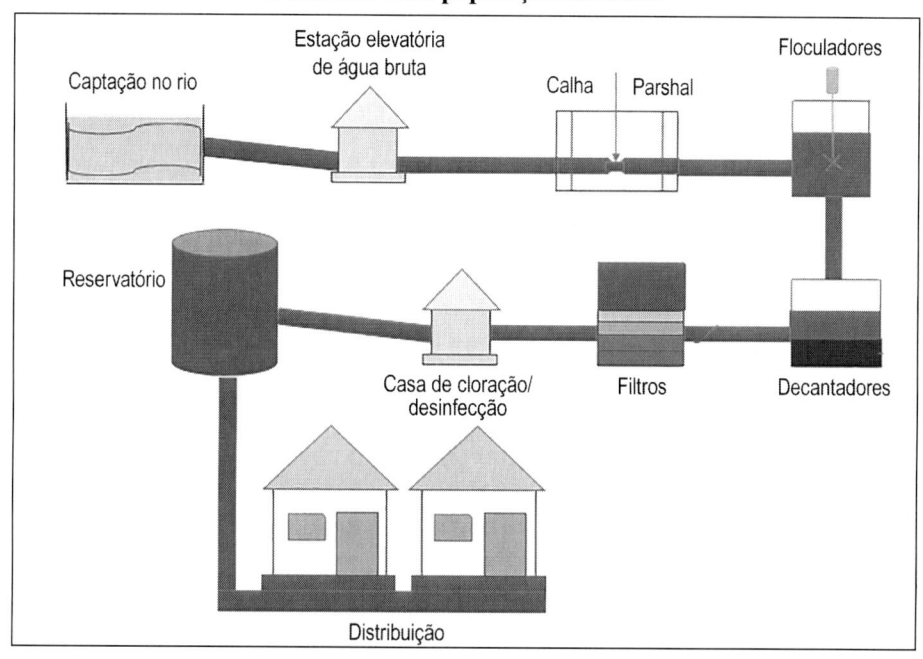

ENFOQUES DE GESTÃO: Educação, Saúde, Administração Pública

Figura 3 – Extensão territorial do município de Paracatu e sua população estimada

[Diagrama do sistema de abastecimento de água com os seguintes elementos: Captação no rio, Estação elevatória de água bruta, Calha Parshal, Floculadores, Decantadores, Filtros, Casa de cloração/desinfecção, Reservatório, Distribuição]

Fonte: Adaptado de Tsutyia (2006).

2.3. Gerenciamento de estoque para o abastecimento de água

Administrar um sistema de estoque é garantir que ele esteja constantemente apto a atender a demanda dos clientes e dos utilizadores dos artigos em estocagem. Pode também, ser definido como sendo uma provisão de produtos destinados ao consumidor. As principais funções do estoque são: garantir o abastecimento de materiais à empresa, neutralizando os efeitos de demora ou atraso no fornecimento, sazonalidade e riscos de dificuldade no fornecimento e proporcionar economias na escala, através de compras em lotes econômicos, pela flexibilidade do processo produtivo e pela rapidez e eficiência no atendimento das necessidades do cliente. (ZERMATI, 2000).

Uma correta administração de estoque constitui em ações que admitem o administrador analisar se os mesmos estão sendo bem utilizados, bem localizados, bem manuseados e controlados. A gestão de estoque visa garantir a máxima disponibilidade de produto, com um montante de estoque mais baixo possível, pois se ter estoque é ter capital parado. Portanto, ter produtos no estoque sem ter um destino predeterminado ao mesmo significa não estar tendo nenhum retorno do investimento efetuado e, por outro lado, este capital investido poderia estar suprindo a urgência de outro segmento da empresa. Tal fenômeno cria a necessidade de existência de um plano de gerenciamento para projetar os níveis adequados, objetivando manter o equilíbrio entre estoque e consumo. Os níveis devem ser atualizados recorrentemente para impedir problemas gerados pelo crescimento do consumo ou vendas e alterações dos tempos de reposição. (MARTINS E ALT, 2003).

Para as organizações da área da saúde, deve-se caracterizar o estoque como um mal necessário, pois o mesmo assegura a demanda em períodos de procura normal, tanto em períodos de demanda emergencial, ou seja, leva em consideração eventos sazonais (WANKE, 2004).

3. Caracterização gerenciamento de riscos e perdas e análise do cenário do município

Em 1997 foi fundado o Programa Nacional de Combate ao Desperdício de Água (PNCDA) buscando promover o uso racional da água nos sistemas de abastecimento. Porém, o índice de desperdício ainda é alarmante. De acordo com Alegre *et al.* (2006) O International Water Association (IWA), caracteriza o fenômeno do desperdício de água como sendo o volume da diferença entre a água entregue ao sistema de abastecimento e os consumos autorizados, medidos, faturados ou não faturados, relativo aos usuários cadastrados e à própria companhia. Assim sendo, são subdivididas em duas ramificações: em reais (físicas) e aparentes (não físicas). Contudo, toda perda poderá existir em um sistema de abastecimento de água, cabe a análise do sistema mostrar se está ou não dentro dos limites aceitáveis.

A possível perda nomeada reais ou físicas corresponde ao volume de água enviado para distribuição que não conclui o seu percurso total, ou seja, não chega ao cliente, podendo ser dissipado através de decorrentes fissuras, roturas e extravasamentos nas redes de distribuição. Pesquisas apresentadas pelo Snis (2014) mostram que o excesso de pressão no sistema, qualidade dos materiais empregados, idade das tubulações, programas de gerenciamento/monitoramento de perdas e a mão-de-obra, entre outros fatores, são as principais motivações desse desperdício.

3.1. Perdas Físicas

Pesquisas apresentadas por Tabesh *et al.* (2009) salientam que as perdas físicas são características de corresponderem ao volume de água que é produzido pela concessionária, porém não chega ao consumidor final, podendo ser geradas por problemas nas instalações, vazamentos nas adutoras, redes de distribuição, vazamento e transbordamento de reservatórios e por fim, fuga de válvulas e bombas.

Thornton *et al.* (2008) afirmam as causas para ocorrência desses vazamentos estão: na baixa qualidade da infraestrutura, da mão-de-obra e de materiais; na manipulação/estocagem inadequada de materiais; no processo de reaterro de valas inadequado; nas ondas de pressão ou transientes hidráulicos; na variação de pressão no sistema de distribuição, entre outras. Estes autores definiram as seguintes ações para reduzir tais perdas: rapidez e qualidade dos reparos, controle e detecção de vazamento, controle de pressão e de nível de reservatório e melhoria dos materiais e da manutenção, remanejamento e reabilitação das tubulações.

A quantidade de água perdida nos vazamentos é diretamente proporcional às características do orifício e das condições de operação do sistema (pressão), bem como sua duração, esta envolve três variáveis: conhecimento, localização e reparo (LAMBERT, 1998). O controle dos vazamentos é fundamentalmente uma ação inerente ao prestador do serviço. Contudo, é necessária uma boa relação deste com os usuários do serviço de modo que estes possam comunicar àqueles quando da existência de vazamento. Os vazamentos podem ocorrer em todos os subsistemas do abastecimento de água, sendo originados principalmente por vazamentos nas tubulações, nos ramais e nas estruturas, na limpeza do poço de sucção, na lavagem de filtros e descarga de lodo, extravasamentos, entre outros. As mais significativas são aquelas provenientes da rede de distribuição, tendo como causa as instalações e principalmente as pressões (PNCDA, 2003).

As origens e magnitudes das perdas físicas por subsistema podem ser representadas esquematicamente, conforme o Quadro 1.

Quadro 1 – Perdas físicas.

	SUBSISTEMA	ORIGEM	MAGNITUDE
PERDAS FÍSICAS	Adução da água bruta	Vazamento nas tubulações; limpeza do poço de sucção*.	Variável, função do estado das tubulações e da eficiência operacional
	Tratemnto	Vazamento estruturais; Lavagem de filtros*; Descarga de lodo*.	Significativa, função do estado das instalaçãoes e da eficiência operacional.
	Reservação	Vazamentos estruturais; Extravasamentos; Limpezas*.	Variável, função do estado das tubulações e da eficiência operacional
	Adução da água tratada	Vazamentos nas tubulações; Limpeza do poço de sucção*; Descarga*.	
	Variável, função do estado das tubulações e da eficiência operacional		
	Distribuição	Vazamentos na rede; Vazamento nos ramais; Descarga.	Significativa, função do estado das instalações e da eficiência operacional.
	Nota: *Considera-se perdido apenas o volume excedente ao necessário para operação.		

Fonte: adaptado do PNCDA (2003).

3.2. Perdas Aparentes

As perdas aparentes se originam das ligações clandestinas ou não clandestinas, hidrômetros domiciliares defeituosos ou adulterados, falta de medição, fraudes nos hidrômetros e outros. Os fatores importantes na ocorrência das perdas aparentes: os erros de medição (macro e micromedição) e aqueles volumes destinados ao suprimento social (NEGRISOLLI, 2009).

Entretanto, segundo este mesmo autor, os volumes destinados ao suprimento social devem ser analisados cuidadosamente, visto que neste caso há consumo de água, inexistindo receita. Deste modo, a efetivação destas ligações não necessariamente irá reduzir o consumo de água, uma vez que em geral estas ligações são localizadas nas periferias das cidades, onde na maioria das vezes, tais ligações são atendidas por tarifas sociais. Isto não quer dizer que estes usuários apresentam consumo de modo a garantir a sustentabilidade dos recursos hídricos conforme observado por Garcia e Kiperstok (2010). A redução das perdas não físicas permite aumentar a receita tarifária, melhor eficiência dos serviços prestados e desempenho financeiro do prestador de serviços. Contribui indiretamente para a ampliação da oferta efetiva, uma vez que induz à redução de desperdícios por força da aplicação da tarifa aos volumes efetivamente consumidos.

Há no Brasil um predomínio de sistemas de abastecimento mistos (direto e indireto), aquele em que há pontos de consumo abastecidos diretamente pela rede pública e outros consumos com reservatório domiciliar (PNCDA, 2004). A inserção de reservatórios nos domicílios é decorrente da interrupção, escassez ou irregularidade do abastecimento. Entretanto, são comuns, nos sistemas indiretos, volumes escoados a pequenas vazões, não ser registrados. Isto irá ocorrer quando o nível do reservatório estiver próximo do limite superior e a torneira bóia estiver praticamente fechada, ou seja, quando a vazão de entrada for inferior à vazão mínima dos hidrômetros (GULARTE, 2005). "De maneira geral, os hidrômetros apresentam erros de medição mais elevados quando medem sob vazões muito pequenas comparativamente à sua vazão nominal" (PNCDA, 2004).

Miranda (2002) realizou uma comparação das perdas aparentes e das águas não faturadas entre países que utilizam reservatórios convencionais (caixas d'água) e aqueles onde o abastecimento é direto, não recomendado devido a estar passível a falta de abastecimento e concluiu que grande a ausência de fornecimento devido as perdas acarreta a carência do produto para alguns clientes. Pode-se afirmar, então, que as perdas aparentes geram perdas financeiras, necessitando assim de ações administrativas e comerciais, visto que a água é consumida, contudo não faturada. As origens e magnitudes das perdas aparentes por subsistema podem ser representadas esquematicamente segundo o Quadro 2 a seguir.

Quadro 2 – Perdas aparentes no sistema de abastecimento de água: origem e magnitude

ORIGEM	MAGNITUDE
Ligações clandestinas/irregulares	Podem ser significativas, dependendo de: procedimentos cadastrais e de faturamento, manutenção preventiva, adequação de hidrômetros e monitoramento do sistema.
Ligações não hidrometradas	
Hidrômetros parados	
Hidrômetros que submedem	
Ligações inativas reabertas	
Erros de leitura	
Número de economias errado	

Fonte: adaptado do PNCDA (2003).

Portanto, a redução da demanda de água dos sistemas de abastecimento de água envolve desde questões relativamente simples (fechar torneiras e reparar vazamentos visíveis nas ruas de forma rápida, ágil e efetiva) e ações mais complexas, como por exemplo, mudança de comportamento e padrão de consumo dos usuários que necessitam maior tempo para obtenção de resultados e continuidade.

Assim, as ações de controle das perdas aparentes bem como de redução do padrão de consumo, necessita de programas contínuos de educação ambiental para sensibilizar e mobilizar os usuários a mudar hábitos e costumes o que por sua vez demandam um tempo superior, quando comparado ao de controle dos vazamentos, para a obtenção dos resultados.

3.3. Caracterização do sistema de abastecimento de Paracatu/MG

Segundo Liemberger (2002) um dos principais problemas enfrentados pelo mundo é a perda de água durante a distribuição, tanto a real quanto a aparente. O Ministério das Cidades caracteriza sistemas de abastecimento adequados àqueles que apresentam Índice de Perdas na Distribuição (IPD) inferiores a 20%. O IPD ajusta os valores de água distribuídos aos sistemas de abastecimento pelo volume consumido, calculando o desperdício. Segundo Gomes (2007) o IPD pode ser considerado também como parâmetro para mensurar a eficiência na administração de uma companhia de abastecimento, correspondendo:

- IPD > 40% – Sistema com mau gerenciamento;
- 40% ≥ IPD ≤ 25% – Sistema com gerenciamento de nível intermediário;
- IPD < 25% – Sistema com bom gerenciamento.

Documentos fornecidos pela empresa de distribuição de água e saneamento básico da cidade de Paracatu-MG, base do presente estudo, apresentou dados relativos à perda de produto durante os anos de 2016 a 2018 que apresentou resultados alarmantes (Quadro 3). Desde o ano de 2016 a porcentagem de perda distribuída vem em um crescente preocupante, chegando a atingir no ano de 2018 a marca superior a 40% de IPD, podendo caracterizar o sistema como "mau gerenciado".

Quadro 3 – Controle de perdas por abastecimento – 31/01/2019

PERDA DE ÁGUA POR ABASTECIMENTO NA CIDADE DE PARACATU-MG - 31/01/2019						
PERÍODO (MÊS/ANO)	VOLUME DISTRIBUÍDO	VOLUME CONSUMIDO				% PERDA DISTRIBUÍDA
	TOTAL (m³)	TOTAL (m³)	% PERDA FATURADA	VOLUME FATURADO (m³)	% PERDA DISTRIBUÍDA	COPASA
dez/16	4945557	3492136	26,75	3622799	29,39	36,16
dez/17	4775987	3285379	30,44	3322012	31,21	37,82
dez/18	5161184	3248671	36,82	3260831	37,06	40,03

Fonte: elaboração própria.

4. Considerações finais

O município por se tratar de uma cidade histórica possui muitas instalações em estado de manutenção e/ou substituição, com base nos resultados obtidos na presente pesquisa pode-se observar que o sistema de abastecimento de água potável da cidade de Paracatu/MG possui um grande percentual de perda de produto. Números coletados no ano de 2016 apresentam um nível considerável de perda de produto, o que gera preocupação geral entre os moradores e a administração do município, onde atingiu cerca de 36,16% de perda (perdas físicas e perdas aparentes).

No ano de 2017 a cidade do noroeste de minas enfrentou a maior crise hídrica já vista na história, diversos bairros ficaram sem a distribuição de água potável por até 20 dias consecutivos. Tal acontecimento acordou a população e o sistema de administração do município para realizar uma cobrança mais rígida a concessionária de saneamento de Minas Gerais no que diz respeito ao sistema de distribuição e manutenção do estoque, porém, os números continuaram a crescer. No mesmo ano o balanço de análise de perda de produto chegou à marca de 37,82% superando o ano anterior, e o pior de tudo, sem nenhuma medida cabível para a busca da melhoria do sistema. Em 2018 a Prefeitura Municipal de Paracatu exigiu um relatório que apresentasse balanço trienal evidenciando a real situação do sistema de abastecimento de água do município e exigiu também medidas alternativas para uma maior economia de água potável por parte dos consumidores, contudo, constatou-se que a porcentagem de perda de produto somente aumentava, chegando a marca de 40,03% de perda no presente ano. As evidências apresentadas na pesquisa salientam a importância do monitoramento constante dos sistemas de distribuição de água do município, não somente a cidade de Paracatu/MG, mas também de inúmeras cidades brasileiras que sofrem com uma má gestão do abastecimento de água potável. Enquanto a água não for tratada como uma riqueza limitada, e não houver penalizações severas pelo desperdício do bem natural, as concessionárias não irão demonstrar a devida importância de se ter um sistema de gestão e distribuição de excelência.

REFERÊNCIAS

ALEGRE, H. *et al.* **Performance indicators for water supply service**. 2. ed. London: IWA Publishing, 2006.

ALMEIDA, C. M. P. R.; SCHUTER, M. R. **Estratégia Logística**. Curitiba: Iesde, 2012.

ASSOCIAÇÃO BRASILEIRA DE NORMAS TÉCNICAS. **Projeto de estação de tratamento de água para abastecimento público**. Rio de Janeiro: ABNT, 1992. NBR 12.216

BALLOU, R. H. **Gerenciamento da Cadeia de Suprimento, Planejamento, Organização e Logística Empresarial**. 4. ed. São Paulo: Bookman, 2001.

BALLOU, Ronald H. **Logística empresarial; transportes, administração de materiais; distribuição física**. São Paulo: Editora Atlas, 1993.

BRASIL. **Lei nº 9.433, de 8 de janeiro de 1997**. Institui a Política Nacional de Recursos Hídricos, cria o Sistema Nacional de Gerenciamento de Recursos Hídricos, regulamenta o inciso XIX do art. 21 da Constituição Federal, e altera o art. 1º da Lei nº 8.001, de 13 de março de 1990, que modificou a Lei nº 7.990, de 28 de dezembro de 1989. Brasília, DF: Presidência da República, 1997. Disponível em: http://www.planalto.gov.br/ccivil_03/leis/l9433.htm. Acesso em: 27 maio 2021.

COURTOIS A.; PILLET M.; MARTIN-BONNEFOUS C. **Gestão da Produção – Para Uma Gestão Industrial Ágil, Creativa e Cooperante**. 5. ed. Lisboa: Lidel, 2007.

FARIA, Alessandra da Silva. KIPERSTOK, Asher. MEDEIROS, Yvonilde Dantas Pinto. BERETTA, Magda. Aproximação dos Conceitos de Gestão de Recursos Hídricos e Produção Limpa, Utilizando a Abordagem Gestão de Demanda. *In*: I CONGRESSO BAIANO DE ENGENHARIA SANITÁRIA E AMBIENTAL, 1., 2010, Salvador, BA. **Anais** [...]. Salvador, BA: [*s. n.*], 2010.

GARCIA, Ana. KIPERSTOK, Asher. Fatores Determinantes do Consumo de Água em Residências de Baixa Renda: Estudo de Caso. *In*: CONGRESSO INTERAMERICANO DE INGENIERIA SANITARIA Y AMBIENTAL, 32., 2010, Punta Cana. **Anais** [...]. Punta Cana: [*s. n.*], 2010

GLEICK, P. H. The changing water paradigm: a look at twenty-first century water resources development. **Water International**, v. 25, p. 127-138, 2000.

GOMES, H. P.; GARCIA, R. P.; REY, P. L. I. (org.). **Abastecimento de água**: O estado da arte e técnicas avançadas. João Pessoa, PB: Editora Universitária UFPB, 2007. 386 p.

GULARTE, Cristiano Bittencourt. **Um Estudo sobre a Submedição em Hidrômetros para Aplicação no Controle das Perdas Aparentes no Sistema de Abastecimento de Água de Blumenau**. 2005. Dissertação (Mestrado em Metrologia) – Universidade Federal de Santa Catarina, Florianópolis, 2005.

INSTITUTO BRASILEIRO DE GEOGRAFIA E ESTATÍSTICA. **Indicadores de Desenvolvimento Sustentável**: Brasil 2002. Rio de Janeiro: Diretoria de Geociências, 2002. 195 p. (Estudos e Pesquisas, Informação Geográfica, n. 2).

INSTITUTO BRASILEIRO DE GEOGRAFIA E ESTATÍSTICAS. **Censo Demográfico 2000**. Características da população e dos domicílios – Resultados do universo. Rio de Janeiro: IBGE, 2000. 520 p.

LAMBERT, A.; MYERS, S.; TROW, S. Managing Water Leakage – Economic and Technical Issues. **Financial Times**, London, 1998.

LIBÂNIO, P. A. C. **A Implementação da Política Nacional de Recursos Hídricos e sua Interface com Aspectos de Qualidade de Água**: Implicações da Regulação de Recursos Hídricos sobre o Setor de Saneamento e no Controle da Poluição Hídrica. Versão preliminar da tese de doutorado apresentada para Exame de Qualificação. Belo Horizonte: Programa de Pós-Graduação em Saneamento, Meio Ambiente e Recursos Hídricos da UFMG, 2004.

LIEMBERGER, R. Do you know how misleading the use of wrong performance indicators can be? *In*: SEMINÁRIO INTERNACIONAL SOBRE PROGRAMAS DE REDUÇÃO E CONTROLE DE PERDAS EM SISTEMAS DE ABASTECIMENTO DE ÁGUA, Recife, 2002. **Anais** […]. Recife: [*s. n.*], 2002.

MARTINS, Petrônio Garcia; ALT, Paulo Renato Campos. **Administração de Materiais**. 5. tir. São Paulo: Editora Saraiva, 2003.

MINISTÉRIO DO PLANEJAMENTO E ORÇAMENTO. Secretaria de Política Urbana. **Programa Nacional de Combate ao Desperdício de Água**. Documentos Técnicos de Apoio. Brasília, DF. Ministério do Planejamento e Orçamento, 1998.

MINISTÉRIO DO PLANEJAMENTO E ORÇAMENTO. Secretaria de Política Urbana. **Programa Nacional de Combate ao Desperdício de Água**. Documentos Técnicos de Apoio. Brasília, DF. Ministério do Planejamento e Orçamento, 2003.

MINISTÉRIO DO PLANEJAMENTO E ORÇAMENTO. Secretaria de Política Urbana. **Programa Nacional de Combate ao Desperdício de Água**. Documentos Técnicos de Apoio. Brasília, DF. Ministério do Planejamento e Orçamento, 2004.

MIRANDA, Ernani Ciríaco de. **Avaliação de Perdas em Sistemas de Abastecimento de Água – Indicadores de Perdas e Metodologias para Análise de Confiabilidade**. 2002. Dissertação (Mestrado em Engenharia Civil e Ambiental) – Universidade de Brasília, Brasília, 2002. 215 p.

MUÑOZ, H. R. Razões para um debate sobre as interfaces da gestão dos recursos hídricos no contexto da Lei de Águas de 1997. *In*: MUÑOZ, H. R. (coord.) **Interfaces da Gestão de Recursos Hídricos**: Desafios da Lei de Águas em 1997. 2. ed. Brasília: Secretaria de Recursos Hídricos do Ministério do Meio Ambiente, 2000. p. 13-30.

NEGRISOLLI, R. K. **Análise de dados e indicadores de perdas em sistema de abastecimento de água – Estudo de caso**. 2009. 191 f. Dissertação (Mestrado em Saneamento Ambiental) – Universidade Federal de Mato Grosso do Sul, Campo Grande, 2009.

ORGANIZAÇÃO MUNDIAL DA SAÚDE. Para cada dólar investido em água e saneamento, economiza-se 4,3 dólares em saúde global. **Nações Unidas Brasil**, [*s. l.*], 2014. Disponível em: https://nacoesunidas.org/oms-para-cada-dolar-investido-em-agua-e-saneamento-economiza-se-43-dolares-em-saude-global/. Acesso em: 4 fev. 2018.

SISTEMA NACIONAL DE INFORMAÇÃO SOBRE SANEAMENTO. Disponível em: http://www.snis.gov.br/PaginaCarrega.php?EWRErterterTERTer=29. Acesso em: 10 abril 2019.

TABESH, M.; ASADIYANI YEKTA, A. H.; BURROWS, R. An Integrated Model to Evaluate Losses in Water Distribution Systems. **Water Resources Manage**, v. 23, p. 477–492. DOI 10.1007/s11269-008-9284-2. 2009.

THORNTON, Julian; STURM, Reinhard; KUNKEL, George. **Water Loss Control**. 2. ed. New York: McGraw-Hill, 2008. 632 p.

TSUTIYA, Milton Tomoyuki. **Abastecimento de água**. 4. ed. Departamento de Engenharia Hidráulica e Sanitária da Escola Politécnica da Universidade de São Paulo: São Paulo, 2006.

VIEIRA, Zédna M. C. L.; RIBEIRO, Márcia M. R. **Análise de Conflitos**: Apoio à Decisão no Gerenciamento da Demanda Urbana de Água. **Revista Brasileira de Recursos Hídricos**, v. 134, n. 3, p. 239-246, 2005.

WANKE, P. **Tendências da gestão de estoques em organizações de saúde**. Rio de Janeiro: Instituto de Logística e Supply Chain, 2004. Disponível em: http://www.ilos.com.br/web/index.php?option=com_content&task=view&id=735&Itemid=74. Acesso em: 25 fev. 2018.

ZERMATI, Pierre. **A Gestão de Stocks**. 5. ed. Lisboa: Presença, 2009.

ÍNDICE REMISSIVO

A

Administração 3, 4, 7, 8, 9, 11, 12, 19, 22, 23, 35, 36, 37, 39, 43, 48, 58, 59, 61, 62, 78, 79, 80, 98, 99, 100, 101, 103, 104, 105, 137, 138, 139, 140, 145, 147, 148, 149, 153, 154, 155, 156, 161, 172, 175, 181, 182, 187, 191, 197, 202, 204, 205
Assistência à saúde 163, 164, 166, 171, 175, 176, 178, 180
Atendimento 22, 27, 32, 95, 109, 113, 123, 143, 155, 161, 164, 165, 166, 168, 169, 171, 175, 177, 178, 179, 180, 181, 183, 194, 195, 197

C

Captação e retenção de alunos 11, 83, 86, 87, 92, 95, 96
Competência 27, 33, 47, 56, 66, 67, 68, 73, 79, 80, 93, 107, 111, 112, 113, 114, 115, 117, 119, 122, 123, 124, 125, 126, 155, 161, 171, 172, 175, 176, 177, 180
Conhecimento 11, 13, 17, 33, 36, 61, 66, 68, 69, 72, 76, 77, 80, 81, 85, 92, 93, 107, 108, 109, 110, 111, 112, 113, 114, 115, 117, 118, 119, 120, 121, 122, 123, 125, 126, 137, 154, 157, 170, 172, 175, 179, 199

D

Desempenho 21, 26, 29, 32, 33, 50, 66, 67, 68, 74, 79, 81, 84, 85, 87, 88, 91, 93, 98, 99, 107, 111, 125, 137, 153, 154, 156, 157, 159, 160, 169, 174, 200
Desenvolvimento 8, 11, 17, 19, 20, 22, 28, 29, 34, 47, 49, 51, 53, 67, 73, 76, 79, 80, 81, 84, 85, 90, 93, 103, 107, 108, 110, 111, 115, 116, 117, 119, 122, 123, 124, 125, 126, 134, 146, 159, 164, 167, 170, 171, 172, 196, 205
Desenvolvimento das competências 8, 11, 107, 111, 116, 123, 124, 171, 172

E

Educação 3, 4, 8, 11, 13, 22, 31, 37, 43, 48, 56, 58, 60, 61, 65, 70, 73, 78, 79, 80, 81, 83, 87, 88, 89, 91, 95, 96, 97, 98, 100, 107, 108, 109, 111, 112, 113, 114, 115, 123, 124, 127, 128, 129, 131, 132, 142, 143, 146, 147, 148, 149, 179, 186, 195, 201
Educação superior 48, 60, 61, 83, 91, 97, 98, 100, 107, 112, 127, 146
Ensino 4, 7, 8, 11, 13, 39, 43, 48, 49, 50, 56, 58, 59, 63, 65, 66, 68, 69, 73, 74, 76, 80, 83, 84, 86, 87, 88, 89, 90, 91, 92, 93, 94, 95, 96, 97, 98, 99, 100, 101, 102, 103, 104, 105, 108, 109, 110, 111, 112, 113, 114, 115, 116, 117, 118, 119, 120, 121, 122, 123, 124, 125, 126, 127, 128, 129, 131, 135, 139, 140, 141, 143, 146, 148, 167
Ensino superior 4, 7, 8, 11, 39, 43, 48, 49, 50, 56, 58, 59, 63, 80, 83, 84, 86, 91, 92, 95, 97, 98, 99, 100, 101, 102, 103, 104, 105, 108, 110, 113, 114, 126, 131, 139, 140, 146, 148

F
Formação 11, 13, 28, 43, 47, 65, 68, 72, 73, 74, 75, 76, 77, 79, 80, 81, 83, 90, 107, 108, 109, 110, 111, 112, 113, 114, 115, 116, 118, 119, 120, 122, 123, 125, 126, 127, 128, 129, 131, 140, 154, 159, 163, 167, 169, 175, 179, 182, 185, 187

G
Gerenciamento de riscos 134, 135, 138, 140, 145, 146, 147, 148, 198
Gestão 3, 4, 7, 8, 9, 11, 12, 13, 15, 17, 18, 19, 20, 21, 22, 24, 25, 26, 30, 31, 32, 34, 35, 36, 37, 38, 39, 41, 43, 58, 59, 63, 65, 66, 70, 79, 80, 81, 84, 85, 86, 87, 88, 90, 91, 93, 96, 97, 98, 99, 100, 101, 102, 103, 104, 115, 119, 125, 131, 134, 135, 136, 137, 138, 139, 143, 144, 145, 146, 147, 148, 149, 154, 163, 164, 166, 167, 168, 170, 172, 173, 174, 175, 180, 181, 182, 183, 185, 186, 187, 191, 192, 193, 194, 195, 197, 203, 204, 206, 207
Gestão da qualidade 7, 11, 17, 18, 19, 21, 25, 31, 32, 34, 35, 36, 37, 38, 88, 146
Gestão de riscos 134, 139, 144, 145, 146, 147, 148, 149

H
Habilidades e atitudes 68, 77, 111, 113, 115, 116, 117, 123, 124, 125, 126

I
Instituições de ensino 8, 11, 43, 56, 58, 76, 83, 84, 86, 96, 98, 99, 104, 105, 108, 110, 111, 112, 114, 123, 131, 139, 140, 141, 146, 148

L
Lealdade 7, 11, 43, 45, 46, 47, 48, 49, 50, 51, 52, 53, 54, 55, 56, 58, 59, 61
Lealdade do cliente 45, 46, 49, 50, 51, 55, 59

M
Marketing de relacionamento 7, 43, 44, 45, 48, 51, 56, 62, 63
Metodologias ativas 8, 11, 107, 108, 110, 111, 112, 114, 115, 116, 124, 125, 126, 127, 128, 129, 131
Ministério da Educação 43, 58, 65, 80, 98, 111, 112, 113, 114, 115, 124, 128, 132, 143, 146, 147, 149

P
Paciente 71, 72, 73, 74, 75, 76, 77, 109, 126, 153, 164, 167, 173, 175, 179, 180
Produto 17, 18, 19, 22, 23, 24, 25, 26, 27, 28, 29, 30, 33, 34, 45, 46, 89, 92, 191, 192, 193, 194, 196, 197, 200, 202, 203
Profissionais da saúde 81, 107, 109, 113, 114, 158, 160

Q

Qualidade 7, 11, 13, 15, 17, 18, 19, 20, 21, 22, 23, 24, 25, 26, 27, 28, 29, 30, 31, 32, 33, 34, 35, 36, 37, 38, 39, 43, 45, 46, 47, 49, 50, 53, 54, 55, 56, 58, 83, 84, 85, 86, 87, 88, 89, 90, 91, 92, 93, 94, 95, 96, 97, 100, 101, 102, 103, 104, 105, 107, 110, 112, 113, 114, 118, 120, 123, 125, 126, 146, 153, 154, 155, 168, 171, 172, 173, 175, 179, 180, 181, 193, 194, 196, 198, 199, 205
Qualidade do relacionamento 11, 45, 46, 47, 50, 53, 56, 58
Qualidade percebida 27, 46, 47, 50, 53, 54, 55, 88

R

Recursos 18, 29, 32, 38, 65, 66, 80, 84, 87, 88, 90, 92, 95, 98, 99, 113, 114, 117, 118, 120, 123, 135, 155, 156, 157, 159, 161, 165, 166, 174, 176, 191, 192, 193, 200, 204, 205, 206, 207
Relacionamento 7, 11, 43, 44, 45, 46, 47, 48, 49, 50, 51, 53, 56, 58, 62, 63, 75, 83, 86, 93, 95, 102, 103, 135, 155
Resultado 27, 29, 32, 33, 45, 46, 47, 50, 53, 55, 88, 119, 122, 123, 133, 134, 155, 182
Retenção de clientes 44, 45, 47, 48, 49, 59
Risco operacional 135, 136, 137, 138, 139, 144, 147, 149
Riscos operacionais 8, 11, 131, 134, 135, 136, 137, 138, 139, 144, 145, 148, 149

S

Saúde 3, 4, 8, 11, 12, 13, 39, 65, 67, 69, 71, 72, 73, 74, 75, 77, 78, 79, 80, 81, 100, 103, 107, 109, 110, 111, 113, 114, 115, 119, 121, 123, 124, 125, 126, 127, 128, 129, 131, 133, 153, 155, 158, 160, 161, 163, 164, 165, 166, 167, 168, 171, 172, 175, 176, 177, 178, 179, 180, 181, 182, 183, 184, 185, 186, 187, 192, 198, 206, 207

SOBRE OS AUTORES

Ana Paula Gimenez Da Cunha Buzinaro
Mestre em Administração pela Universidade Metodista Piracicaba. Médica – Especialista em Medicina de Família e Comunidade. Docente no Centro Universitário Atenas.
E-mail: anapaulabuzinaro@yahoo.com.br.

Andrea Kassouf Pizzinatto
Doutora e Mestre em Administração de Empresas. Atua nas áreas de Marketing, Comportamento do Consumidor, Gestão de Marcas, Estratégias de Marcas de Luxo.
E-mail: adkpizzi@gmail.com;

Benedito de Souza Gonçalves Júnior
Mestre em Administração pela Universidade Metodista de Piracicaba, SP, Enfermeiro, Especialista em Saúde da Família – e docente no Curso de Enfermagem do Centro Universitário Atenas.
E-mail: benesouza_jr@hotmail.com;

Carlos Eduardo Ribeiro Chula
Mestre em Administração Profissional pela UNIMEP. Engenheiro Civil; Especialista em Estruturas; Docente no Centro Universitário Atenas.
E-mail: carloschula@hotmail.com;

Dayane Quintino Vasconcelos
Mestre em Administração pela Universidade Metodista de Piracicaba. Médica – Especialista em Clínica Médica. Docente no Curso de Medicina do Centro Universitário Atenas. Coordenadora da Residência médica em Clínica Médica do Centro Universitário Atenas.
E-mail: dayaneqv@hotmail.com

Jardel Rodrigues Marques de Lima
Mestre em Administração Universidade Metodista de Piracicaba – UNIMEP. Matemático. Especialista no ensino da matemática. Docente no Centro Universitário Atenas.
E-mail: jardelmlima@yahoo.com.br;

João Batista de Camargo Junior
Doutor e Mestre em Administração de Empresas. Atua nas áreas de organização de negócios, governança empresarial, otimização de processos

administrativos, operações, tecnologia da informação, processos logísticos e Gestão da Cadeia de Suprimentos (Supply Chain Management).
E-mail: joao.junior2@unimep.br;

Luzimar Bruno Ferreira
Mestre em Administração pela Unimep pela Universidade Metodista de Piracicaba. Linha Estudos: Organizacionais e Gestão de Pessoas. Médico graduado pela UFJF. Especialista titulado em Pediatria e em Medicina Intensiva Pediátrica.
E-mail: lbrunoferreira@yahoo.com.br;

Maria Imaculada de Lima Montebelo
Doutora, e Mestre em Estatística aplicada a experimentação Agronômica pela ESALQ/USP. Especialista em metodologia de ensino UNICAMP-UNIMEP. Atua em Probabilidade e Estatística com ênfase em metodologia de pesquisa e análise de dados.
E-mail: milmonte50@gmail.com;

Mariana Batista de Andrade Oliveira
Mestre em Administração – Universidade Metodista de Piracicaba; Enfermeira graduada pela Fastec; Especialista em Saúde Pública e Saúde do Trabalhador; Docente no Centro Universitário Atenas.
E-mail: mariana191005@hotmail.com;

Matheus Dias Ruas
Engenheiro Civil; Especialista em Engenharia de Saúde e Segurança do Trabalho; Mestre em Administração Profissional; Docente no Centro Universitário Atenas.
E-mail: ruas91@gmail.com.

Nadia Kassouf Pizzinatto
Doutora, Mestre e Especialista em Administração de Empresas. Autora de livros, Consultora, Pesquisadora e Docente nas áreas de Estratégias de Marketing, Marketing de Relacionamento, Pesquisa de Marketing, Planejamento Estratégico de Marketing, Escolas de Marketing.
E-mail: nkp@nadiamarketing.com.br;

Pollyanna Ferreira Martins Garcia Pimenta
Mestre em Administração pela Universidade Metodista de Piracicaba – UNIMEP. Fisioterapeuta. Especialização em Medicina Tradicional Chinesa. Docente e Coordenadora do Curso de Fisioterapia do UniAtenas Campus Paracatu, MG.
E-mail: pollyanna.morfo@gmail.com;

Priscilla Itatiaanny de Oliveira Silva
Enfermeira graduada pela Fastec; Especialista em Enfermagem em Urgência e Emergência pela Universidade Cândido Mendes; Mestre em Administração – Universidade Metodista de Piracicaba.
E-mail: priscillaitatianny@gmail.com.

Rosana Borges Zaccaria
Doutora e Mestre em Comunicação pela UMESP – Universidade Metodista de São Paulo. Consultora e facilitadora de processos de comunicação. Atua nas áreas de comunicação, marketing e criatividade.
E-mail: rbzaccar@gmail.com;
Tamara de Oliveira Gonçalves Mestre em Administração. Universidade Metodista de Piracicaba. Administradora. Especialista em docência do Ensino Superior. Docente no Centro Universitário Atenas.
E-mail: tamaraadm91@hotmail.com;

Thel Augusto Monteiro
Doutor e Mestre em Administração de Empresas e Especialista em Psicologia do Consumidor e Marketing Estratégico. Atua nas áreas de Estratégias de Marketing, Comportamento do Consumidor, Canais de Marketing e Estratégias de Comunicação e Propaganda.
E-mail: thel.augusto@me.com;

Tiago Martins da Silva
Mestre em Administração. Assessor de Juiz de Direito (TJMG) e Professor Universitário do curso de Direito na Uniatenas – Paracatu.
E-mail: tiagoms9@hotmail.com;

Yeda Cirera Oswaldo
Doutora em Psicologia, mestre em educação e especialista em Gestão Estratégica de Pessoas. Possui 27 anos de experiência executiva, consultoria e assessoria, pesquisas na área de Gestão de Pessoas, Lideranças e Negócios. Master Executive Coach credenciada e homologada pela Mercedes-Benz do Brasil e Daimler (Alemanha) para atendimento de altos executivos.
E-mail: yedaconsult@terra.com.br

SOBRE O LIVRO
Tiragem: 1000
Formato: 16 x 23 cm
Mancha: 12,3 X 19,3 cm
Tipologia: Times New Roman 11,5 | 12 | 16 | 18
Arial 7,5 | 8 | 9
Papel: Pólen 80 g (miolo)
Royal Supremo 250 g (capa)